D. Krause

Die Bekämpfung von Sprechfehlern

Schriftenreihe
BEITRÄGE ZUM SONDERSCHULWESEN
UND ZUR REHABILITATIONSPÄDAGOGIK

Begründet von Prof. Dr. phil. Reinhold Dahlmann †

Herausgegeben von
Prof. Dr. paed. habil. Klaus-Peter Becker

Band 9

Herbert Weinert †
Regine Dittrich

Die Bekämpfung von Sprechfehlern

10., überarbeitete Auflage

Mit 61 Abbildungen

VEB VERLAG VOLK UND GESUNDHEIT BERLIN 1989

ISSN 0138-1725

Dipl.-Päd. Regine Dittrich
Sonderpädagogische Beratungsstelle für Sprach-, Stimm-
und Hörgeschädigte, Schulweg 3, 8210 Freital

Weinert, Herbert:
Die Bekämpfung von Sprechfehlern / Herbert Weinert ; Regine Dittrich. –
10., überarb. Aufl. – **Berlin** : Verl. Volk u. Gesundheit, 1989. – 170 S. :
mit 61 Abb. – (Beiträge zum Sonderschulwesen und zur Rehabilitationspädagogik ; Bd. 9)

NE: 2. Verf.

ISBN 3-333-00381-3

1. Auflage 1938
2. Auflage (wesentlich verändert und ergänzt) 1955
3., verbesserte und erweiterte Auflage 1959
4., verbesserte und erweiterte Auflage 1963
5., verbesserte und erweiterte Auflage 1966
6., durchgesehene Auflage 1968
7., überarbeitete Auflage 1974
8., überarbeitete Auflage 1977
9., überarbeitete Auflage 1982

10., überarbeitete Auflage
Ⓒ VEB Verlag Volk und Gesundheit Berlin 1989
Lizenz-Nr. 210(700/58/89)
LSV 0654
Lektorat: Brigitte Albrecht, Christiane Klose
Herstellung: Antje-Catrin Jäckel
Printed in the German Democratic Republic
Satz und Druck: Gutenberg Buchdruckerei und Verlagsanstalt Weimar,
Betrieb der VOB Aufwärts
Einbandgestaltung: Hartwig Hoeftmann
Bestell-Nr. 534 677 7
01520

Vorwort

Für die 10. Auflage wurde das Buch gründlich durchgesehen, Veraltetes gestrichen und Neues hinzugefügt.
Das Kapitel „Sprache ohne Kehlkopf" wurde herausgenommen, da die Therapie weitestgehend an den phoniatrischen Abteilungen der HNO-Kliniken durchgeführt wird.
Dafür wurde ein Kapitel eingefügt, in dem Methoden zur Akzentuierung und Rhythmisierung der Sprache vorgestellt werden. Es sollen Wege zur besseren, ausdrucksvolleren und damit verständlicheren Gestaltung der Rede bei Hör- und Sprachgeschädigten gezeigt werden.
Da auf diesem Fachgebiet bisher nicht viel Literatur veröffentlicht worden ist, wurde das Kapitel verhältnismäßig kurz gehalten. Für Hinweise und Anregungen von erfahrenen Kollegen wäre ich dankbar.
Für sachkundige Beratung danke ich Herrn Prof. *K. P. Becker*. Außerdem danke ich Herrn *Seeländer* für Hinweise zur Korrektur und für die Bereitstellung neuer Literatur Herrn *Benedix*. Mein Dank gilt auch dem Verlag für gute Zusammenarbeit.

Freital, 1988

H. Weinert †
R. Dittrich

Inhaltsverzeichnis

1.	**Allgemeiner Teil**	9
1.1.	Artikulationsunterricht	9
1.2.	Methoden	9
1.3.	Die Problematik der Einzellautmethode	12
1.4.	Artikulation und Früherziehung	14
1.5.	Sprechlust	19
1.6.	Vorübungen, Gymnastik	20
1.6.1.	Atemübungen	21
1.7.	Höhrfähigkeit, akustische und phonematische Differenzierungsfähigkeit	25
1.8.	Ökonomie	28
1.9.	Hygiene	28
1.10.	Der Spiegel als Artikulationshilfe	29
1.11.	Jeder Eingriff ist verboten	30
1.12.	Mechanische Hilfsmittel	31
1.13.	Hinweise zur Selbstbeobachtung	32
1.14.	Die Vibration beim Sprechen	36
1.15.	Die Zunge	37
1.16.	Der Unterkiefer	38
1.17.	Der Kehlkopf	39
1.18.	Das Gaumensegel	40
1.19.	Abhängigkeit der Sprechwerkzeuge voneinander	41
1.20.	Die Lautbildung und ihre Problematik	42
1.21.	Die Artikulationsbasis	44
1.22.	Psychische Einwirkungen auf die Artikulation	45
1.23.	Grenzen der Rehabilitation bei der Bekämpfung von Sprechfehlern	47
1.24.	Zur Prüfung von Sprechfehlern	50
1.25.	Phonetische Umschrift	53
2.	**Hauptteil**	54
2.1.	Einleitung: Stimmliche Hinweise	54
2.1.1.	Artikulation und Stimme	54
2.1.2.	Methoden zur Korrektur von Akzentuierung und Rhythmisierung	57
2.1.3.	Offenes Näseln	60
2.1.4.	Geschlossenes Näseln	66
2.1.5.	Gemischtes Näseln	67
2.1.6.	Die sprachliche Behandlung bei Gaumenspalten	68
2.2.	Gestaltung und Verbesserung der Laute	73
2.2.1.	Vokale	74
2.2.1.1.	a-Laute	74
2.2.1.2.	e-Laute	76
2.2.1.3.	i-Laute	77

2.2.1.4.	o-Laute	80
2.2.1.5.	ö-Laute	82
2.2.1.6.	u-Laute	83
2.2.1.7.	ü-Laute	84
2.2.1.8.	Diphthonge	85
2.2.1.9.	Diphthong ai	86
2.2.1.10.	Diphthong au	86
2.2.1.11.	Diphthong eu	86
2.2.1.12.	Vokalübungen	87
2.2.2.	Konsonanten	87
2.2.2.1.	r-Laute	87
2.2.2.2.	Seitenengelaut l	96
2.2.2.3.	Nasal m	99
2.2.2.4.	Nasal n	100
2.2.2.5.	Nasal ng	103
2.2.2.6.	Hauchlaut h	104
2.2.2.7.	Engelaut f	105
2.2.2.8.	Engelaut w	107
2.2.2.9.	Engelaut s	108
2.2.2.10.	Engelaut sch	124
2.2.2.11.	Engelaut ch_1 und j	127
2.2.2.12.	Engelaut ch_2	129
2.2.2.13.	Verschlußlaute p und b	131
2.2.2.14.	Verschlußlaute t und d	133
2.2.2.15.	Verschlußlaute k und g	136
2.2.2.16.	Affrikaten	138
2.2.3.	Die Einzellaute in Verbindung miteinander	139
2.2.4.	Lautverschmelzung	142
2.2.5.	Lautgebärden	143
2.2.6.	Apparate	145
2.3.	Sprache, Rechtschreibung und Lese-Rechtschreib-Schwäche	146

Quellenverzeichnis der Literatur 149

Quellenverzeichnis der Abbildungen 169

Tabelle der Umschriftzeichen 170

1. Allgemeiner Teil

1.1. Artikulationsunterricht

Unter den vorschulpflichtigen Kindern gibt es sehr viele, die die Sprechtechnik nur mangelhaft beherrschen und deshalb artikulatorische Fehler zeigen. Dieses Stadium reicht mitunter bis in das erste Schuljahr hinein, ja unter Umständen noch weiter. Bei mangelhafter Hörfähigkeit würde es ohne Sprecherziehung nicht enden. Von normalhörenden Kindern bleibt nur ein geringer Teil länger im Stadium des Stammelns und braucht besonderen Sprechunterricht.
Man kann es nicht einfach der Zeit überlassen, eine Besserung des Sprechens herbeizuführen. Die geistige Entwicklung der Kinder leidet unter dem fehlerhaften Sprechen; denn „jede Sprachstörung hat auch Auswirkungen auf die Persönlichkeitsentwicklung und umgekehrt", wie *K.-P. Becker* betont.
Durch systematische Sprechübungen kann man bei hörenden Falschsprechern meist baldige und dauernde Erfolge erzielen. Je früher man mit Artikulationsübungen beginnen kann, desto besser ist es. Zu beachten ist trotzdem, daß die Spontansprache noch lange falsch klingen kann, nachdem der Schüler schon alle Laute richtig bildet. Manche Fehler sind jahrelang gesprochen worden. Die Lautvorstellung ist fest verbunden mit der falschen Organstellung. Deshalb nimmt es eine gewisse Zeit in Anspruch, ehe sich das Richtige auch in der Umgangssprache durchsetzt. Bei Hörgeschädigten, insbesondere bei Gehörlosen, ist nach dem Erwerb der artikulatorischen Grundlagen zu empfehlen, regelmäßig sprecherzieherische Übungen vorzunehmen, um die Fehler zu beseitigen, die infolge der mangelhaften Selbstkontrolle immer wieder auftreten. Artikulationsunterricht ist bei Hörgeschädigten von der Grundstufe bis zur Oberstufe notwendig. Bei Gehörlosen ist nicht nur die Sprechleistung wesentlich von ihm abhängig, sondern „möglicherweise verhindert ein exaktes, gut artikuliertes Sprechen auch beim gehörlosen Schüler beziehliche Mißdeutungen" *(Seeländer).*

1.2. Methoden

Das vorliegende Buch enthält eine Sammlung von Methoden für die Anbildung oder Verbesserung einzelner Laute. Sie lassen sich im Klassenunterricht der Sonderschulen nur verwenden, wenn alle Kinder an den einzelnen Fällen interessiert werden können, wie das manchmal selbst im Artikulationsunterricht bei Gehörlosen möglich ist. Für genauere Artikulationsarbeit werden jedoch gewöhnlich nur kleine Gruppen von Kindern auf andere Weise beschäftigt werden. Leider lassen sich auch so noch nicht alle störenden Geräusche abstellen, die immer entstehen, wenn eine Gemeinschaft kleiner Kinder beieinander ist. Ideal ist es, mit kleinen Gruppen oder einzelnen Kindern einen besonderen Raum zum Artikulieren aufzusuchen, wo man vor Störungen sicher ist.

Seeman hat für die Übungsbehandlung des Stammelns vier Grundsätze aufgestellt, die hier mit kurzen Erklärungen wiedergegeben werden.

1. *Der Grundsatz der kurze Zeit dauernden Übungen:* Da Kinder bei Sprechübungen schnell ermüden, ist es gut, immer nur 2–3 Minuten zu üben, aber öfter zu wiederholen (sogar 20–30mal am Tage), damit sich zwischen dem richtigen Klang des Lautes und den Artikulationsbewegungen bedingte Reflexe festigen können.
2. *Der Grundsatz der Verwendung der eigenen Hörkontrolle:* Systematische Hörübungen sollen die Stammler befähigen, den falschen und den richtigen Laut voneinander zu unterscheiden. Für Kinder und Lehrer erwachsen aus dieser Forderung beträchtliche Schwierigkeiten. Sind die Kinder nach mehrtägigen Übungen nicht imstande, mit dem Gehör Laute derselben Gruppe zu unterscheiden, so nimmt *Seeman* den Gesichtssinn zu Hilfe und zeigt an den eigenen Sprechwerkzeugen die Unterschiede.
3. *Der Grundsatz der Anwendung von Hilfslauten:* Da die bewußte Kontrolle der Sprechbewegungen und Lautstellungen zu unnötigen Anspannungen führt, wodurch mitunter der Erfolg der Sprecherziehung in Frage gestellt wird, knüpft man vorteilhaft an ähnliche Laute an, die das Kind schon beherrscht. Aus ihnen entwickelt man allmählich neue, richtige Laute, die die alten fehlerhaften ersetzen.
4. *Der Grundsatz der minimalen Aktion:* „Das Gesetz von der Ökonomie der Kraft und der Bewegung bei der Bildung der Sprache ist eines der wichtigsten phonetischen Gesetze." Deshalb sind Artikulationsübungen mit übersteigerter Kraft und übertriebenen Artikulationsbewegungen zu vermeiden. Es ist besser, die neuen Laute anfangs leise, ohne Übertreibung zu üben. Der nachfolgende Vokal wird zunächst flüsternd, erst später laut angefügt. Dadurch werden Hyperfunktionen und unnötige Mitbewegungen vermieden sowie die Behandlungsdauer verkürzt.

J. Wulff stellt für die Lispelbehandlung folgende Grundsätze auf, die in gleicher Weise für die Anbildung bzw. Verbesserung aller Laute gelten können und deshalb hier angeführt werden.

Es ist nötig

1. so sauber und eindeutig wie möglich den Laut zu bilden,
2. so locker wie möglich den richtigen Funktionsablauf einzuüben,
3. so wenig wie möglich mechanische Hilfsmittel anzuwenden,
4. so schnell wie möglich die Gehörkontrolle einzuschalten,
5. so oft und vielseitig wie möglich die richtige Lautbildung in den verschiedenen Sprachäußerungen zu üben und zu sichern,
6. so aufmunternd und freudig und psychologisch sinnvoll dosiert wie möglich die ermüdenden Übungen zu gestalten.

Diese Grundsätze ergänzen einander in bester Weise. Sie sind zwar für hörende Stammler aufgestellt, haben jedoch ebenso für Hörgeschädigte Geltung und sollten auch bei der Sprachanbildung Gehörloser berücksichtigt werden, soweit das geht. Vieles, was in diesen Grundsätzen so klar zusammengefaßt wurde, findet sich in den Ausführungen zu den einzelnen Lauten und auch schon im allgemeinen Teil.
Meines Erachtens bilden sie die Grundlage jeder Methode, die beim Artikulationsunterricht in der Klasse angewendet wird und die im übrigen individuell variiert werden mag, jedoch immer in dem Rahmen, der durch die angeführten Grundsätze gegeben ist.
Schließlich kommt es weniger auf eine bestimmte Methode an. Ausschlaggebend bleibt immer zunächst das Kind selbst in seiner körperlichen, geistigen und charakterlichen Veranlagung und Reifungsstufe, weiterhin das Geschick des Lehrers, im Kind die Sprechlust zu wecken und zu fördern, und seine eigene Arbeitsfreudigkeit und -kraft.
Unfehlbar ist keine Methode. Schwere, hingebende Arbeit ist mit jeder verbunden. Arbeit, Arbeit und immer wieder Arbeit ist die Voraussetzung des Erfolges.
In der modernen Literatur wird mit Recht von der ausschließlichen Verwendung passiver Methoden abgerückt, bei denen Sonden und Kunstgriffe die Behandlung bestimmen, und es wird der Anwendung aktiver, besser logopädisch-didaktischer Methoden *(Lettmayer)* der Vorzug gegeben.
Bei diesen wird einesteils der fehlende oder falsche Laut in sinnvollen Ganzheiten mehr über den Nachahmungstrieb als über den Verstand J. Wulff) hervorgelockt, anderenteils wird er aus einem benachbarten vorhandenen Laut abgeleitet, wie *Führing* und *Lettmayer* betonen. Dabei ist „phasenspezifisch" *(A. Schilling)* vorzugehen, d. h., das noch nicht durchlebte Lallalter ist nachzuholen oder „Begleitgeräusche beim Essen, wie Schmatzen, Glucksen, Schnalzen, Schlürfen, Kauen, Schmausen, Schlucken", sind nachzuahmen, ebenso Lachen, Seufzen, Stöhnen, Gähnen, Schluckauf usw. *(J. Wulff)*. Solche Methoden müssen im Vordergrund stehen, so wie ganz selbstverständlich bei der Behandlung von Sprechfehlern die psychologische Seite nicht vernachlässigt werden darf.
Aber es gibt eben Fälle, in denen auch diese aktiven Methoden unter Beachtung aller psychotherapeutischen Voraussetzungen nicht oder nur sehr langsam zum Erfolg führen. Es hieße, die Kräfte von Lehrer und Schüler zu überfordern, wenn man jetzt nicht auch andere Wege suchte. Dabei erscheint eine maßvolle Anwendung von Kunstgriffen durchaus am Platze. Es ist Sache des Lehrers, das richtige Maß zu finden und einzuhalten.
Von jedem Artikulationslehrer, besonders aber von dem, der verschiedene Arten falsch sprechender Kinder (hörende und nichthörende) unterrichten soll, muß man verlangen, daß er die wichtigsten Methoden kennt, um sie im Bedarfsfall anwenden zu können. Je mehr Hilfen man kennt und zu benutzen versteht, um so eher kommt man zum Ziel.

1.3. Die Problematik der Einzellautmethode

Die Tendenz des 19. Jahrhunderts, allenthalben auf die Elemente zurückzugehen, hatte sich auch im Taubstummenunterricht ausgewirkt. Vielfach wurden die Laute als die Elemente der Sprache angesehen; dabei beachtete man jedoch nicht oder zuwenig, daß sie im Wort zu einem Ganzen verschmolzen sind. Um die Jahrhundertwende mehrten sich aber die Stimmen, die den ausschließlichen Wert des isolierten Lautes für den Artikulationsunterricht der Gehörlosen anzweifelten. Man bemühte sich, Erkenntnisse der Phonetik und Psychologie (insbesondere nach dem ersten Weltkrieg) in die Praxis zu übertragen und kam so über Silbenmechanik und sinnvolle Anwendung von Silben und Worten zum Ausgang von Sprachganzen. Es verwundert nicht, daß die entschiedensten Vertreter dieser Richtung die Einzellautartikulation als unnötig, ja als schädlich bezeichneten und auf sie verzichteten, womit sie meines Erachtens unrecht hatten.
In der Sprachheilpädagogik ist vor längerer Zeit eine ähnliche Bewegung in Gang gekommen, die einesteils innere Berechtigung hat, anderenteils nicht so weit geht wie die früheren Bestrebungen im Gehörlosenfach. Sicher ist es bei der Mehrzahl der kleinen hörenden Stammler – besonders im Vorschulalter – richtig und erfolgreicher, wenn der Lehrer versucht, die fehlenden Laute in einem Sinnzusammenhang zu erwerben, der für das Kind Ausdruckscharakter hat, und wenn er die falschen oder verwechselten Laute mit Hilfe von Lallspielen, Kinderreimen u. ä. auf dem Weg über die Motorik zu berichtigen, das Gehör dafür zu schärfen und so die Steuerung der Sprechwerkzeuge zu erreichen sucht. Das ist freudig aufgenommene „ganzheitliche Sprechschulung am Einzellaut" *(Geißler)*.
Da sich der größte Teil der Hilfen, die in dem vorliegenden Buch zusammengetragen sind, mit den einzelnen Lauten befaßt, ist in diesem Zusammenhang die Frage zu erörtern, ob man ohne Übung von Einzellauten im Artikulationsunterricht zum Erfolg kommen kann. Es ist unmöglich, diese Frage für alle Arten von hör- und sprachgeschädigten Kindern in gleichem Maße gültig zu beantworten. Wir müssen die verschiedenen Kategorien einzeln betrachten.
Die *gehörlosen* Kinder bedürfen auf jeden Fall des Artikulationsunterrichtes. Ohne ihn kommen sie nicht zu einer verständlichen Sprechweise. Ob in diesem Artikulationsunterricht die Übungen mit Einzellauten als „Grund- und Ausgangsübungen, Vorübungen, als Anfangsgründe" *(Biagioni)* aufgefaßt werden oder von Anfang an die Übungen mit Silben, Ausrufen, kurzen Wörtern usw. im Vordergrund stehen, ist meiner Ansicht nach mehr eine Frage der persönlichen Einstellung; denn es wird heute kaum noch einen Gehörlosenlehrer geben, der mit seinen Kindern längere Zeit ausschließlich Einzellaute übt, ohne sie zu Silben zusammenzufassen, wenn die Schüler schon dazu fähig sind.[1] Andererseits wird wohl kein Vertreter der Ganzheitsmethode nicht auch Einzellaute üben, wenn sie sonst nicht oder nur schwer zu erzielen sind. Die Kernschen „Herauslösungsübungen" bilden dafür ein Beispiel. Das Wesentliche des Artikulationsunterrichtes bei gehörlosen Kindern ist „die Anerziehung einer geläufigen und lautrichtigen Sprechfertigkeit", sein Hauptübungsfeld deshalb „das Sprechgefüge, das ganzheitliche Sprachgebilde"

---

[1] *E. Kaiser* hat 1955 darauf hingewiesen, daß der prominenteste Vertreter der Einzellautmethode, *Johannes Vatter*, mit seinen gehörlosen Schülern schon nach wenigen Wochen auch Silben- und Wortübungen vornahm. *Vatters* Zeitgenosse *Stein* berichtet, daß jener bei der Lautenentwicklung von Wörtern ausging, die er in Laute und Silben zerlegen ließ

(*Biagioni*). G. *Lindner* hat eine neue Artikulationsmethode nach dem Bewegungsprinzip entwickelt. Bei ihr werden von Anfang an Bewegungen der Sprechorgane in Silben als artikulatorische Einheit geübt und die Stimmbildung gleichzeitig sorgfältig beachtet. Alle Übungen sollen im normalen Sprechtempo erfolgen, weshalb anfangs nur leichte Bewegungen gewählt werden. Dann folgen Bewegungen des Gaumensegels und der Organteile der Zunge. Bei letzteren stehen Massenbewegungen am Anfang, und nach und nach werden differenzierte Zungenbewegungen einbezogen. Präzise Bewegungen werden soweit wir irgend möglich hinausgeschoben. Der von *G. Lindner* vorgeschlagene Lehrgang bezieht sich auf die 250 häufigsten Lautverbindungen des Deutschen und ist in 10 Phasen mit steigender Schwierigkeit aufgebaut, wobei jede Phase in 3–6 Abschnitte unterteilt ist, in denen genaue Hinweise auf Übungsinhalt und zu übende Lautverbindungen gegeben werden (Einzelheiten bei *G. Lindner, 1970*). Am Institut für Defektologie in Moskau wird nach neunjährigen Versuchen mit 49 gehörlosen Kindern die sogenannte „konzentrische Methode des Artikulationsunterrichts" durchgeführt. Nachdem im Kindergarten eine angenäherte Lautbildung erreicht wurde – von Worteinheiten ausgehend unter Zuhilfenahme von Daktylologie und Hörübungen –, erfolgt die Präzisierung der Laute in der 1.–4. Klasse der Gehörlosenschule, von *Nikolajewa* bis ins einzelne dargestellt. *Bei Schwerhörigen* tritt zur Verschiedenheit von Begabung und Sinnestyp noch die Verschiedenheit der Hörschärfe und Klangauffassung hinzu. Der Schwerhörige hat gegenüber dem Gehörlosen den Vorteil leichterer Sprachauffassung. Aber die spezifischen Mängel seiner Hörfähigkeit lassen es in vielen Fällen zu einer Verschlechterung der Sprechtechnik kommen. Deshalb findet man oft auch bei leicht schwerhörigen Kindern erhebliche Sprechfehler, die sich nur mit großer Mühe beseitigen lassen. Schwerhörige Kinder bedürfen ebenso wie gehörlose dauernder Sprecherziehung, bei der auch die Übung von Einzellauten trotz moderner Hörgeräte in manchen Fällen nötig ist.
Ertaubte unterliegen durch den Fortfall der Gehörkontrolle einer Verschlechterung der Sprechtechnik, die sich noch bei Ertaubung im Alter bemerkbar machen kann. Auch bei ihnen ist gelegentlich die Herausnahme einzelner falscher Laute aus dem Wortganzen zu empfehlen, allerdings wieder im Wechsel mit Silben und sinnvollem Material.
Bei *Stammlern,* die *normal hören,* liegen die Verhältnisse ganz anders als bei den Hörgeschädigten. Wenn erstere fehlerhafte Laute bilden, so hat das seine Gründe in der Ungeschicklichkeit der Sprechwerkzeuge, in Störungen der Innervation, in Lähmungen usw. oder in mangelhafter Unterscheidungsfähigkeit auf akustischem Gebiet, in mangelhafter Konzentration, Gedächtnisschwäche u. a. Bei ihnen kann man ebenfalls die Einzellautübung zur Verbesserung von Sprechfehlern heranziehen, aber nicht im Sinne eines mechanischen Trainings, sondern indem man „Ausdrucksäußerungen, Tierlaute, Lallrhythmen" vormacht oder den Laut in Reimspielen vielfältig wiederholt (*J. Wulff*). So wird die Sprechlust gefördert und erhalten. Ab und zu kann die Einzellautübung auch stumm ausgeführt werden. Manchmal wird dadurch die falsche Sprechbewegung klarer, die meist mit dem richtigen akustischen Eindruck gekoppelt ist *(Flatau).*
Hörstumme Kinder, bei denen motorische Störungen die Stummheit herbeigeführt haben, können kaum ohne Einzellautartikulation zum Sprechen gebracht werden. Sind dagegen sensorische Störungen für die Stummheit verantwortlich zu machen, so ist das Üben von Einzellauten nicht notwendig.

Es ist eine bekannte Tatsache, daß reine Einzellautartikulation bei Kindern die Freude am Sprechen nur wenig erweckt. Man kann sie aber so interessant gestalten, daß die Sprechlust der Kinder nicht zu leiden braucht, abgesehen von Jugendlichen und Erwachsenen, die ihre Sprechfehler ablegen wollen und sich bewußt auf technisches Üben von Einzellauten einstellen.

1.4. Artikulation und Früherziehung

Dem hörgeschädigten Kleinkind fehlt das Mitteilungsmittel der Sprache ganz oder teilweise; das sprachgeschädigte Kind ist in seinem Gebrauch mehr oder weniger behindert. Je später die Bemühungen um die Rehabilitation einsetzen, desto größer werden die Abweichungen von der normalen psychischen Entwicklung, die eng an den Auf- und Ausbau der Sprache gebunden ist.
Über die folgenden 10 Regeln für die Früherziehung geschädigter Kleinkinder (0–3 Jahre) haben sich *R. Becker* und Mitarbeiterinnen ausführlich geäußert:

1. Die emotionale Zuwendung zum geschädigten Kleinkind ist unerläßliche Voraussetzung für eine erfolgreiche Bildung und Erziehung.
2. Das Kind muß befähigt und aktiviert werden, sich tätig mit seiner Umwelt auseinanderzusetzen.
3. Eine zielgerichtete Früherfassung erfordert, den Entwicklungsstand des Kindes umfassend zu ermitteln.
4. Auf alle Seiten der kindlichen Persönlichkeit muß komplex eingewirkt werden.
5. Die Entwicklung der Motorik bildet in der Früherziehung den zentralen Ansatzpunkt.
6. Früherziehung fordert das Einbeziehen aller Sinne.
7. Im Umgang mit dem Kind sind Gegenstände und Tätigkeiten ständig mit Sprache zu verknüpfen.
8. Die Inhalte der Bildung und Erziehung müssen ausgewählt und aufgegliedert werden, so daß sie für das Kind faßlich sind.
9. Kontinuierliches Üben und Anwenden sichern das Lernergebnis.
10. Alle an der Früherziehung Beteiligten müssen ihre Erziehungs- und Bildungsanforderungen einheitlich gestalten.

Die verschiedenen Kategorien der geschädigten Kinder sollen hier getrennt besprochen werden, da sich bei ihnen verschiedene Probleme hinsichtlich der Früherziehung ergeben.
Daß man *Gehörlose* möglichst frühzeitig und sachgerecht ins Sprachverständnis einführen soll, womit die Sprechbereitschaft ebenfalls angeregt wird *(Ewing)*, ist heute unumstritten.[1] Kann man aber mit gehörlosen Vorschulkindern schon artikulieren? Die Frage ist grundsätzlich zu bejahen, aber methodisch ergeben sich Probleme. Während die Tätigkeit für den Erwachsenen meist anstrengende Arbeit bedeutet, muß sie für das Kind immer Spiel bleiben, sonst gibt es Mißerfolge.

---

[1] Diese Entwicklung wird auch dadurch gefördert, daß man die Kinder in die Daktylologie einführt und mit der Fingersprache umgeht *(Korsunskaja* u. a.*)*

Heiter und gelockert überwindet man die Schwierigkeiten am besten. Zur Anbildung der Stimme des gehörlosen Kindes – die beim Lachen, Schreien, Weinen gewöhnlich normal klingt – benutzt man Hilfsmittel wie Hohlwürfel oder Luftballons, an denen die Vibrationen der Stimme des Lehrers und des Kindes getastet werden können. Das gleiche gilt für Papprohre mit papierüberklebten Fensterchen oder für eine einfache Papierrolle, auch für ein prismen- und quaderförmiges Gestell mit einer Seidenpapierdecke, auf die feiner Sand oder ähnliches gestreut wird, der beim Hineinsprechen in den Hohlkörper springt. *Wilkowski* brummt oder singt auf einem Kamm, andere benutzen Kinderinstrumente, um die Stimme hervorzulocken (Mundharmonika, Pfeife, Flöte, Trommel). *K.-H. Hirsch* läßt die Vibrationen der Lippen bei bilabialem *w* tasten und spricht den Laut dann in die hohle Hand, ähnlich wie *Barczi* bei der „primären Hörreaktion" ein *o* in die Hand des Kindes spricht. Mitunter genügt Tasten am Hals – eventuell unter leichtem Vibrieren der Hand –, um des Kindes Stimme ertönen zu lassen. Manchmal hat man in einem Gewölbe oder Treppenhaus einen kräftigen Resonator auf bestimmte Töne zur Verfügung, dessen Vibrationen auch das Kind spürt und nachzuahmen versucht. Wenn man in das Ohr des Kindes spricht und dieses dann auffordert, in des Lehrers Ohr zu „sprechen", erklingt auch oft die Stimme. Der *Bierische Hörschlauch* mit Trichter an einem Ende und Ohrolive am anderen wird heute noch mancherorts benutzt, um die Stimme gehörloser Kinder hervorzulocken. Auf tiefe Töne reagieren die Kinder bei solchen Übungen häufig besser als auf hohe. Hörübungen sollten regelmäßig vorgenommen werden.
Dabei handelt es sich nur ganz am Anfang um reine Stimmübungen. Sobald die Stimme erklingt, werden schon Lautübungen daraus, bei denen zunächst Vokale, bald auch Silben, wie hopp..., lala..., muhmuh..., mähmäh..., ertönen.
Harper benutzt eine von *Engle* konstruierte Puppe, auf deren Mund eine kleine Glühbirne aufleuchtet, sobald das davor sitzende gehörlose Kind sich stimmlich äußert.[1]
Sicher ist nötig, die stimmliche Bildung des hörgeschädigten Kleinkindes systematischer als bisher zu berücksichtigen, wie *G. Lindner* (1975) fordert. Die Übungen sollten vor allem die übergeordneten Funktionen, insbesondere Sprechbewegungen, Sprechtempo, Tonhöhe usw. mit einbeziehen, durch deren Anbildung die Verständlichkeit der Sprache erhöht wird.
Gleichzeitig mit den Stimm- und Vokalspielen entwickelt man Explosiv- und Reibelaute mit Hilfe von Federn, Wattebäuschchen usw. (s. 2.2.2.13.). Bei allen solchen Übungen warnt *Jussen* vor verfrühtem Verfestigen von Lauten und fordert „Sprechlaute von breit angelegter Struktur, die erst im realisierten Sprechganzen ihre ‚endgültige Paßform' *(Biagioni)* finden". Zuerst versucht man es mit *p*, das man wiederholt auf ein Blatt Papier oder ähnliches pustet. Bei 5jährigen gelingt auf diese Weise auch oft das *t*. Von den Engelauten erzielt man meistens zuerst *f*, und zwar dann, wenn man deutlich sichtbar auf die Unterlippe beißt und dabei auf eine Feder bläst. Durch leichtes Blasen auf eine Feder oder ähnliches erreicht man mitunter auch *sch*, noch leichter jedoch *s*. *Sch* ist im Spiel mit *sch-sch-Bahn* am besten zu erzielen, soweit die Dampflokomotive bekannt ist. Solche Übungen sind keine „Einzellautartikulation", sondern nur eine spielerische

---

[1] Genaue Angaben über die Konstruktion des für Kleinkinder geeigneten, relativ billigen Gerätes sind bei *Harper* nachzulesen

Betätigung der Sprechwerkzeuge, bei der Lautgebilde erzeugt werden. Es handelt sich um ein funktionelles Üben, ein amüsantes Einspielen der Muskulatur des Sprechapparates, gewissermaßen um heitere Lallspiele, die das Lallstadium nachholen.[1] Rückschläge sind auch bei aufgeweckten Kindern häufig. Sie werden oft durch Krankheiten, kleine Verstimmungen u. ä. ausgelöst. Eine „Verbesserung" der scheinbaren Fehlleistungen sollte nicht versucht werden. *Ewings* lassen diese erst dann zu, wenn das Kind seinen Fehler nach Anweisung des Lehrers selbst verbessern kann. Die Forderung, exakt nachzubilden, wirkt auf Kinder dieses frühen Alters hemmend. Sie haben noch kein Verständnis dafür, und bei wiederholter Aufforderung „üben" sie geradezu die falsche Bildung. „Der kleine Sprecher modifiziert sein Sprachmuster und häufig verharrt er hartnäckig bei diesen Abweichungen und widersetzt sich jedem Korrekturversuch" *(Jakobson)*. Deshalb also nicht „verbessern", sondern vorsichtig mit anderen Hilfsmitteln üben oder in etwas anderer Art vorsprechen, was manchmal gut wirkt! Man sei mit den erzielten richtigen Lauten zufrieden und leite gelegentlich aus ihnen andere ab, wie dies auch später in der Schulzeit getan wird. Auch *Korsunskaja, Rau, Sykow* u. a. weisen darauf hin, daß die sich spontan ergebenden Laute gepflegt und von ihnen aus andere erarbeitet werden können. Hier sei nochmals auf *G. Lindners* Artikulationsmethode nach dem Bewegungsprinzip hingewiesen (s. 1.3.).

Bei den Kleinsten im Kindergarten ertönt die Stimme am besten im Spiel *(K. Barth, A. Löwe)*.

Besonders gute Wirkung auf die geistige Entwicklung der gehörlosen Kinder hat die Früherziehung durch die Eltern, die unter Anleitung erfahrener Gehörlosenlehrer die Kinder bereits in den ersten Lebensjahren ins Sprachverständnis einführen können, ihre Fähigkeiten durch Sinnesübungen usw. wecken und mit Atem- und Stimmübungen die spätere, planvolle Sprecherziehung einleiten. Ist die Lenkung durch Lehrkräfte nicht möglich, genügen Briefkurse mit genauen Erläuterungen oder regelmäßig stattfindende Elternseminare. In der Schrift „Mein Kind ist hörgeschädigt" *(K.-H. Hirsch u. E. Neumann)* wird auf viele praktische Einzelheiten hingewiesen, welche Eltern und anderen Erziehern helfen können, ihre hörgeschädigten Kinder gut auf den Spezialkindergarten und die Sonderschule vorzubereiten, deren Arbeit sich dann um so erfolgreicher gestaltet *(Boskis, Brand, Löwe, Maspétiol)*.

Was für gehörlose Kleinkinder gilt, trifft in ähnlicher Weise für *schwerhörige* zu. Letztere werden jedoch im Sprechen vor allem durch Hörübungen gefördert. *Huizing* läßt individuelle Hörgeräte schon vom 1. Lebensjahr an benutzen. *Rau* und *Schischkin* beginnen solche Übungen vom 2. Lebensjahr an. Die Kinder gewöhnen sich in diesem Alter besser an das Gerät als später, wenn sie erst die zahlreichen Geräusche differenzieren lernen müssen, die ihnen in den ersten Lebensjahren mit dem Hörgerät wohl ebenso allmählich vertraut werden wie dem hörenden Kleinkind. *Huizing* meint, daß man bei früher Anpassung eines Hörgerätes aus tauben Kindern schwerhörige machen kann.

E. I. Leongard berichtet über Hörerziehung bei 6 hörrestigen Kindern, von denen 4 nach etwa 5 Jahren „beachtenswerte Leistungen im Hören und in der stimm-

---

[1] Zahlreiche Beispiele dafür finden sich in der Fachliteratur. Viele Hinweise geben *Siek* und *Jäger* in ihrer Anleitung für Spielbeschäftigungen

lichen Wiedergabe" zeigten. Die Kinder lernten Lieder, empfanden Fehler und versuchten sie selbst zu korrigieren. Wenn solche Hörübungen gezielt schon bei Vorschulkindern mit Hörresten vorgenommen werden, erscheint eine „schonende Aktivierung funktioneller Reserven" möglich (Große), die jedoch „lediglich im Rahmen bestimmter Grenzen benutzt werden dürfen, um weitere schädigende Auswirkungen zu vermeiden". Selbst bei geringer Zahl solcher zu besserem Hören erzogener Kinder würde sich die Arbeit lohnen. Manche schwerhörigen Kinder brauchen trotzdem später noch besondere Artikulationsübungen.

Hörende, geistig normale Stammler können entweder nicht genügend akustisch differenzieren, oder ihre Motorik ist geschwächt bzw. entbehrt der richtigen Steuerung. Eine Sprecherziehung ist bei ihnen vor Eintritt in die Schule zu fordern und kann schon im 4. Lebensjahr begonnen werden. Die Behandlung zielt bei diesen Kindern in spielerischer Form auf Erlernung der Lautunterschiede. Man übt Zischen wie die Schlange für s, wie die Lokomotive für sch, wie die Gans für ch^1 (Dahlmann), Brummen für m, Schnarchen für ch_2 usw., wie bei den einzelnen Lauten unter Punkt 2 oder 3 angegeben. E. F. Rau und W. I. Roschdestwenskaja haben für Kinder sowohl im Kindergarten als auch in unteren Schulklassen eine ganze Sammlung von folgerichtig aufgebauten Übungen zur Unterscheidung ähnlich klingender Konsonanten herausgegeben.

Allerdings erreicht man nicht immer, daß die nunmehr richtigen Laute auch in der Spontansprache angewendet werden. Manche Kinder sprechen noch so lange spontan falsch, bis sie in der Schule lesen lernen und das Schriftbild die Umstellung unterstützt. Trotzdem ist die sprachheilpädagogische Vorbereitung wertvoll; denn ohne sie halten sich die Stammelfehler meist länger und bereiten Kind und Lehrer größere Schwierigkeiten.

Die Methodik ist auch bei hörenden Stammlern ganz auf Spiel eingestellt. Die Hilfsmittel (Spieltiere und -gegenstände, Bilder aller Art, Singen, Tanzen, rhythmische Spiele, Bewegungs- und Rollenspiele, Kinderverse, Reimspiele) dienen alle dem gleichen Zweck: die unwillkürliche Aufmerksamkeit des Kindes einzufangen und das differenzierende Hören sowie das mangelnde Geschick der Sprechwerkzeuge wirkungsvoll zu üben. Solche spielerischen Übungen können auch durch den Spiegel unterstützt werden, sollten jedoch mehr und mehr zu echten Hörübungen werden, bei denen der Wettbewerb unter den Kindern den Erfolg zu steigern vermag.

Zeigen sich unter den Kleinen besonders hartnäckige Fälle, die eine spätere Lese-Rechtschreibe-Schwäche erwarten lassen, sollte mit ihnen die Lautunterscheidung in ähnlich klingenden Wörtern geübt werden, wie es von A. Schilling-Schäfer für Schulkinder vorgeschlagen wurde. Dabei empfiehlt es sich, die falschen Laute durch Langziehen oder Dehnen herauszuheben oder Pausen vor bzw. nach den Lauten einzufügen, um sie deutlicher erkennen zu lassen. Beim Vorsprechen des richtigen Lautes sollte man mit diesem immer so lange tönen, bis das Kind ihn selbst produziert, und erst dann fortfahren mit dem Wort.

Wenn tägliche fachmännische Behandlung nicht möglich ist, so kann man auch die Mütter zu Helfern machen. Man leitet sie an, die Differenzierungsfähigkeit ihrer Kinder zu Hause zu üben, indem sie Reimspiele u. ä., die man ihnen aufschreibt, mit den Kindern spielen, oder indem sie bestimmte, gegebene Wörter täglich mehrfach langsam und deutlich vorsprechen, ohne eine Wiedergabe zu verlangen. Wenn diese aber spontan erfolgt, soll sie ohne jede Verbesserung hingenommen

werden. Man kann auch in der oben angegebenen Weise Laute vorsprechen lassen, und zwar oft am Tage kurze Zeit hindurch, um die Kinder mit dem neuen Klangbild vertraut zu machen *(Seeman)*. Man sollte sie aber mit Ausdruck erfüllen, so daß das Kind davon angesprochen wird.
Mit kleinen Kindern, die eine noch nicht operativ geschlossene *Gaumenspalte* haben, sollten regelmäßig Sprech- und andere Übungen durchgeführt werden. Auch sie müssen differenzieren lernen; sie müssen lernen, die Luft zum Mund herauszulenken und die vorn im Mund gebildeten Laute richtig zu sprechen. Auch die von *Boskis* erwähnte Entwicklung, die eine funktionelle Schwerhörigkeit hervorruft (s. 2.1.6.), kann durch alle diese Übungen wirkungsvoll gesteuert werden. Man sollte aber in diesen Fällen nicht zuviel erwarten, solange die anatomischen Verhältnisse im Mund noch nicht durch eine Operation gebessert sind. Immerhin ist es wertvoll, das Denken auf den richtigen Weg des Sprechens zu lenken, günstige Mundbewegungen einzuspielen und das Verständnis für die Wichtigkeit richtigen Sprechens zu wecken, selbst wenn die Spontansprache noch falsch klingt.
Bei *schwachsinnigen Stammlern* kann man ebenfalls schon in der Vorschulzeit Artikulationsübungen anstellen. Der Erfolg ist meist gering; denn nur mit dem Wachsen der geistigen Kräfte kann sich auch die Sprache bessern. Aber man sollte trotzdem schon frühzeitig durch Sprechübungen klären, wie weit der schwachsinnige Stammler dafür bereits zugänglich ist und ob solche Übungen nicht auch die geistige Entwicklung günstig beeinflussen. Eine Anzahl Übungen und Spiele dafür gibt *Schulze* an.
Goda und Irwin (zit. bei *A. Schilling*) unterscheiden 4 vorsprachliche Stufen. Auf der ersten werden isolierte Laute gebildet, auf der zweiten Silbenketten aus Vokalen und Konsonanten, offenbar aber noch ohne bewußte akustische Zuwendung. Diese tritt erst auf der dritten Stufe deutlich hervor, wenn das Kind zur Selbstnachahmung von Lauten und Lautfolgen, zu Lallmonologen übergeht. Die vierte Stufe ist die der Fremdnachahmung, die nicht ohne weiteres vorausgesetzt werden darf, sondern die erst nach systematischem Aufbau der vorhergehenden Stufen zu erreichen ist.
A. Schilling empfiehlt, sich dem jeweiligen „Sprachalter" bzw. vorsprachlichen Niveau und seinen phasenspezifischen Erfordernissen anzupassen (Goda-Phänomen). „Insbesondere muß berücksichtigt werden, daß die Phase der Fremdnachahmung ein Stadium der Selbstnachahmung notwendig voraussetzt. In dieser Phase der Selbstnachahmung kommt es zur Eigenanregung durch Aufgreifen der eigenen Lautprodukte und deren Wiederholungen in funktionslustbetonten artikulatorischen Abfolgen. Dieser Funktionskreis kann an verschiedenen Stellen unterbrochen sein. Beim Vorliegen einer Schwäche der lustbetonten Bewegungsantriebe muß der Therapeut durch Aufgreifen der kindlichen Lautäußerungen diesen Kreis der Selbstanregungen schließen. Er darf sich gewissermaßen nur als Verstärker in ein geschlossenes System einschalten. Erst wenn die fundierende Phase der Selbstanregung vollzogen ist, darf man zur Fremdanregung und noch später erst zur Korrektur übergehen."
Bei allen Übungen mit hörenden Kleinkindern, die falsch sprechen, müssen die Forderungen dem jeweiligen Reifegrad angepaßt und die Methoden entsprechend eingestellt werden. Bei den ganz Kleinen macht man Sinnesübungen, Bewegungsübungen und Spiele mit wenigen, einfachen Spieldingen, wobei es darauf an-

kommt, immer zu sprechen und die spezifischen Unterschiede der Laute deutlich werden zu lassen. Mit zunehmender Reife – die auch durch die Sprechübungen gefördert wird – werden die Spieltiere und -dinge mannigfaltiger. Noch später kann man zu den Bildern übergehen, wie sie *Liebmann* in Größe und Form für Kleinkinder besonders empfahl.
Mit Rückfällen ist auch bei hörenden Kleinkindern immer zu rechnen! Sie sind sogar häufig, da die Entwicklung gewöhnlich nicht stetig und gleichmäßig vor sich geht. Der Lehrer darf sich dann nie eine Enttäuschung anmerken lassen oder ungeduldig werden. Er muß sich elastisch anpassen und neue Wege suchen. Die Demonstrationsobjekte sollten deshalb häufig wechseln, wenn auch die Wörter immer die gleichen sind. So werden die Übungen nie langweilig, sondern bleiben interessant und fesseln immer von neuem. Interessiertes und freudiges Mitspielen der Kinder ist eine Voraussetzung des Erfolges.

1.5. Sprechlust

Sprechübungen sollen ein Vergnügen für die Kinder sein. Auf verschiedenste Weise wird dieses Ziel zu erreichen versucht: *Branco van Dantzig* machte im Kindergarten „Flüsterspielchen", *Brauckmann* ließ die Übungen von mannigfaltigen Bewegungen begleiten, *Hanselmann* verband sie mit rhythmischem Turnen, *Rösler* machte Sprechspiele, *Räfler* benutzte Kinderverse, und *Dirr* ließ die Kinder singen und verwandte den Plattenspieler, der heute durch das Tonband ergänzt wird. *Stötzer* verwendet eine Schallplatte mit Wort- und Textauswahl für 5- bis 10jährige Kinder und zeigt dabei Bilder. *Kluge* benutzt Bilder wie *Liebmann* und läßt sie von den Kindern malen. *Van Riper* benutzt verschiedene Formen (Kreise oder Quadrate auf dem Fußboden), Farben, Töne, Finger und Gegenstände (Glocken, Ball), denen er bestimmte Laute zuordnet, die vom Kind im Spiel produziert oder nachgeahmt werden.
Es gibt sicher noch viel mehr Wege, und hier ist jedes pädagogisch vertretbare Mittel recht, um den Zweck zu erreichen. Bei größeren Kindern kann bewußt erweckter Ehrgeiz mithelfen (Übungsbuch, Hausaufgaben). Selbst kindliche Eitelkeit läßt sich oft verwenden.
Man muß die Kinder so weit bringen, daß sie, wenn es notwendig ist, auch energisches Artikulieren gern mitmachen. Darunter ist aber nicht ein Üben mit zuviel Kraftaufwand oder mit übertriebenen Bewegungen zu verstehen. Auch wenn der Lehrer energisch zum Artikulieren auffordert, soll er zugleich auf kleinste Artikulationsbewegungen und geringsten Krafteinsatz achten und damit dem „Grundsatz der minimalen Aktion" Rechnung tragen *(Seeman)*, der die Ökonomie der Kraft und der Bewegung bei der Bildung der Sprache einzuhalten gewährleistet.
Es ist natürlich, daß man in den weitaus meisten Fällen mit Ruhe und Freundlichkeit weiter kommt als mit Strenge. Jeder Tadel sollte vermieden werden. Dafür lobe und belohne man, wo es nur möglich ist. Bei kleinen Kindern ist schon Streicheln eine Belohnung.

1.6. Vorübungen, Gymnastik

Im Taubstummenunterricht des letzten Jahrhunderts war es üblich, dem eigentlichen Sprechunterricht Vorübungen voranzuschicken, die mitunter sehr schwierig waren *(Vatter* u. a.). Mit Recht wurden diese allzu ausgebauten Vorübungen später eingeschränkt. Sie belasteten den Anfangsunterricht und hatten außerdem wenig Wert für das Sprechen. Etwas anderes ist es, wenn man Übungen des Körpers und der Sprechwerkzeuge zwischen den Sprechübungen einschaltet oder wenn man diese mit Begleitbewegungen verbindet, wie sie *Brauckmann* anwendet. *Luchsinger* hat darauf hingewiesen, daß das Sprachgeschehen eng mit der Motorik verknüpft ist, und *R. Becker* folgert aus ihren Untersuchungen, „daß eine gezielte motorische Behandlung im Rahmen der Sprachtherapie unter Beachtung der individuellen Variante notwendig ist". Allgemeine Körperübungen (vor allem Hand- und Fingerübungen) haben wesentlichen Einfluß auf den Bewegungsablauf der Sprechwerkzeuge, deren Muskulatur noch durch besondere Übungen gekräftigt und immer gut gelockert werden sollte. Das Maximum an Krafteinsatz abbauen, nur das Optimum anwenden!

Allgemeine Körperübungen

Schwungübungen der Arme und Beine (Kreisen, Pendeln, Schleudern, Hüpfen, Springen u. a.) sind ab und zu durch Spannungsübungen zu unterbrechen. Auch Balancierübungen sind zu empfehlen, ebenso spiegelbildliche Schwungübungen beider Hände und Arme mit und ohne Wandtafel oder Zeichenbrett *(Kramer)*. Beispiele für die ganz Kleinen: Kaffee mahlen, wischen, waschen, aufhängen, wringen oder Leierkasten drehen, Arme kreisen wie die Windmühle, Arme pendeln, Arme schleudern, Lokomotive spielen, stoßen und boxen, mit dem Hammer pochen, Holz hacken, sägen, Sense schwingen, Tuch schwingen *(Kramer)*, Glocke läuten, Stuhl heben, Hände ausschütteln, mit den Beinen baumeln, Rumpf nach den Seiten drehen, umsehen, verbeugen und grüßen, Hampelmann spielen, springen und quaken wie der Frosch, laufen und bellen wie der Hund, Flügel schlagen wie der Vogel, hüpfen wie der Hase, auf einem Bein stehen wie der Storch, „schwimmen" (eventuell auf einem langen Tisch), Treppen auf- und absteigen, einsteigen, auf vorgezogenen Strichen vorwärts, rückwärts, seitwärts und im Kreise laufen, Auto, Eisenbahn, Schlange spielen, über Faden oder Brett springen, von Bank oder Tisch herunterspringen usw.
Goetze hat die Bewegungserziehung bei hochgradig sprachentwicklungsrückständigen Kindern zusammenfassend dargestellt.

Dazu kommen *besondere Übungen*:
Für die Halsmuskulatur: Kopfkreisen, -nicken, -schütteln, -fallenlassen, -heben usw.
Für die Hände und Finger: Hände waschen, in die Hände klatschen, Hände falten, Finger strecken und krümmen bei gefalteten Händen („gerade – krumm"), Faust schließen und öffnen („auf – zu"), Finger einzeln zeigen, schnipsen, Finger spreizen, Fingerspitzen beider Hände aufeinanderlegen (Dach bauen, durchs Dachfen-

ster sehen, Mütze aufsetzen), Blume aufblühen lassen, Brücke, Haus, Tisch, Stuhl, Bank, Boot bauen, Buch auf- und zuklappen, Knoten festhalten, Schleife binden, Karten mischen, Reifen werfen *(Kamer)*, Ball spielen u. a.

Für die Zunge: Zunge herausstrecken, nach oben, nach unten, breit oder schmal *(Leongard)*, nach den Seiten bewegen, Milch lecken (Katze), Zunge breitlegen, Zungenränder an Zähne oder Gaumen drücken, auf den Zungenrändern kauen, dabei Zungenspitze hinter den unteren Schneidezähnen, auf der Zungenspitze kauen, mit der Zungenspitze die Nasenwurzel oder das Kinn zu erreichen versuchen, sie rollen; Vorderteil der Zunge senkrecht stellen, bei geschlossenem Mund die Backenhaut mit der Zungenspitze herausdrücken, bei weit offenem Mund die Zungenspitze an die oberen Schneidezähne oder an den Gaumen führen, oder sie flach liegenlassen und dann den Zungenrücken im Wechsel zurück-, hoch- und vorwölben (Zungenspitze bleibt dabei an den unteren Schneidezähnen), schnalzen, Zunge zurückziehen (Verstecken spielen, mit der Zungenspitze am Gaumen oder an den Zähnen beiderseits zurückgleiten, Spucken mit Zungenspitze an Oberlippe, Oberzähnen oder Gaumen, Finger vor den Mund halten und mit der Zunge wegdrücken, Zungenröhrchen bilden, eventuell den kleinen Finger auf die Zunge legen und zum „Einwickeln" auffordern *(Geißler)*, „Zähne putzen" mit der Zungenspitze *(Löwe)* usw. Die Zungenübungen gelingen am besten mit Spiegel. „Blasen mit unterschiedlicher Zungenstellung" *(Slesina)*.

Für die Lippen: Lippen vorstülpen, spitzen, locker und schnell öffnen und schließen, auch mit geschlossenen Zähnen *(Leongard)*, aufeinanderpressen, breitziehen, einziehen, von den Zähnen zurückziehen, Oberlippe über Unterlippe legen und umgekehrt, Lippenbeißen mit Oberzähnen auf Unterlippe, dann mit Unterzähnen auf Oberlippe *(Löwe)*, knallen, aufplatzen, schmatzen, schnalzen mit einwärtsgezogenen, vorgewölbten oder gespitzten Lippen *(J. Wulff)*, brummen, Kutscher-r machen, eventuell Lippen massieren (drücken, klopfen, vibrieren, ziehen). Schließübungen: eine Holzschere *(O. Stern)* mit den Lippen zusammendrücken, einen Bleistift, ein Stäbchen usw. mit den Lippen halten *(Gutzmann sen.)*. Das Stäbchen kann an einem Ende beschwert werden (z. B. mit Plastilin).

Für den Unterkiefer: Kauen, zunächst mit etwas Wohlschmeckendem, dann auch mit leerem Mund, aber locker und entspannt. Weiter kann der Unterkiefer aktiv nach beiden Seiten bewegt oder aber nur locker geschleudert werden (Vorbereitungen zu *Froeschels* Kaumethode). Endlich übt man Vorschieben des Unterkiefers oder Fallenlassen und leichtes Kreisen oder auch weites Gähnen.

Es wird nochmals betont, daß die allgemeinen wie die besonderen Übungen nicht als Vorübungen zu betrachten sind, sondern daß sie als vergnügliche Zwischenübungen immer wieder eingeschoben werden sollen, daß sie aber keinesfalls übertrieben werden dürfen, weder bei Hörgeschädigten noch bei Hörenden, weil dadurch unnötige Spannungen entstehen.

1.6.1. Atemübungen

Zu den Körperübungen treten die Atemübungen. Sie sind sehr wichtig, da nicht nur bei Hörgeschädigten, sondern auch bei Sprachgestörten meist Atemstörungen irgendwelcher Art vorhanden sind. Um solche Störungen zu beheben, muß die

Atemerziehung die Sprecherziehung begleiten und darf keinesfalls nur „Vorübung" sein *(Orthmann)*.

Alle Sprechübungen sind als Atemübungen im weitesten Sinne zu betrachten. Sie werden es um so mehr, je weiter die Sprachanbildung bzw. die Verbesserung von Sprechfehlern fortschreitet. Daneben können gesonderte Atemübungen vorgenommen werden, um die nachteiligen Einwirkungen des Sitzens in der Schule auszugleichen. Bei vorschulpflichtigen Kindern sind sie ebenfalls am Platz, da sich auch bei ihnen schon eine falsche Atmung zeigen kann. Systematische Übungen sind allerdings bei kleinen Kindern noch nicht angebracht. Für sie genügen heitere Atemspiele mit Hahn oder Röhrchen im Wasserglas, mit brennender Kerze, mit Gummiballon, Gummitieren, Luftmatratze oder Plastebeutel, Trompete, Flöte, Mundharmonika, Papierschnipseln und -bällchen, Federn, Watte, runder Kreide, Bleistift, Streichholzschachtel, Blasrohr, Rollschlange, Hohlstab mit Gittertrichter und Bällchen, Windmühle usw. Auch das Pfeifen auf einem Hohlschlüssel gelingt kleinen Kindern oft. Wenn man Seifenblasen macht, übt sich bei ihnen das Atmen am besten. Dazu genügt schon der eingebogene Zeigefinger, ein Trinkröhrchen oder ein Plastring am Stiel *(Kramer)*. Auch im Schulalter sprechen die Kinder auf vitale Impulse wie Hauchen, Seufzen, Ausgähnen besser an als auf willens- oder verstandesmäßig ausgerichtete Übungen *(Kriens-Wulff)*.

Bei isolierten Atemübungen (nicht forcieren!) sind Bauch- und Rippenatmung zu

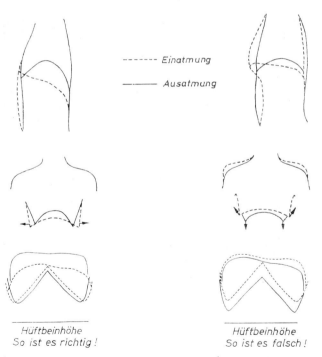

Abb. 1 (Die beiden oberen Abbildungen nach *Hofbauer* und *Schmitt*, die vier unteren nach *Parow*. Näheres siehe Quellenverzeichnis der Abbildungen)

vereinigen. Diese Volleinatmung findet als Gegenbewegung zwischen Brustkorb und Zwerchfell statt *(Parow, Schmitt)*. Man beginnt mit der Ausatmung, um nach kurzer Pause ganz locker voll einzuatmen. Während die Muskeln des Brustkorbes die unteren Rippen nach außen spreizen, spannen die Zwerchfellmuskeln das Zwerchfell. Beide Muskeltätigkeiten bewirken ein energisches Senken des Zwerchfelles in der Tiefeinatmung. Ist der Brustkorb bei möglichst gestrecktem Rückgrat hochgestellt (die Idealform), hebt sich beim Einatmen das Brustbein nur noch minimal, und die Wölbung der Bauchdecke, insbesondere ihres oberen Teils, hält sich in den durch die Rippenspreizung gegebenen Grenzen (Abb. 1). Hechelt oder schnüffelt man, so wird bei guter Haltung die Bauch- und Flankenbeteiligung sicht- und tastbar.

Bei dieser Atmungsform ist das Zwerchfell bestens beteiligt. Danach sollte aber jeder streben; denn das Zwerchfell allein ist für fast zwei Drittel des gesamten Inspirationsvolumens verantwortlich *(Rossier-Bühlmann-Wiesinger)*. Seine Kuppel steht bei tiefster Einatmung bis zu einer Handbreit unter dem Ende des Brustbeins *(Gericke)*.

Die kombinierte Atmung mit naturgemäßer Zwerchfellbeteiligung wird fast nur bei kleinen Kindern und bei Naturvölkern gefunden. Durch systematisches Üben kann sich jeder wieder an sie gewöhnen. Bei ausschließlicher Brustatmung wird die Tätigkeit des Zwerchfells dadurch gehemmt, daß während der Einatmung der Bauch eingezogen wird (Abb. 1). Außerdem wird auch der Brustbein-Schildknorpel-Muskel gespannt, dadurch der Kehlkopf festgestellt und die Stimme verfestigt. Die frühere Anweisung „Brust raus! Bauch rein!" wird auch heute noch allzuviel befolgt. Wir sollten ihr nach Kräften entgegenwirken.

Ausschließlichem Brust- oder Schulteratmen kann man zunächst durch Betonen der Bauchatmung entgegenwirken. Es wäre aber ein Fehler, wenn man nur diese als Ergebnis der Atemübungen anstrebt. Ziel kann nur die kombinierte Atmung sein, deren Idealform bei gestreckter Wirbelsäule und dadurch hochgestelltem Brustkorb *(Parow)* durch systematische Übung für jeden gesunden Menschen erreichbar ist.

Schlechte Haltung verbessert *v. Essen* mit dem Hinweis: „Hochrecken, größer werden, Kinn etwas gegen den Hals richten!"

Bei allen Atemübungen ist größter Wert auf langsames, spannungsfreies Ausatmen zu legen, wobei der Druck der Bauchmuskulatur erst am Schluß merkbar wird. Die Rumpfvorderseite bleibt in der Einatmungsstellung, während die Ausatmung vor sich geht. Dadurch strömt die Luft langsamer aus.

Begleitende Arm- und Handbewegungen vertiefen die Atmungsübungen: das Zwerchfell senkt sich beim Einatmen, die Unterarme sinken entsprechend ab, die Hände deuten die Zwerchfellkuppel in Gürtelhöhe an. Beim Ausatmen heben sich die Arme, die Hände gehen bis in Kinnhöhe. Mit langsam hochgeführten Händen „zügelt" man die Ausatmung, „stützt" sie *(Aderhold)*.

Aus- und einatmen soll man durch die Nase, wenn das Ausatmen nicht mit Lautieren verbunden ist. Anfangs kann dabei gesummt werden, wozu man die bequemste Tonlage (Indifferenzlage) wählt. Das Summen wird durch Lautbildung ersetzt oder ganz weggelassen, wobei wieder nur durch die Nase ausgeatmet wird. *Parow* will die Ausatmung mit weichem *f* oder gleichmäßigem *β* vorgenommen wissen, u. U. auch mit ch_1 zwischen Zungenrücken und Gaumen oder mit kch_2. Als Kräftigungsübungen empfiehlt er Schnüffeln, Gähnen, Stöhnen und Singen.

Das Atmen soll möglichst geräuschlos sein. Beim Einatmen verhilft dazu die Vorstellung, den Duft einer Blume einzusaugen. *G. Lindner* empfiehlt Kölnisch Wasser, um die Einatmung zu intensivieren. Beim langsamen Ausatmen kann man einen Streifen Papier vor dem Mund halten, der sich nicht bewegen soll. *Garcia* hielt eine brennende Kerze beim Singen eines Vokals vor den Mund, und sie brannte ruhig weiter.
Eine lockere Stellung und die Durchführung der Übungen in frischer Luft ist Vorbedingung. Anfangs nimmt man die Atemübungen im Liegen vor, bis die kombinierte Atmung wieder funktioniert. Dabei empfiehlt es sich, die Beine anzuziehen, wodurch die Bauchdecke entspannt und die Wirbelsäule in einen günstigen Winkel zum Becken gebracht wird. Man kommt schneller zum Erfolg, wenn man eine Hand auf die Brust und die andere auf den Bauch legt. *Beger* läßt das Kind im Liegen einen Ball auf dem Bauch festhalten und lenkt die Aufmerksamkeit auf das langsame Absinken des Balls, das durch *ff*... oder *sch*... noch hörbar gemacht werden kann. Auch andere Spieldinge, wie Bär, Puppe, lassen sich so verwenden. Die beim tiefen Einatmen gehobene Bauchdecke soll zu Beginn der Ausatmung ihre hohe Stellung beibehalten, wodurch eine Atemstütze wirksam wird. Ist die Zwerchfellatmung im Liegen eingeübt, nimmt man sie auch im Stehen vor. Danach lasse man im langsamen, spannungsfreien Gehen üben und schließlich noch im Sitzen. Auf lockere Haltung ist zu achten! Keinesfalls darf es zu Preßatmung kommen.
Pahn übt erst die Haltung, indem er die Kinder mit locker hängenden Armen auf Zehenspitzen wippen läßt, wobei sich der Körper gut streckt. Danach liegen die Kinder auf dem Rücken, eine Hand auf dem Brustbein, die andere auf der Bauchdecke. Dabei atmen sie zuerst einfach auf „sch", „f", „a" aus, danach stoßweise auf „ach", zuletzt auf „ks" mit Atemstütze.
Krech fordert, bei Atemübungen mehr indirekt als direkt vorzugehen. Er läßt Haltungsübungen durchführen, bei denen die Atmung als unbewußter Vorgang weiterläuft und sich gleichsam „von selbst" korrigiert, soweit sie durch falsche Haltung verursacht worden war. Nur bei schweren Fehlhaltungen macht er Übungen in Bauchlage, wobei der Kopf so auf den Armen liegt, daß ein Nasengang abgedeckt wird und die Atmung sich aktiv verstärkt. In solch völlig flacher Bauchlage, die bei Asthmakranken im Anfall empfohlen wird *(Blaha)*, sind die Rippen ruhiggestellt, und das Zwerchfell wird zum Arbeiten gezwungen, ohne daß man etwas davon merkt.
Haycock empfiehlt, bei Kindern einen Faden um den Leib zu legen, dessen Enden sich vorn berühren, und nun spielerisch aufzufordern, wer wohl beim Einatmen die beiden Enden am weitesten voneinander entfernen kann. Er läßt außerdem die Flankenatmung in folgender Form üben: Die Kinder legen beide Hände auf die Taillenlinie, so daß die Fingerspitzen vorn einander fast berühren. Auf das Kommando „Einatmen!" schwingen die Flanken langsam nach außen. Auf „Ausatmen" gleiten die Hände vorwärts nach der Mittellinie und drücken leicht nach innen. Zwischen den Übungen im Tiefatmen sind zur Beruhigung gleichmäßige Atemzüge im Tempo der Ruheatmung vorzunehmen. Bei der Ruheatmung werden nur etwa 500 ml Luft ausgetauscht, und das geht automatisch vor sich. Jede andere Atmung ist vom Willen gesteuert, und es wird viel mehr Luft ein- und ausgeatmet (bis 4 000 ml bei der Tiefeinatmung) als beim Sprechen und Singen gebraucht wird. Nach *Tarneaud* benötigt man selbst für die längste musikalische Phrase nicht mehr als 1 200–1 500 ml Luft. Sprechübungen mit ausgesprochenen

Tiefatemübungen zu verbinden, ist nicht angebracht. Sie sind mit geringstem Luftverbrauch, mit „luftarmer Stimme" *(Kloster-Jensen)* durchzuführen.
Von jedem Lehrer, insbesondere aber vom Sprach- und Stimmheillehrer wie vom Sprecherzieher, muß die Kenntnis der Atemtechnik und eine gute Atemführung verlangt werden, damit er seine Kinder darin richtig unterweisen kann.

1.7. Hörfähigkeit, akustische und phonematische Differenzierungsfähigkeit

Die Hörfähigkeit hat große Bedeutung für die Entwicklung der Sprache und der Sprechtechnik. Wenn ein Kind im vorschulpflichtigen Alter ertaubt, so verschlechtert sich sehr bald das Sprechen. Wird es nicht einer Sonderschule zugeführt, so geht es nicht nur sprechtechnisch, sondern auch sprachlich weiter und weiter zurück; es kann sogar die Sprache völlig verlieren und dadurch eine empfindliche Einbuße seiner geistigen Entwicklung erleiden. Bei angeborener Taubheit oder Schwerhörigkeit wird die Sprache ohne besondere Maßnahmen gar nicht oder nur sehr mangelhaft erlernt.
Es ist notwendig, bei Gehörlosen und Schwerhörigen das restliche Gehör zur Erlernung der Sprache heranzuziehen und dauernd zu üben, was schon seit dem Altertum *(A. Schilling)*, besonders aber seit *Pérolle* und *Itard*, *Bezold* und *Urbantschitsch* immer wieder praktiziert worden ist, wenn auch mit wechselndem Erfolg. Sicher ist ein Hörrest nie so gering, „daß man nicht wenigstens den Versuch machen sollte, ihn für die Verständigung oder doch wenigstens zur Verbesserung der Sprechweise nutzbar zu machen", wie *Heese-Lindner* als gleichsinniges Ergebnis mehrerer solcher Versuche zusammenfassen *(Höfler, Kaiser, Maeße-Otten, Masjunun)*. Um auch sehr geringe Hörreste feststellen zu können, verlangt *Löwe* die Prüfung mit hörverlustadäquaten Audiometern.
Freunthaller empfiehlt das gewöhnliche medizinische Schlauchstethoskop als Lehrmittel für Hörübungen bei Gehörlosen. Auch Hörrohre wurden verwendet. Die „systematische, unmittelbare Ohreinsprache" *(Seeländer)* bei der Einzelartikulation Hörgeschädigter nutzt geringste Hörreste wie auch die Tastfühlstruktur aus, geht also „polysensorisch" im Sinne von *T. A. Wlassowa* vor.
Beckmann und *A. Schilling* verwenden einen Küchentrichter mit Gummischlauch und Ohrolive als Megaphon beim Hörtraining des Kleinkindes. „Mit diesen einfachen Hilfsmitteln müssen die Eltern mehrmals am Tage Laute, kindgerechte Silben und Wörter vorsprechen und in Verbindung mit gemeinsamem Bilderbuchbesehen das Kind zu einfachen sprachlichen Äußerungen veranlassen."
In zunehmendem Maße benutzt man elektrische Hörgeräte, unter denen die Gruppenverstärker den „Ausbau des passiven Unterscheidungsvermögens von Sprachlauten" ermöglichen, während individuelle Hörgeräte (eventuell zwei hinter dem Ohr zu tragende) „für das spontane Sprechenlernen und das Entwickeln des aktiven Sprachgebrauchs in den Vordergrund treten" *(Huizing)*. Nach *Jerger*, *Carhart* und *Dirks* „erleichtern binaurale Hörapparate wohl die Lokalisation des Schalles, aber nicht die Sprachverständlichkeit" *(G. E. Arnold)*. *F. F. Rau* weist auf zahlreiche psychologische Untersuchungen *(B. M. Teplow, A. N. Leontjew* u. a.) hin, die zei-

gen, daß unter dem Einfluß spezieller, zielgerichteter Übungen absolute und unterschiedliche Schwellen verschiedenartiger Empfindungen bedeutend herabgesetzt werden können.

T. A. Wlassowa berichtet, daß sich das Hörfeld „bei fast allen Gehörlosen in den Bereich der höheren Frequenzen ausdehnt", und daß „die hohen Töne häufig mit einer Lautstärke aufgenommen wurden, die nahe der Schmerzgrenze lag". Grundsätzlich ist zu fordern, daß sich die mit einem Hörapparat ausgerüsteten Kinder in hörender und sprechender Umgebung bewegen können. A. Löwe unterscheidet die beiläufige Hörerziehung bis zum 3. Lebensjahr von der planmäßigen, die „meist erst im Laufe des 3. Lebensjahres einsetzt". Die erstere wird ermöglicht durch „das regelmäßige Tragen ... leistungsstarker Hörgeräte vom Morgen bis zum Abend", wodurch „das Großhirn so viele Hörreize empfangen kann, wie vonnöten sind, um den Prozeß des sinnerfassenden Hörens in Gang zu bringen". Nach *Griffiths* ist ein Beginn der Hörerziehung vor dem 8. Lebensmonat entscheidend für den Erfolg. Die planmäßige Hörerziehung bildet gute Hörgewohnheiten an, die die vorhandenen Hörreste besser auszunützen gestatten. Sie geht mit exakter Methodik, wenn auch nicht starr gebunden vor, und bleibt für das kleine Kind immer Spiel, denn nur so ist sie erfolgreich.

Biesalski-Stange lassen nach Beobachtungen an weit über 1 000 hörgeschädigten Kleinkindern und Säuglingen die Hörgeräteversorgung erst zwischen dem 9. und 18. Monat vornehmen. Voraussetzungen dafür sollen sein:

1. verwertbare Diagnose von Hörvermögen und geistiger Entwicklung,
2. akustische Aufmerksamkeit besteht bei dem Kind,
3. Blickkontakt und Interesse für die Umwelt ist zu erreichen,
4. erste Sprachaktivität sollte vorhanden sein,
5. hörgerättragendes Kind ist ohne wesentliche Schwierigkeiten zu pflegen.

G. *Lindner* fordert, bei Hörübungen mit Hörgeschädigten die Lautnachahmung nicht an den Anfang zu stellen, sondern „rhythmisch betonte Übungen im Mittelpunkt" stehen zu lassen und Wörter mit Konsonantenverbindungen am Anfang oder am Ende zunächst zu vermeiden.[1]

Auch bei hörenden Falschsprechern sind Hörübungen notwendig. Nach *J. Wulff* ist die Hörschulung „wichtigstes, natürliches Hilfsmittel", ja „ein primäres logopädisches Postulat". Sie bezweckt zunächst eine Steigerung der akustischen Differenzierungsfähigkeit im allgemeinen, indem außersprachliche Schälle nachgeahmt oder mit Namen benannt werden *(Stolle)*. Danach wird auch die Unterscheidungsfähigkeit für Sprachlaute geübt. Die betreffenden Personen sind oft nicht imstande, den richtigen und den von ihnen gesprochenen, falschen Laut klanglich auseinanderzuhalten. Übungen in der Unterscheidung von falschen und richtigen Lauten und von ähnlichen Lauten untereinander sind deshalb vorzunehmen. *Theiner* unterbaute die Notwendigkeit solcher Übungen mit Untersuchungen an Vorschulkindern.

Man stellt den Schüler dabei so, daß er nicht absehen kann, und übt dann:

---

[1] Eine zusammenfassende Darstellung aller Fragen, die die Hörerziehung angeht, verbunden mit zahlreichen praktischen Hinweisen, findet sich in G. *Lindner*: Grundlagen der pädagogischen Audiologie, Berlin 1975, ein wichtiger Zusatz noch in der 3. Auflage, 1981

1. Hören von Geräuschen (Schlüsselbund, Klingel, Glocken, Uhrticken und -schlagen, Motorbrummen, Türknarren, Autohupen, Gläserklingen, verschiedenes Papier zerreißen, ungleiche Rasselbüchsen, Tierstimmen, Summen, Surren, Flöten, Pfeifen, Schnarchen, Husten, Klatschen u. a.). Auch Richtungshören bzw. Lokalisieren ist zu üben (*Kramer*). Schließlich läßt man unterschiedliche Stimmen nachahmen (Mann, Frau, alt, jung) und kommt damit zu den nächsten Übungen.
2. Hören von Worten, Silben und Einzellauten. Bei Normalhörenden läßt *Kramer* diese Übungen auch flüsternd vornehmen, wobei das Kind die Augen schließt, oder es steht mit dem Rücken zum Lehrer und spricht alles nach bzw. äußert sich, ob das Wort, die Silbe, der Laut richtig oder falsch war, wie *Führing-Lettmayer* empfehlen.

   Van Riper spricht kurze Wörter sehr langsam vor und läßt das Kind die Laute zählend unterscheiden.

   Kleine Kinder sprechen oft gut an, wenn man mit einem größeren Zettel, Karton o. ä. das eigene Gesicht unter den Augen und den Hals verdeckt, damit die Sprechbewegungen nicht gesehen werden.
3. Unterscheidung ähnlicher Laute.
   Reihenübungen: s-f-s-f . . ., s-ch_1-s-ch_1 . . .,
   ch_1-sch-ch_1-sch . . ., ch_1-j-ch_1-j . . ., l-n-l-n . . .,
   m-n-ng . . ., r-ch_2 . . ., p-t-k . . ., b-d-g . . . usw.

Mit einem Tonbandgerät lassen sich diese Übungen gut unterstützen. Viele Stammler hören dabei ihre Stimme das erste Mal vom Band und nehmen ihre Fehler besser wahr als vorher. Zahlreiche Vergleichs- und Übungsmöglichkeiten (*van Riper-Irwin*) führen oft zu gutem Erfolg.

Bei Schwerhörigen sind solche akustischen Differenzierungsübungen ebenfalls erforderlich. *Beckmann* weist darauf hin, daß erwachsene Schwerhörige durch geeignetes Training mit einem Hörgerät eine erstaunliche Lautunterscheidungsfähigkeit wiedererlangen können. Er beginnt die Hörübungen mit leicht verständlichen dreisilbigen oder etwas schwierigen zweisilbigen Wörtern. Nach Vokal- und Konsonantenübungen geht er dann zu Wörterpaaren über, die jeweils in einem Laut verschieden sind, z. B. Bauer—Mauer, Gabel—Kabel, reisen—reizen. Er hat 21 verschiedene Übungsgruppen zusammengestellt und läßt in 4 Arbeitsgängen üben. Zunächst liest der Lehrer vor, und der Patient liest mit. Dann folgt der Patient ablesend und hörend. Im dritten Arbeitsgang soll er nur zuhören und mitsprechen. Erst im vierten Arbeitsgang wird die Reihenfolge der Übungswörter verändert. Nach schwierigen Konsonanten- und Vokalübungen schließen sich Texte an. Das Sprachverständnis wird durch solche Übungen bis zu 50 Prozent gebessert.

Der Lehrer selbst muß sein Gehör für feinste Unterschiede der Lautbildung schärfen. Er muß durch Beobachten lernen, Fehler zu hören, und muß sich vor allem davor hüten, sich an einzelne Fehler der Kinder zu gewöhnen. Scharfes Beobachten und Hören befähigen ihn erst, den falschen Laut des Schülers nachzuahmen, seine Bildung zu erkennen und eventuell dadurch den Weg zur Verbesserung zu finden.

1.8. Ökonomie

Es kann kein Zweifel daran sein, daß der Artikulationsunterricht besonders bei schwer hör- oder sprachgeschädigten Kindern den Lehrer außerordentlich anstrengt. Deshalb empfiehlt es sich, nicht zu lange hintereinander Sprechübungen zu machen. Kurze Zeit, aber intensiv ist besser. Viel abwechseln, nicht überanstrengen!
Zur Schonung der Kräfte ist zu empfehlen, daß der Lehrer beim Artikulationsunterricht ab und zu ohne Stimme bzw. sehr leise spricht. Er kann dabei das Kind besser hören, das gewöhnlich gleichzeitig mit seinen Sprechbewegungen artikuliert, und beansprucht seine eigene Stimme nicht übermäßig. Allerdings muß man – besonders bei Hörgeschädigten – immer noch deutlich vibrieren, wenn man abtasten läßt. Bei hörenden Stammlern wird oft die Aufmerksamkeit durch Weglassen der Stimme mehr als vorher auf den Mund gelenkt.
Was für den Lehrer richtig ist, gilt ebenso für die Kinder. Sobald man bei ihnen Ermüdung bemerkt, sollte man aufhören zu artikulieren. Täglich weniger ist besser als einmal wöchentlich viel!

1.9. Hygiene

Zur Blütezeit der Einzelartikulation im vorigen Jahrhundert wurde man auch auf die hygienischen Verhältnisse aufmerksam. Die Ansteckungsgefahr, die für Lehrer und Schüler besteht, wurde erkannt, und man suchte nach Schutzmaßnahmen. *Kindlmann* baute sogar ein besonderes Fensterchen, das auf den Tisch zwischen Lehrer und Schüler gestellt wurde und eine „reinliche Scheidung" herbeiführte. Ob es viel verwendet wurde? Auf jeden Fall ist es ein besseres Hilfsmittel als die Maßnahme, während des Artikulierens den Kopf des Kindes etwas von sich wegzudrehen, wie auch schon empfohlen wurde.
Es ist merkwürdig, daß trotz vieler hygienischer Bedenken Hilfsmittel wie Bleistifte oder Stricknadeln anscheinend häufig verwendet wurden. An ihre Stelle sind dann Spatel und Drahtsonden getreten, die sich besser reinigen lassen. *Fourgon* benutzt statt des breiten Spatels ein flaches Holzstäbchen. Ist man genötigt, den Finger zu nehmen, um eine Lautbildung zu ermöglichen, so benutzt man am besten des Kindes eigenen Finger und umwickelt ihn mit einem reinen Tuch, oder der Lehrer benutzt einen Gummifingerling.
Fließendes Wasser sollte in jedem Klassenzimmer vorhanden sein, ebenso antiseptische Seife.

1.10. Der Spiegel als Artikulationshilfe

Das Absehen ist ein wichtiges Hilfsmittel zur Berichtigung von Sprechfehlern und kann durch einen Spiegel unterstützt werden. Dieser ermöglicht dem Kind, die eigenen Sprechbewegungen zu sehen, und macht ihm mitunter erst seinen Fehler bewußt. Nur im Spiegel kann es die richtige und falsche Sprechbewegung vergleichen.
Aus diesem Grunde wurde und wird im Gehörlosen-, Schwerhörigen- und Sprachheilunterricht beim Artikulieren viel mit dem Spiegel gearbeitet, und nur selten wurde seine Anwendung abgelehnt. Ähnlich wie *Vatter* will *Haycock* den Spiegel für Hörgeschädigte nur sparsam verwendet wissen. *J. Wulff* betont für die Arbeit mit Sprachgeschädigten, daß der Spiegel „keinen breiten Raum bei der Behandlung einnehmen sollte". *Sulzer* bahnt zuerst den optischen Weg mit Hilfe des Spiegels an und läßt das Kind seine Sprechbewegungen mit denen des Lehrers vergleichen und nachahmen. Im allgemeinen wird es so sein, daß der Lehrer sich mit dem Kind beim Artikulationsunterricht Hörgeschädigter zwar an den Spiegel setzt, um ihn in Reichweite zu haben, daß er jedoch nicht immer in ihn hineinblickt oder das Kind dauernd dazu nötigt.
Über die Größe des Spiegels ist man verschiedener Ansicht. Am meisten verwendet wurde bisher ein breiter Spiegel, der höher und niedriger zu stellen sowie um seine waagerechte Achse dreh- und feststellbar ist. Eine Spiegelteilwand im Klassenzimmer wurde von *Schumann* früher erwähnt und von *Brinnhäuser* wieder vorgeschlagen. *Thume* griff diesen Vorschlag auf und berichtet über gute Erfolge mit einem Klassenartikulationsspiegel von 3 m Breite und 35 bzw. 60 cm Höhe, der für 8 Kinder ausreicht. Den ersten von *Thume* entwickelten Klassenartikulationsspiegel (fest mit der Tafel verbunden und mit Leuchtröhren ober- und unterhalb des Spiegels) habe ich selbst längere Zeit mit gehörlosen Kindern ausprobiert und als gute Hilfe empfunden. Vor einem solchen mit Leuchtröhren erhellten Spiegel kann der Artikulationsunterricht mit der ganzen Klasse durchgeführt werden. Vorteilhaft ist dabei, daß das Kunstlicht die Sprechwerkzeuge bis ins Mundinnere gut erhellt und dadurch die visuelle Selbst- wie Fremdkontrolle erleichtert, ferner, daß man mit diesem Gerät unabhängig von anderem Licht ist. Auch die Einzelartikulation, die er nicht überflüssig macht, kann vor einem solchen Spiegel durchgeführt werden.
Ein von *Gutzmann sen.* empfohlener, dreiteiliger Spiegel ist ebenfalls noch im Gebrauch. Bei Einzelartikulation ermöglicht er, auch das Profil zu beobachten.
K. H. Hirsch berichtet, daß in der Budapester Gehörlosenschule ein Artikulationsspiegel benutzt wird, der nicht nur mit Seitenklappen ausgestattet ist, sondern noch eine Spiegelfläche am unteren Rand aufweist, so daß der Schüler sein Mundbild auch von unten sehen kann. Darüber hinaus sind in die Seitenklappen Mikrofone eingebaut, und Kopfhörer dienen der Übung von Hörresten. Auch *van Uden* verbindet Hörübungen und Absehübungen vor dem Spiegel.
Aschenbrenner verwendet einen achtseitigen Gruppenspiegel, dessen Teilspiegel verschieden stark geneigt sind, um ungleiche Sitzhöhen auszugleichen. Er benutzt ihn bei hörenden Stammlern.
Es ist selbstverständlich, daß der Lehrer vor dem Spiegel auf einem niedrigen Stuhl sitzt, damit die Schüler ihm gut in den Mund sehen können, wie ja im allgemeinen beim Artikulieren darauf zu achten ist, daß das Gesicht des Lehrers

sich in Augenhöhe des Kindes befindet und dem Licht zugewendet ist. Wenn man dem Kind zur Selbstkontrolle einen Handspiegel gibt, ist ein konkaver zu empfehlen, der einen besseren Einblick in den Mund erlaubt.
Lötsch benutzt einen schräggestellten Taschenspiegel, um unbemerkt beim gegenübersitzenden Schüler von unten den Lippenspalt zu kontrollieren.

1.11. Jeder Eingriff ist verboten

Die Ablehnung jeder Berührung der kindlichen Sprechorgane erscheint übertrieben. Mitunter kann man durch einmalige Verwendung eines Kunstgriffs einen Erfolg erzielen oder kommt wesentlich schneller und mit geringerem Kraftverbrauch für Lehrer und Kind zum Ziel. Allerdings soll der Eingriff immer das letzte Mittel sein. Aber bei schwersten Fällen (z. B. zerebralparetischen Kindern, wie *Annuß* von Gehörlosen berichtet) kommt man nicht ohne Fingerhilfe, Spatel o. ä. aus. Auch *Ippolitowa-Mastjukowa* sehen die Methode der passiven Korrektur bei zerebralparetischen Kindern als „das am besten geeignete Verfahren" an und benutzen die mechanische Einwirkung auf die Sprachorgane mit Hilfe... von Spatel, Sonden usw. mit dem Ziel, eine genauere Reproduktion der Stellung der Artikulationsorgane herbeizuführen, um deutlichere kinästhetische Empfindungen zu erzeugen".
Selbstverständlich darf der Lehrer dem Kind nicht wehtun. Schmerzen schaden der Sprechlust, und diese zu erhalten und zu fördern ist oberster Grundsatz. Folgendermaßen gehe man vor:

1. Den Laut durch gefühlsbetonte Beispiele verdeutlichen, Hilfen anwenden, wie Daktylologie oder Manualsysteme, richtige Stellung eventuell im Wechsel mit der falschen, abtasten[1] bei Lehrer und Schüler gleichzeitig, absehen, erklären, ohne oder mit Spiegel nachmachen lassen. Bei größeren Kindern kann man Lautbilder verwenden oder die Lautstellungen anzeichnen und sie nachahmen lassen, dabei auch Linkshändigkeit berücksichtigend *(Elstner)*.
2. Übungen zur Aktivierung der Sprechwerkzeuge (s. 1.6.1.).
3. Ableitung aus einem vorhandenen Laut.
4. Artikulationsstellen betupfen, bestreichen, mit einem Stäbchen, einem Wattebäuschchen mit kaltem Wasser, Essig usw. (nähere Angaben bei den einzelnen Lauten).
5. Mit den Fingern bringt man die Sprechwerkzeuge in die gewünschte Stellung. Die Kinder versuchen es selbst. Aber immer muß der Lehrer kontrollieren!
6. Als letztes Mittel in hartnäckigen Fällen verwendet man Sonden und Spatel unter leichtem Vibrieren. Zwischendurch wieder einfachere Hilfen versuchen!

[1] Indirektes Abtasten an einem Papprohr, einem Hohlwürfel oder ähnlichem führt manchmal schneller zum Erfolg als direktes. *Jorich* benutzt sogar 2 Pappbüchsen; die eine hält das Kind an seine Kehle, die andere an die Kehle des Lehrers. *Fourgon* warnt bei Gehörlosen mit Recht vor übertriebenem Abtasten an der Kehle, weil dadurch die Stimme des Schülers nachteilig beeinflußt werden kann. *Hönsch* läßt gehörlose Kinder beim Sprechen in der Gruppe bzw. Klasse beide Hände seitlich an den Hals legen, und die eigenen Vibrationen tasten, wodurch die Aufmerksamkeit der Gehörlosen mehr an den Sprechvorgang gebunden wird

Jorich verwendet den Spatel als suggestiv wirkende Hilfe, indem er ihn in geeigneter Weise dem offenen Mund des Kindes nur annähert und mit ihm eine gleichsam steuernde Wirkung auf die Zunge ausübt.
J. Wulff weist darauf hin, daß bei der Sprach- und Stimmbehandlung Hörender das motorische Funktionstraining wichtiger ist als lokale unmittelbare Lautverbesserung. „Funktion kommt vor Artikulation." Er kopiert Vitalimpulse (Lachen, Seufzen, Gähnen, Stöhnen, Niesen, Brummen, Rufen, Jauchzen u. a.), läßt Schälle und Tierlaute nachahmen. „Fehlende Laute lassen sich meist auf Anhieb erspielen, und zwar nicht als konstruierte, gesetzte Laute, sondern als hinausgeschwungene Lautbewegungen, die ausdrucksmäßig nacherlebt und gebärdet sein müssen." So werden Konsonanten als abgewandelte Seufzer oder Hauche gebildet, z. B. *f* als labiodental geriebener Hauch, *s* als mediodental geriebener Hauch, ch_1 als platal geriebener Hauch.

1.12. Mechanische Hilfsmittel

Die Anwendung mechanischer Hilfsmittel bedeutet in den meisten Fällen einen gewaltsamen Eingriff in die Sprechwerkzeuge. Es ist besonders daran zu denken, daß diese auf jeden Druck mit einem Gegendruck reagieren. Dadurch wird aber statt der gewünschten die entgegengesetzte Muskelbewegung erreicht, weshalb mechanische Hilfen jetzt für den allgemeinen Gebrauch abgelehnt werden. *Wendler-Seidner* halten jedoch das Vorgehen mit Sonden, Spatel u. ä. „zu Unrecht als mechanistisch in Verruf geraten" und wenden es bei allen den Patienten an, „denen es nicht gelingt, die motorischen Impulse für die Einstellung der Artikulationsorgane – vor allem der Zunge – bewußt zu steuern".
Sah ich mich in einem besonders schwierigen Fall genötigt, solch ein Hilfsmittel anzuwenden, so brachte ich den Spatel oder die Sonde mit Hilfe eines raschen Zitterns der Hand zum Vibrieren, worauf sich die entgegendrückende Spannung in der Zunge gewöhnlich löste. Auch bei Eingriffen mit den Fingern kann man dieses Vibrieren vorteilhaft verwenden (erst auf der Handfläche üben!).
Selbst nach Lösung der Spannung durch das Vibrieren tritt meist noch keine Verbesserung der spontanen Lautbildung ein. Dann hat aber die mechanische Einwirkung den Erfolg gehabt, das Empfinden für die richtige Lage, für das richtige Ausströmen der Luft geweckt zu haben. Gewöhnlich hat man nun mit anderen Kunstgriffen oder Übungen mehr Erfolg als vorher.
Mitunter kann man mit Spatel oder Sonde den Gegendruck hervorrufen und ihn der Lautbildung dienstbar machen. Dabei fällt das Vibrieren weg.
Harth weist darauf hin, daß man mit der bloßen „Oberflächenkorrektur" durch chirurgische Eingriffe und Sprachregulierungsgeräte das Kind unnötig quält und daß die Behandlungsdauer dabei viel länger ist als bei der psychologischen Ganzheitstherapie, wie sie vor allem von *Krech* vertreten wird.
Ich selbst habe in jahrzehntelanger Arbeit an Hör- und Sprachgeschädigten aller Arten und Grade solche mechanischen Hilfsmittel nur selten und dann bei besonders hartnäckigen Fällen und immer nur kurze Zeit verwendet. Ich glaube aber, man sollte bei solchen Ausnahmen nichts unversucht lassen. *Korsunskaja* will bei

Vorschulkindern Spatel und Sonden nicht angewendet wissen, sondern höchstens den Finger des Kindes oder des Lehrers, mit Alkohol desinfiziert. Verspannung und verkrampfte Muskelbetätigung zeigen manche Dyslaliker bei Vokalen und Konsonanten, auch ohne daß mechanische Hilfsmittel eingeführt oder jemals zuvor benutzt worden sind. Man löst solche Spannungen, indem man in rascher Folge mit den Fingerspitzen gegen das Kinn oder auf das Schlüsselbein klopft, oder indem man das Kind bei den Schultern faßt und während der Sprechübungen leicht schüttelt. *Wulff* empfiehlt Vibrationsmassage, *Kaiser* streicht die verkrampften Stellen leicht.

Young benutzt einen − früher oft verwendeten − „Sprechtisch", auf den sich das Kind während der Artikulationsübungen locker und ohne Spannung legt.

1.13. Hinweise zur Selbstbeobachtung

Wer nicht an sich selbst die Lautbildung kennt, ist nicht imstande, sie bei Falschsprechern zu verbessern. Die Selbstbeobachtung der Vorgänge bei der Lautbildung ist aber sehr erschwert, besonders in der Rachenhöhle, da man bei Schleimhäuten des Körpers keine genaue Vorstellung hat, wo und wie eine Berührung stattfindet *(Grützner)*. Die Bewegungen des Gaumensegels und der Hinterzunge sind nur nach langer Übung zu spüren. Einige Hinweise für solche Selbstbeobachtungen folgen hier.

Zunge (Abb. 2)
1. Die Lage der Vorderzunge läßt sich bei verschiedenen Lauten gut mit Hilfe eines Spiegels beobachten. Am besten leuchtet man sich dabei mit einer Taschenlampe in den Mund.
2. Wenn der Spiegel nicht mehr ausreicht, weil Lippen oder Zähne sich zu weit schließen *(sch, s, ch_1)* so spreche man den betreffenden Laut und atme dann in derselben Stellung ein. Die einströmende Luft kühlt die feuchte Schleimhaut der Zunge und des Mundes ab. Dadurch empfindet man die Stellung der Zunge (wenigstens der Zungenspitze) besser. Wechselt man mit dem Ausblasen und Einsaugen der Luft in schneller Folge, so wird die Empfindung der Kühle auf der Zunge intensiver. Noch kräftiger wird der Eindruck, wenn die Zunge vorher mit einer Menthollösung eingepinselt wird, die *Führing-Lettmayer* angeben. Um sich besser konzentrieren zu können, schließe man die Augen. Auch Worte wie „ja", „so", „und" kann man einatmend sprechen.
3. Man schiebe einen Finger so weit in den Mund, daß seine Spitze die Zungenspitze berührt und spreche *u, o, a, e, i*. Gewöhnlich ist die Zungenspitze bei *u* und *o* zurückgezogen, und man empfindet, wie sie bis zum *i* vorkommt. (Bei gutem Sprechen sollte sie immer vorn liegen, damit nicht die Stimmführung beeinträchtigt wird.) Legt man einen schmalen Streifen festes Papier so auf die Zunge, daß ein Ende zum Mund heraussteht, läßt sich ebenfalls die Zungenbewegung gut beobachten.
4. Legt man den Zeigefinger lang auf die Zunge und spricht die Vokale in verschiedener Reihenfolge, anschließend noch *m, l* oder ch_2, so empfindet man deutlich, wie verschieden sich die Zunge hebt.

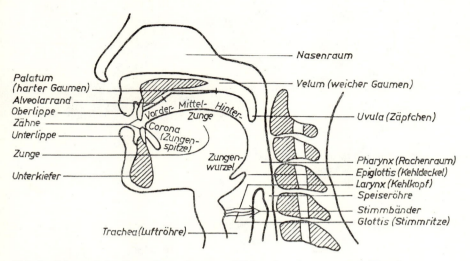

Abb. 2 Schematische Darstellung der menschlichen Sprechorgane nach *Wängler*

5. Man lege den Zeigefinger lang auf die Zunge, spreche *e* und ziehe dabei den Finger langsam heraus (dasselbe bei *i*), wobei wieder in anderer Weise die Zungenhebung deutlich wird.
6. Man bilde den Verschluß für *k* und ertaste ihn mit der Fingerspitze. Dann bilde man *ku* und *ki*, indem man wieder die Berührungsstellen abtastet (ähnlich bei *ing* und *ung*). Schließlich stelle man den Verschluß für *ki* her, spreche jedoch anschließend *ku*. Damit beobachtet man an einem Beispiel die gegenseitige Beeinflussung der Laute (s. 2.2.3.).
7. Man spreche flüsternd Verbindungen von *t* oder *d* mit *l*, wie „Atlas, Rädlein". Dabei beobachte man, ob sich beide Zungenränder zum *l* lösen. Linkshänder öffnen gewöhnlich links, Rechtshänder rechts (*Freunthaller*).
8. Die Beziehungen zwischen einseitiger Schwerhörigkeit und Abweichungen in der Funktion der Zungenmuskulatur werden nach *G. E. Arnold* bei folgendem Versuch erkennbar:
„Hält man sich ein Ohr zu und bildet das *s* lateral, hört man einen deutlichen Unterschied, je nachdem man zur offenen oder verstopften Seite lateralisiert. Im ersten Fall klingt das Hölzeln, wie bei offenen Ohren, auf der Seite stärker, auf der es gebildet wird. Abwechselndes Öffnen und Schließen des entfernten Ohres ist fast ohne Einfluß. Im 2. Fall hingegen klingt es bei verschlossenem, gleichseitigem Ohr viel schwächer, und der Eindruck der Lateralisation nimmt deutlich ab. Beim Öffnen hört man die Lateralisation viel stärker."

Gaumensegel (s. Abb. 2)

9. Man stecke den Zeigefinger in den Mund, so daß seine Spitze das Gaumensegel berührt. Dann spreche man *n* (oder *m*) und *l* im Wechsel, so gut es geht. Man empfindet, wie das Gaumensegel sich hebt und senkt.

10. Man halte den g-Verschluß bei *ag* fest, so daß g nicht erklingt, und spreche statt dessen *ng*. Dabei halte man beide Ohren fest zu. Man empfindet, wie das Gaumensegel sich senkt. Denselben Erfolg hat man, wenn man zum *p* ansetzt, aber dann *m* spricht.
11. Die Hebung des Gaumensegels empfindet man sehr gut, wenn man bei „Bank" das *ng* aushält, darauf zum *k* ansetzt, aber dieses nicht sofort lautiert. Bei geschlossenen Ohren wird die Hebung noch deutlicher (dasselbe gilt bei *Lampe, Hand* u. a.). Intensiv hebt sich das Gaumensegel auch beim Gähnen mit geschlossenem Mund.
12. Man spreche langes *a* und lasse es erst rein und klar, dann stark genäselt auf einen Atemzug abwechselnd erklingen. Dabei halte man die Ohren zu oder halte sie unter Wasser (im Bad). Die Gaumensegelbewegungen werden dabei wahrgenommen.
13. Man spreche die Vokale in tiefer Stimmlage mit erhobenem Kopf, abwechselnd die Nase schließend und öffnend. Dasselbe versuche man dann mit gesenktem Kopf. Dabei beobachtet man, daß ein Teil der Luft durch die Nase entweicht.
14. Die Bewegungen der Gaumenbögen und der Rachenwand empfindet und sieht man bei abwechselndem Tiefeinatmen und Würgen mit weit offenem Mund.

Unterkiefer (s. Abb. 2)

15. Man stoße mit der Daumenspitze ganz leicht senkrecht von hinten unten an den Kinnknochen. So spreche man Einzellaute, Silben, Wörter und Sätze. Bei Silben unterscheide man zwischen solchen mit Verschlußlauten: *ka, te, pi* usw., und solchen mit Engelauten: *so, fa, es, ich, ech* usw. Dabei nimmt man die Bewegungen des Unterkiefers wahr.
16. Man lege beide Zeigefingerspitzen fest an die Unterkieferwinkel unter den Ohren und spreche: *Natter – naß, Hecke – hecheln – Hessen – husch* und ähnliche Zusammenstellungen. Oft bewegt sich bei *s, ch$_1$, sch* der Unterkiefer leicht vorwärts.
17. Man spreche *a* und *ä.* 1. normal, 2. mit weit geöffnetem Mund; dabei beobachte man Unterkiefer, Zunge, Kehlkopf, Muskelspannung und Klang.

Kehlkopf (s. Abb. 2)

18. Man lege eine Fingerspitze leicht auf den Schildknorpel und stelle fest, wie er sich beim Tiefeinatmen und Gähnen, beim Schlucken und Würgen bewegt. (Beim Würgen beobachte man auch die Zunge.)
19. Man spreche Selbstlaute, Silben, Wörter und Sätze mit der Fingerspitze am Kehlkopf
    1. mit hoch erhobenem Kopf,
    2. mit normaler Kopfstellung,
    3. mit gesenktem Kopf.

    Legt man einen Zeigefinger an den Ausschnitt des Schildknorpels und den anderen von unten her an das Zungenbein und spricht abwechselnd langsam *a* und *u*, so bemerkt man, daß sich beim *a* die Finger nähern und beim *u* aus-

einanderweichen, und zwar bewegt sich der am Zungenbein liegende Finger deutlich etwas nach oben *(Vahle)*.
20. Man lege die Fingerspitze an den Schildknorpel und gebe einen stimmhaften Laut hoch oder tief an. Die Kehlkopfbewegungen werden dabei deutlich.
21. Man lege die Fingerspitze an den Kehlkopf und probiere die drei Arten des Einsatzes (fest, weich und gehaucht) mit Flüsterstimme. Der Verschluß der Stimmritze ist wahrzunehmen *(H. Hoffmann)*.
22. Man halte die Ohren unter Wasser zu und beobachte den Kehlkopf bei stimmhaften Lauten und bei den drei Einsätzen.

Schwingungen

23. Man spreche *m* und lege die Fingerspitzen ganz leicht auf die Lippen. Während die Lippen im *m*-Verschluß bleiben, hebe man die Zunge beim Weitertönen zum *n* oder *ng* oder öffne und schließe beim *m* abwechselnd die Zähne (Kauen). Die Schwingungen sind verschieden stark wahrnehmbar.
24. Man setze den Nagel des kleinen Fingers abwechselnd auf die oberen und unteren Schneidezähne, während man *n* oder *ng* spricht. An den unteren Zähnen sind die Schwingungen stärker.
25. Man ertaste mit den Händen, wie die stimmhaften Laute vom Kehlkopf aus weiterschwingen in Richtung Brust, Mundboden, Kiefer (Kinn, Kieferseiten, -winkel und -gelenke), Wangen, Lippen und Scheitelbein. Die Laute sollen in verschiedenen Tonhöhen durchprobiert werden.

Klang

26. Man spreche die Vokale mit normaler Kopfhaltung und mit Kopfrollen und beobachte die dabei entstehenden Klangveränderungen. Darüber hinaus sollte man seine Stimme regelmäßig daraufhin beobachten, ob sie frei und locker oder gepreßt, gehemmt, kehlig oder ähnlich klingt.
27. Das innere Hören wird wirksam, wenn man sich die Ohren zuhält und dabei spricht. Man bilde z. B. *m, n, ng*. Bei *m* hebe man die Zunge zum *n* oder *ng* (dabei hört man die Klangveränderung).
Man bilde *kühn – kühl, Range – Rachen* und ähnliche Gegenüberstellungen, um die Klangveränderung bei Mund- und Nasenlauten festzustellen.
28. Man bilde ein scharfes *s*, wobei man abwechselnd die Lippen breitziehe und vorstülpe. Der Klang wird verändert (ebenso bei ch_1, ch_2, r, l, t, k).

Atmung

29. Man atme tief und und hauche stark aus *(h)*, Bauchwand und Zwerchfell dabei beobachtend. Wechselt man mit leichtem Hauch ab, kann die grundsätzliche Verschiedenheit beider „Hauche" erkannt werden.
30. Die Bewegung des Zwerchfells erkennt man beim Bauchschnellen oder -schwingen. Dabei wird im Wechsel die Bauchdecke eingezogen und wieder vorgewölbt, wobei man den Atem anhalten kann. Auch beim Schnüffeln oder Hecheln nimmt man Zwerchfellbewegungen wahr.

Wer noch keine Erfahrung im Selbstbeobachten hat, muß die Übungen so oft wiederholen, bis er deutlich die Bewegungen verspürt.
Man hüte sich davor, diese Eigenbeobachtungen zu verallgemeinern! Die Sprechbewegungen verschiedener Menschen sind nicht gleich. Es gibt sowohl im Dialekt begründete als auch große persönliche Unterschiede in der Lautbildung.
Die Selbstbeobachtung dient auch dazu, Fehler zu verbessern, die man sich im Laufe der Jahre angewöhnt hat, z. B. Vorstrecken der Zunge bei l, Mitbewegungen der Nasenflügel bei n und der Schultern bei h, oder übertriebenes Breitziehen der Lippen bei ch_1 und s usw. Das Artikulieren vor dem Spiegel bietet die beste Gelegenheit, auf derartige Gewohnheiten zu achten.
Sehr vorteilhaft ist es, wenn man bewußt fehlerhaft artikuliert, z. B. die Sprechfehler der Kinder nachahmt, und sich dabei beobachtet. Auf diese Weise ergibt sich manchmal ein Weg zur Abstellung eines Fehlers.

1.14. Die Vibrationen beim Sprechen

Vokale und stimmhafte Konsonanten werden durch Schwingungen der Stimmlippen zum Klingen gebracht. Diese Schwingungen teilen sich den benachbarten Organen mit. Sie sind nach Höhe des Tones und Art des Lautes verschieden.
Legt man die Hand auf den Scheitel, so empfindet man bei der Reihe $a - e - i$ eine zunehmende Verstärkung der Schwingungen. Dasselbe tritt bei $a - o - u$ (*Zimmermann*) ein; u scheint ein stärkeres Schwingen hervorzurufen als i. Stimmhafte Konsonanten, wie m, n, ng, w, s, j können noch stärkere Vibrationen erzeugen als Vokale. Bei r spürt man die schnellen Stöße, vor allem wenn kurz und stark lautiert wird. Der Zwerchfellschlag ist besonders gut wahrzunehmen, wenn man dabei die Hand über den Magen legt.
Legt man die Hand auf die Brust, etwa oberhalb des Schwertfortsatzes, oder stützt man die Hände auf die seitlichen Brustwände, so zeigt sich ein Abnehmen der Schwingungsstärke bei den Reihen $a - e - i$ und $a - o - u$. Auch die stimmhaften Konsonanten sind schwächer als a zu spüren.
Hält man die hohle Hand vor den Mund, so sind bei den stimmhaften Lauten die Schwingungen meist gut wahrnehmbar. Außerdem ist die austretende Luft mehr oder weniger stark zu fühlen.
Bei Kindern sind es natürlich andere Schwingungen als bei Erwachsenen. *H. Stern* empfahl deshalb, Hörgeschädigten die Laute an gleichaltrigen, gutsprechenden Kindern abtasten zu lassen. Dadurch wird eine gute Sprechtonhöhe erzielt.
Auch *Ewings* wollen die Kinder nur bei sich selbst und anderen tasten lassen, um dadurch das Vibrationsempfinden zu schärfen.
Viele Laute sind an einer Stelle besser tastbar als an der anderen. Die näheren Angaben sind bei den einzelnen Lauten nachzulesen.
Zur Verstärkung der Vibration lassen sich Papp- oder Papierrollen, -trichter, Schachteln aus Holz oder Blech, Hohlwürfel u. a. verwenden. Um das Vibrationsempfinden des Kindes zu schärfen, gab *A. P. Hirsch* eine Anzahl Übungen an, durch die die Aufnahme der Schwingungen des Fußbodens, des Tisches usw. durch Füße, Hände und durch den gesamten Körper geübt wird.

Ewings machen Vibrationen zunächst deutlich an einem gespannten Gummiseil oder an Klavier- bzw. Lautensaiten o. ä. Weiter lassen Sie das Kind mit einem Stock in der Hand an einem Geländer entlanglaufen. Schließlich gehen sie über das Abtasten am Klavier oder an einem Resonanzkasten zum Abtasten am Brustkorb usw. über. *G. Lindner* (1975 S. 122) gibt in seiner pädagogischen Audiologie eine Vibrationsvorbereitung für Hörprüfungen kleiner Kinder an, die sich auch beim einführenden Artikulationsunterricht verwenden läßt. Er benutzt dabei die Knochenleitungshörer eines Audiometers mit den Frequenzeinstellungen von 128 Hz oder 256 Hz (bei 200 Hz ist das Vibrationsempfindungs-Optimum). Die Maximallautstärke wird eingestellt und dann unterbrochen. Den Wechsel nimmt das Kind wahr, wenn es die Fingerbeeren von Zeige-, Mittel- und Ringfinger einer Hand leicht auf die Vibrationsplatte des Knochenleitungshörers legt. Auch ein Nachlassen der Intensität kann es dabei wahrnehmen.

W. Wagner hat experimentell festgestellt, daß der Tast- und Vibrationssinn einen geringen direkten Ausnutzungswert für sprachliche Zeichen hat und daß Sprachreize ursprünglich für den Hautsinn völlig inadäquate Reize darstellen. Sicher beruht darauf der relativ mangelhafte Erfolg allen Abtastens und der geringe Effekt der Arbeit an volltauben Kindern überhaupt.

Dort, wo neben dem Abtasten noch Hörreste verwendet werden können, ist der Erfolg immer besser.

1.15. Die Zunge

Unter Laien wird auch heute noch angenommen, daß die Zunge allein das Sprechen ermögliche. Das ist jedoch ein Irrtum, denn „das Gehirn spricht, nicht die Zunge oder der Kiefer" *(G. E. Arnold)*. Kennt die Geschichte der Medizin nicht schon seit Jahrhunderten zungenlose Menschen mit verständlicher Sprache? Wenn aber dadurch auch erwiesen ist, daß die Zunge ganz oder teilweise wegfallen kann, ohne daß das Sprechen unmöglich wird, so ist doch unbestritten, daß ihr im Zusammenwirken mit den anderen Sprechwerkzeugen ein wesentlicher Anteil an der Bildung der Laute und der Stimme zukommt. Sicher ist sie das beweglichste Sprechorgan.

Durch falsche Stellung der Zunge können schwere Sprechfehler und Stimmstörungen hervorgerufen werden. Es sei nur hingewiesen auf die verschiedenen *s*-Fehler, auf das Knödeln, das kloßige oder gedrückte Sprechen *(G. E. Arnold)*.

Nach Verletzungen des Zungenkörpers oder nach dem Verlust eines größeren Zungenteils wird die Aussprache zwar zunächst entstellt, läßt sich aber durch zweckentsprechende Behandlung wieder wesentlich bessern. Nur nach völliger Lähmung der Zunge bleibt die Aussprache sehr undeutlich.

Ein verkürztes Zungenbändchen ist nur für das Zungenspitzen-*r* von Nachteil; sonst hat es keine Wirkung auf die Deutlichkeit der Aussprache. Ist die Zunge zu groß, kann eine Operation zur besseren Lautbildung beitragen.

Eine gedeihliche Entwicklung des Sprechens wird begünstigt, wenn zwei Hauptregeln beachtet werden:

1. Die Zunge muß möglichst vorn liegen, wodurch der Mundrachenraum erweitert wird. Die ausströmende, schwingende Luft findet weniger Widerstand und mehr Resonanzraum. Außerdem steht dabei der Kehlkopf verhältnismäßig tief (*J. Forchhammer*).
2. Die Zunge muß so flach im Mund liegen, wie es die Reinheit des betreffenden Lautes erlaubt. Durch zu hohe Stellung oder durch falsches Berühren des Gaumens entstehen häßliche, seitliche Lispelformen, genäselte Aussprache oder kloßiges *l* usw., im ganzen ein schwerfälliges, unangenehmes Sprechen.

Falschsprecher verstoßen nur zu häufig gegen diese Grundregeln. Bei der Verbesserung muß man allerdings der ersten Regel manchmal zuwiderhandeln, indem man die Zunge zur Erzielung eines Lautes zurückschiebt. Das soll aber immer nur eine Übergangshilfe sein. Beherrschen die Schüler den betreffenden Laut einigermaßen, so versuche man, ihn weiter vorn bilden zu lassen. (Vorderen Zungensaum tief an die unteren Schneidezähne!).

Der Zungenlose kommt nur bei günstigen anatomischen Verhältnissen spontan zu einer verständlichen Sprache *(Kurka-Meinhold)*. Da das selten geschieht, müssen die meisten dazu angeleitet werden, mit Hilfe der nach der Operation zurückgebliebenen Muskelwülste oder -stümpfe und anderer Muskeln der Mundhöhle durch Ersatzbewegungen Laute zu erzeugen. Dabei werden je nach Größe der Defekte annähernd richtige Vokale erzeugt. *i* ist am stärksten beeinträchtigt. Von den Konsonanten werden *s* und *sch* erzeugt, indem durch die aufeinandergestellten Zahnreihen gezischt wird, *d, t, n* werden mit zwischen die Zähne zurückgezogener Unterlippe gebildet. „*l* klingt nach einiger Übungszeit gar nicht schlecht, obwohl die Normalteilung des Luftstromes nicht stattfindet. *g, k, ng, ch_1* und ch_2 werden als Rachenlaute zwischen dem Zungenrest (oder Kehldeckel) und der Rachenwand oder wie bei Gaumenspalte im Kehlkopf gebildet. Auch *r* ertönt als laryngeales Knarren durch langsame, subtonale Schwingungen der Stimmlippen oder der Taschenfalten ... Manche Patienten gelangen auf solche Weise nach längerer Übungszeit wieder zu einer recht guten Sprache" *(Luchsinger-Arnold)*, während bei anderen nur ein „heiseres Bellen" *(Wolks)* zu vernehmen ist.

1.16. Der Unterkiefer

Beim fließenden Sprechen werden im allgemeinen keine übertriebenen Kieferbewegungen gemacht. Der Unterkiefer bewegt sich dabei nur wenig über die Stellung hinaus, die er bei der Bereitstellung zum Sprechen einnimmt. Diese sogenannte Grundstellung *(Drach)* entsteht, wenn die Kieferheber der Wangenmuskulatur und der zweibäuchige Kiefersenker (der vom Kinn am Mundboden entlang nach dem Zungenbein und zum Kehlkopf läuft und dort in den Kehlkopfsenker übergeht) sich die Waage halten. Der Zwischenraum zwischen den Schneidezähnen beträgt etwa Daumenbreite.

Wenn man will, kann man bei allen Vokalen und bei einer Reihe anderer Laute den Kiefer in der Grundstellung halten. Deshalb ist es gut, wenn man auch bei der Übung von Einzellauten den Kieferwinkel nicht zu groß werden läßt. Besonders zu beachten ist dies bei Hörgeschädigten; sie werden sonst zu »Nußknackersprechern« *(Drach).* Es gibt aber auch Menschen, die mit zu geringer Kieferöffnung sprechen. Viele Menschen bewegen den Unterkiefer, besonders bei *s, ch*$_1$*, sch* leicht nach vorn. Die Vorwärtsbewegung fällt weg, wenn der Unterkiefer vorsteht (s. 2.2.2.9.). Bei sehr starkem Vor- oder Zurückstehen des Unterkiefers ist die Lippenartikulation oft erschwert (*f* mit Oberlippe und Unterzähnen; *b, p, m* mit Oberzähnen und Unterlippe). Genaue Angaben über die Entfernung der Kiefer bei einzelnen Lauten lassen sich nicht machen. Hier spielt die individuelle Sprechweise eine zu große Rolle. Man kann nur eine ungefähre Normalstellung angeben.

Für diejenigen, die den Unterkiefer zuviel oder zuwenig gebrauchen, seien noch einige Übungen angeführt:

Die „Nußknackersprecher" üben Lautreihen wie *bbb oder bpbpbp, lalala, nanana, nonono* usw. Die Zeigefingerspitze stößt dabei senkrecht von unten ans Kinn und kontrolliert, ob sich dieses bewegt. Die „Maulfaulen" mit Zahnschluß üben: *a* mit weiter Mundöffnung (schreien), dann *sasasa*, wobei der Mund zum *a* immer wieder weit zu öffnen ist, und Kieferschwenken, d. h., bei mäßig weit geöffnetem Mund wird der Unterkiefer abwechselnd nach rechts und links bewegt *(Drach).*

1.17. Der Kehlkopf

Der sprechende Kehlkopf beewgt sich nicht bei allen Menschen in gleicher Art. Im allgemeinen wurde festgestellt, daß er bei Erhöhung des Tones steigt und bei Tiefwerden fällt *(Panconcelli-Calzia),* bei *i* hoch und bei *u* tief steht, während er bei anderen Vokalen eine Zwischenstellung einnimmt.

Es gibt aber auch Menschen, bei denen sich der Kehlkopf mit Erhöhung des Tones senkt, während er bei Tieferwerden steigt. Bei anderen wieder bleibt er fast unbewegt und in verhältnismäßig tiefer Stellung. Die letztgenannte Kehlkopfstellung kann man in Hinsicht auf den Kräfteverbrauch als ideal bezeichnen. Der Kunstsprecher wird dieser Stellung nahekommen. Dem Durchschnittssprecher wird man jedoch ein gewisses Maß an Kehlkopfbewegungen zugestehen. Allerdings sollen diese nicht zu groß sein. Starke Kehlkopfbewegungen sind nur in gewissen Fällen normal: aufwärts beim Schlucken und Würgen, abwärts beim Gähnen und beim tiefen Einatmen mit Hilfe der Zwerchfellatmung. Bei Einzellauten finden sich allerdings häufig auch erhebliche Unterschiede gegenüber der Ruhelage. Am stärksten tritt das bei manchen Stimmschädigungen in Erscheinung, besonders bei Fistel- und Brummstimmen. Bei ihnen können durch Einwirkung auf die Kehlkopflage Erfolge erzielt werden. Bei Gehörlosen läßt sich der Kehlkopf beim Sprechen zu relativer Ruhe bringen, wenn man den Finger an ihn legt *(H. Stern).*

1.18. Das Gaumensegel

Die Funktion des weichen Gaumens ist für die Bildung der Laute wie für den Klang der Stimme gleich bedeutungsvoll. Sie ist deshalb schon seit langer Zeit Gegenstand der Forschung. Diese arbeitete anfangs nur „ohrenphonetisch", ging jedoch mit der Entwicklung der Technik zunehmend zu experimentellen Methoden über.
Zum Beispiel wies *Czermak* durch Versuche mit einer Drahtsonde, die er in die Nase einführte und mit ihrem Ende auf dem Gaumensegel aufstehen ließ, während er phonierte, die unterschiedliche Hebung des Velums bei den einzelnen Vokalen nach. *Passavant* und *Schmidt* führten verschieden weite Röhrchen hinter das Gaumensegel und stellten fest, daß und wie der Klang sich änderte. A. *Hartmann* ermittelte Grad und Stärke des Velumverschlusses mit manometrischen Untersuchungen. *Gutzmann* mit seinen Schülern, *Froeschels* und andere Forscher arbeiteten mit Nasenolive am Gummischlauch, Mareyscher Kapsel und Kymographion, um exakte Kurven zu erhalten.
Einen Fortschritt stellte Röntgenphotographie und -kinematographie dar, die zu immer besseren Ergebnissen führten.
Auch die Klanganalyse wurde benutzt.
Weiter gelang es – in einem Falle schon 1876 *(Gentzen)*, zunehmend seit dem 1. Drittel dieses Jahrhunderts – die Funktion des Velums durch Operationsöffnungen direkt zu beobachten und zu filmen.
Die Ergebnisse aller dieser Untersuchungen widersprachen jedoch einander häufig.[1]
Immerhin wurden wichtige Erkenntnisse gewonnen. So zeigte sich sehr bald, daß der Verschluß zwischen Mund- und Nasenrachen bei Vokalen und Konsonanten verschieden ist *(Biebendt, Gutzmann)*, ebenso beim Sprechen und Singen. Beim Schlucken und Würgen ist er am stärksten. Es wurde auch klar, daß verschiedene Personen bei ein und demselben Laut ganz verschiedene Verschlußstärken aufweisen und daß sich das Gaumensegel um so mehr hebt, je höher oder stärker der Ton ist.
Die direkte Beobachtung des Velums ergab, daß es sich der Rachenwand mit sehr schnellen und leichten Bewegungen in verschiedenem Spannungsgrad anlegt, und daß diese Bewegungen zeitlich und spannungsmäßig denen der Zunge und der Lippen äußerst fein koordiniert sind *(Wardill)*. Sie laufen im Zeitmaß von hundertstel Sekunde ab *(Croatto)*. *Bloomer* unterschied drei verschiedene Funktionsweisen beim Schlucken, Phonieren und Blasen. E. *Müller* stellte fest, daß das Gaumensegel beim Sprechen in einem vielfach variablen Dauerkontraktionszustand bleibt, der bereits vor der Artikulation einsetzt, und dessen Grad von der Art der gesprochenen Worte abhängt.
Wängler fand durch längere Beobachtung von Röntgenaufnahmen beim Sprechvorgang, daß der Annäherungsgrad von Velum und Passavantschem Wulst von der oralen Engebildung bzw. Öffnungsweite abhängt. „Ist der Mundweg voll-

---

[1] *Trenschel* geht in seiner umfassenden Übersicht „Das Problem der Nasalität" nicht nur auf die verschiedenen Methoden der Nasalitätsforschung sein, sondern auch auf die Lehrmeinungen der Gesangspädagogen und Sprecherzieher und diskutiert die widersprüchlichen Ergebnisse sowie die uneinheitlichen Auffassungen über Wesen und Ursache der Nasalität

kommen frei (z. B. beim offenen *a*), so ist die Abschließungstendenz am geringsten, wird er jedoch auf verschiedene Weise mehr und mehr verlegt (*a* − *e* − *i* oder *o* − *u* − *ü*), so wächst sie, bis sie über die Reibelaute mit den Verschlußlauten am größten wird ... Das Gaumensegel schließt den Nasenraum nicht einfach ab bzw. gibt ihn bei den Nasalen frei, sondern bildet vielmehr die feinsten Abstufungen, um ein offenes Näseln gerade noch zu verhindern." Noch einige Tatsachen seien erwähnt. Ein näselnder Beiklang bei *a* und *e* entsteht meist erst dann, wenn die Lücke, die Nasen- und Mundrachenraum verbindet, eine Lichtung von über 20 mm^2 aufweist bzw. wenn sie den Durchmesser von 5 mm überschreitet (*Schmidt, Fränkel*). Andererseits kann offenes Näseln schon bei einem Durchmesser der Lücke von etwas mehr als 2–3 mm auftreten. Auch bei operierten Gaumenspalten fand man, daß selbst dann, wenn „eine Verbindung zwischen Mund- und Nasenhöhle beim Sprechen bestehen bleibt, der Patient daran gewöhnt werden kann, den Sprechluftstrom so aus dem Mund herauszuleiten, daß die störende Mitwirkung der Nasenresonanz unterdrückt wird" (*Lambeck*). Ein Loch im harten Gaumen hat nach *G. E. Arnold* um so weniger Bedeutung für die Sprache, je kleiner es ist und je weiter vorn es liegt. Ob es den Klang verändert, erkennt man, wenn man es mit Watte verstopft. Dagegen können schon kleine Fisteln im hinteren Teil des harten Gaumens oder im weichen Gaumen oberhalb der Abschlußstelle ein schweres, offenes Näseln verursachen (*Seeman, G. E. Arnold*).
Nasaler Beiklang bzw. „ein geringer nasaler Anteil" (*Winckel*), der eine abgerundete Klangbildung und eine tragfähige Stimme ermöglicht, wird nicht nur von Gesangspädagogen und Sprecherziehern, sondern auch von Sprachärzten gefordert. Ob dabei das Velum dicht anliegt oder nicht, ist immer noch eine ungelöste Frage. Zumindest helfen zeitweilig betriebene Nasalitätsübungen Stimmstörungen beseitigen (*Pahn*). Bei Kindern sind solche Nasalitätsübungen nicht am Platze, da sie allzu leicht zum Näseln führen, was ja gerade vermieden werden soll. Man tut bei ihnen besser daran, die Kraft des Gaumensegels anzuspannen. In den Ländern, in denen nasaler Beiklang zu den Stimmgewohnheiten gehört, besteht dieses Problem nicht.
Im übrigen tritt ein nasaler Beiklang bei sonst unnasalen Vokalen gewöhnlich in Verbindung mit Nasalen auf, und nicht nur, wenn diese dem Selbstlaut vorangehen, sondern auch, wenn sie folgen. *v. Essen* führte in Schwingungsbildern den exakten Nachweis für „eine derartig assimilierende Wirkung des Nasals auf vorangehenden Vokal". Steht der Selbstlaut zwischen zwei Nasenlauten, wie in „nein", „Mann", „Menge", so legt sich das Velum oft überhaupt nicht an, besonders bei kurzen Vokalen.
Die Probe des Backenaufblasens ist zur Prüfung der Funktionsstörungen des Velums ungeeignet (*Seiferth*). Wenn dabei die Zunge den Mundraum abschließt, kann man leicht durch die Nase atmen.
Da bei funktionellem Näseln relativ häufig Schwerhörigkeit vorkommt, sind Hörübungen notwendig.

1.19. Abhängigkeit der Sprechwerkzeuge voneinander

Die Sprechwerkzeuge, vor allem Lippen, Zunge und Gaumensegel, weiter Kiefer, Kehlkopf und Rachenwand, sind in individuell verschiedenem Grad an der Bildung der einzelnen Laute beteiligt. Manche Menschen gebrauchen vorwiegend die Zunge zur Lautbildung; sie halten Kiefer und Lippen relativ ruhig. Andere bewegen vorwiegend die Lippen, Kiefer und Zunge sind bei ihnen weniger beteiligt an den Sprechbewegungen. Wieder andere bewegen den Unterkiefer verhältnismäßig stark und vernachlässigen Lippen- und Zungenbewegungen mehr oder weniger.

Die Sprechorgane können also füreinander eintreten. Man vergegenwärtige sich nur die verschiedene Bildungsweise des *ä:* Der eine spricht es mit demselben Kieferwinkel wie das *e;* er legt nur die Zunge flacher. Der andere läßt die Zunge in derselben Lage wie beim *e*, aber er senkt den Unterkiefer. Ganz besonders macht sich dieses Füreinandereintreten bemerkbar, wenn ein Sprechorgan behindert ist.

Es leuchtet ohne weiteres ein, daß sich die eng beieinander liegenden Sprechorgane in ihren Bewegungen beeinflussen. So rückt bei hochstehendem Kehlkopf die Zungenwurzel nach hinten, und der Kehldeckel ist schräg geöffnet. Steht der Kehlkopf tief, so rückt die Zungenwurzel vor, und der Kehldeckel steigt senkrecht in die Höhe. Das außerordentlich komplizierte Zusammenwirken aller Sprech- und Stimmorgane wird in vielen Filmen deutlich (Röntgenfilme und -tonfilme der Lautbildung, Filme der Gaumenfunktion bei chirurgischen Defekten des Oberkiefers, Zeitlupenfilme der Stimmbandbewegungen), die zeigen, in wie erstaunlicher Weise alle „Teile" zu einem Ganzen zu werden vermögen.

Als Beispiel für instruktive Darstellung verweise ich auf den Röntgentonfilm von *G. Lindner-Kossel.* Dieser zeigt sagittale Bilder von den Bewegungen der Sprechorgane in einem Satz, in dem die 28 am häufigsten gebrauchten Lautverbindungen der deutschen Sprache vorkommen. Danach werden einzelne Ausschnitte des Satzes in farbigen, schematisierten Laufbildern vorgeführt, deren Grundlage der Röntgenfilm bildet. Links darüber ist der gesprochene Satzteil in phonetischer Schrift angegeben. Rechts daneben befindet sich ein Sonagramm mit den Formanten der Laute. Drei wandernde Zeiger, einer unter der Zunge des Farbbildes, ein zweiter unter dem Schriftbild und ein dritter unter dem Sonagramm verdeutlichen den synchronen Ablauf.

Im wesentlichen kommt es darauf an, den geeigneten Resonanzraum, die richtige Form des Ansatzrohrs für den betreffenden Laut zu finden. Welche Organe daran vorwiegend beteiligt sind, ist eine Sache der Ökonomie. Sowohl die Lippen- als auch die Zungensprecher können ökonomisch und gut sprechen. Für unsere besonderen Zwecke ist Lippenartikulation zu empfehlen. Natürlich sind übertriebene Lippenbewegungen zu vermeiden. Abzulehnen ist auch eine zu große Kieferöffnung, da sie sich nachteilig auf die Tätigkeit des Kehlkopfes auswirkt.

1.20. Die Lautbildung und ihre Problematik

Wissenschaft und Kunst haben eine gewisse Norm für die Lautbildung und Aussprache festgelegt, die für uns verbindlich ist. Die (sogenannten) Normalstellungen der Einzellaute stellen das Gemeinsame dar, das jede Sprache trotz aller Verschiedenheiten der Dialekte und persönlicher Lautbildungsweisen hat. Dieses Gemeinsame findet bei uns seinen besten Ausdruck in der deutschen Hochsprache, auf die alle sprecherzieherischen Bestrebungen hinzielen.

In der Umgangssprache finden wir viele Abweichungen von den „Normal"bildungen, die auch als selbständige Laute anzusehen sind, und eigentlich ist die Zahl der möglichen Laute unbegrenzt. Ihre Beschränkung auf eine gewisse Menge und ihre Abgrenzung gegeneinander geschieht nach willkürlichen Grundsätzen, die – von der Vernunft diktiert – die fließenden Übergänge außer acht lassen müssen (*v. Essen*).

G. Lindner (1974d) geht darüber hinaus und untersucht – zunächst für die deutsche Sprache – die Sprechbewegungen, da sie für die Verständlichkeit des Sprechens außerordentlich wichtig sind. Er unterscheidet bei den einzelnen Lauten „wesentliche Positionen, die unbedingt eingenommen werden müssen, und andere Einstellungen", die sich ändern können, erfaßt auch die komplexen Bewegungen, durch welche die Laute und ihre fließenden Übergänge zustande kommen.

Wir unterscheiden zwei große Lautgruppen: Konsonanten und Vokale. *Von Essen* definiert sie so: Vokale sind Öffnungslaute, bei denen die resonatorisch erzeugte Klanggestaltung... das wesentliche Merkmal ist und bei deren Bildung die Mittellinie des Gaumens nicht berührt wird. Sie sind ihrer sprachlichen Funktion nach Silbenträger und werden nur selten als Nichtsilbenträger gebraucht. Alle anderen Laute, die nicht unter diese Bestimmung fallen, sind Konsonanten.

Die verschiedenen Einzellaute sind durch Unterschiede in der Lippen-, Kiefer- und Zungenstellung usw. möglich, die zum Teil gering, zum Teil erheblich sind.

Innerhalb einer Lautgruppe kann man die Lage der Sprechwerkzeuge in gewissen Grenzen verändern, ohne daß die Deutlichkeit oder Richtigkeit des Lautes zu leiden braucht (Polymorphismus). Beispielsweise läßt sich *a* ebenso gut mit großer wie mit kleiner Kieferöffnung sprechen. Nur das Verhältnis des Rauminhalts der Mundhöhle und der Rachenhöhle ist nach *Ondráčková* für die Vokalbildung wesentlich. Auch die Zungen- und Kehlkopfstellung kann sich beträchtlich ändern, vor allem beim Heben oder Senken des Tones.

Beim fließenden Sprechen verschwinden die großen Unterschiede; starke Bewegungen schleifen sich ab. Die Einzellaute haben sich dem Ganzen einzuordnen. Alles, was zuviel Kraft erfordert, wird beim guten Sprechen vermieden. Wer mit zuviel Spannung artikuliert, spricht gewöhnlich schlecht.

Aus einer lockeren Einstellung heraus ergibt sich gutes Sprechen, weshalb die aktive Entspannungsbehandlung (*J. Faust*) auf diesem Gebiet ebenfalls zum Erfolg führt. Eine gleiche Wirkung wird mit der Kaumethode erzielt, die auf *Froeschels'* Überlegung basiert, nach der die Sprechbewegungen auf die Eßbewegungen zurückgehen.

Bei der Verbesserung grober Sprechfehler muß man manchmal von der angeführten Norm abweichen, um zum Ziel zu kommen. Doch sollte das nur als notwendiger Umweg betrachtet werden, der möglichst bald wieder dem eigentlichen Ziel, dem „richtigen" Laut, zustreben muß.

Die einzelnen Laute sind nicht gleich schwierig in ihrer Bildung. Im allgemeinen sind die Lippenlaute am leichtesten. Am schwierigsten sind dagegen die *s*-Laute und das Zungen-*r*. Die übrigen Laute nehmen hinsichtlich Schwierigkeit der Bildung eine Mittelstellung ein (*Möhring*). Das spiegelt sich auch in der Zahl der Hilfen zur Verbesserung von Lautbildungsfehlern wider. Die meisten von ihnen finden sich für die Bildung der *s*-Laute und des Zungen-*r*.

1.21. Die Artikulationsbasis

Der Begriff „Artikulationsbasis" wurde vielfach definiert. *Lotzmann* (zit. bei *v. Essen* 1979, S. 73) fand vor 1973 15 verschiedene Erklärungen dieses Begriffes. Ich schließe mich der Auffassung von *G. Lindner* (1976) an. Sie lautet: „In ihrem Bewegungsablauf haben alle Sprechorgane eine bestimmte Einstellung, die sie häufig einnehmen und von der aus sie die Mehrzahl der übrigen Bewegungen ansteuert. Die Gesamtheit dieser sozusagen die Ruhe- oder Ausgangslage der einzelnen Sprechorgane verkörpernden Einstellungen, für alle Organe zusammengenommen und für alle Laute und Lautverbindungen zusammengefaßt, wird als Artikulationsbasis bezeichnet." Sie ist je nach der Sprache verschieden und differiert auch innerhalb derselben Sprache nicht unerheblich in den Dialekten; wenn aber eine für Bühne, Rundfunk, Schule usw. verbindliche Sprechweise, wie die deutsche Hochlautung, festgelegt ist, so machen sich für sie solche Unterschiede nur wenig bemerkbar. Man darf deshalb für die deutsche Hochlautung eine übereinstimmende Artikulationsbasis annehmen. In der Ruhehaltung der Sprechorgane liegen die Lippen locker aufeinander oder sind ganz leicht geöffnet; die Zähne stehen nicht aufeinander, sondern entfernen sich ein wenig voneinander; die Zunge füllt den Mundraum im vorderen Teil fast ganz aus und berührt den Gaumen; das Velum – schlaff hängend – läßt die Atemluft ungehindert passieren; der Kehlkopf nimmt eine mittlere bis tiefe Lage ein.

Von dieser Ruhestellung ausgehend, ergibt sich für die deutsche Hochlautung folgendes beim Sprechen:

1. Die Lippen werden relativ stark bewegt, sollen aber bei den Vokalen nicht breitgezogen werden, weil diese dadurch grell und flach klingen; sie sollen sich leicht von den Zähnen abheben und für alle Vokale außer für *e* und *i* eine mehr runde Stellung einnehmen.
2. Auch der Unterkiefer muß gut beweglich sein und darf keinesfalls feststehen, weil sonst Artikulation und Stimme beeinträchtigt werden. Er soll nicht vorgeschoben werden, und die Schneidezähne behalten etwa die Stellung zueinander bei, die sie in der Ruhelage einnehmen; sie verändern nur ihren senkrechten Abstand voneinander.
3. Die Zunge soll – außer bei einigen Konsonanten – mit ihrem Vorderrand locker an den unteren Schneidezähnen liegen. Dadurch wird der Schlundraum erweitert, und der Kehldeckel kann sich gut aufrichten. Beim Zurückziehen der Zunge wird der Schlundraum verengt, der Kehldeckel behindert und die gesamte Artikulationsbasis ungünstig verändert.
4. Das Gaumensegel liegt bei den meisten Einzellauten dem Passavantschen Wulst an. Beim zusammenhängenden, ökonomischen und guten Sprechen kann zwar eine kleine Lücke zwischen Rachenwand und Velum bleiben, die Stimme ist jedoch auch ohne solche Lücke klangvoll und tragfähig, wie die Ergebnisse vieler Forscher zeigen.
5. Als letzte Voraussetzung für jene Artikulationsbasis, die als Grundlage der deutschen Hochlautung die Gewähr für eine gute, gleichmäßige Aussprache gibt, muß ein natürlicher, verhältnismäßig tiefer Stand des Kehlkopfes gefordert werden, wie er sich bei voller Entspannung des Ansatzrohres zwanglos ergibt.

Diese „Artikulationsbasis" bleibt jedoch auf die Eigenheiten der Artikulation beschränkt, während die „phonetische Basis" die Gesamtheit der Hauptmerkmale einer Sprache umfaßt, also auch die Akustik der Laute, Intonation, Silbentrennung, Wortbetonung und phonologischen Wert *(Zacher)*.
Bei den folgenden Lautbeschreibungen werden die obigen 5 Punkte berücksichtigt. Sie sind für den Sonderzweck der Verbesserung von Sprechfehlern bei Gehör- und Sprachgeschädigten ebenso zu beachten wie bei der Sprecherziehung im allgemeinen.
Sievers hat empirisch ermittelt, daß sich die von der Artikulationsbasis Hörender abweichenden Artikulationsbasen Gehörloser oft durch irreguläre Zungenlagen auszeichnen, die sich als Stereotype verfestigt haben und bestimmte Abweichungen in der Artikulation hervorrufen, unter denen die Verständlichkeit leidet.

1.22. Psychische Einwirkungen auf die Artikulation

In jeder Verhaltensweise äußert sich eine seelische Komponente, also auch in der Artikulation. *Kainz* bringt als treffendes Beispiel das Wort „Ruhe", das verschieden artikuliert wird, je nachdem, ob es gelassen ausgesprochen oder brüllend gefordert wird. Er beobachtete im Krieg bei total erschöpften Menschen, daß sich in ihrer Aussprache r zu w umwandelte, so daß „Brot" wie „Bwot" und „grün" wie „gwün" klang. Bei unseren Stammlern haben wir es öfter mit seelischen Fehleinstellungen zu tun, z. B. mit Minderwertigkeitsgefühlen, Mangel an Selbstvertrauen, mit Ängstlichkeit, Scheu, Schüchternheit oder mit Kompensationsstreben, übersteigertem Ehrgeiz, angeberischem Großtun u. ä. So ist es nicht verwunderlich, daß die Artikulation dadurch beeinträchtigt, insbesondere gehemmt oder gebremst wird. Bei der Behandlung von Stammelfehlern ist deshalb eine solche seelische Fehleinstellung zu beachten und zu korrigieren. An verschiedenen Stellen dieses Buches werden damit zusammenhängende Gedanken erörtert, so bei den kurzen Darlegungen über die Sprechlust (1.5.) und bei den einzelnen Lautkapiteln, welche an erster Stelle jeweils Hilfen psychischer Art bringen, die sich in der Praxis als wirkungsvoll erwiesen haben. Trotzdem sind noch einige grundsätzliche Erwägungen nötig.
H. Krech hat darauf hingewiesen, wie wichtig die psychische Seite der Stammlertherapie ist, und mit seiner kombiniert-psychologischen Methode geht er über die Gedanken früherer Autoren hinaus. Ein wesentlicher Bestandteil dieser Methode ist die Schallaufnahme als Mittel der Therapie. Mit ihrer Hilfe weist der Lehrer auf den erzielten Erfolg hin, läßt dadurch den Patienten sein „Können" bewußt erleben und es psychisch intensiv verarbeiten. Erst wenn der Patient auf diese Weise von der Besserung seines Fehlers überzeugt wurde, darf er auch die erste Aufnahme von seiner falschen Sprechweise hören.
Nicht bei allen Stammlern sind die psychischen Einwirkungen, welche die Artikulation beeinträchtigen, von gleicher Art, wenn sich auch bei allen Gruppen bestimmte Charaktereigenschaften zeigen können. Wenden wir uns deshalb den einzelnen Arten von Stammlern zu.
Hörende Stammler im Vorschulalter haben meist noch kein Empfinden dafür, daß

ihre Störung auffällt. Eine Ausnahme bilden jene Kinder, bei denen schwere Fehler wie Gaumenspalten vorliegen, oder solche, die durch unvernünftige Erzieher ständig auf ihren Mangel hingewiesen werden, wodurch sich ihre Minderwertigkeitsgefühle verstärken.
Werden diese Kinder älter, so kommt ihnen meist in der Schule ihre Sprachstörung zum Bewußtsein, sei es durch gutgemeinte, aber unzweckmäßige Bemühungen der Lehrer, sei es durch Hänselei oder Spott der Mitschüler. Sie werden dann oft ängstlich, schüchtern, zurückhaltend und gehemmt; auch wird ihre Sprechmuskulatur dadurch übermäßig gespannt oder verkrampft. Gewöhnlich bemühen sich die Kinder selbst, ihre Fehler abzustellen, können aber den richtigen Weg nicht finden und werden auf diese Weise mitunter sogar in eine neurotische Haltung hineingetrieben. Bei ihnen kommt es in erster Linie darauf an, die Bewußtheit der Störung nicht zu vertiefen (*R. Wittsack*), sondern sie abzubauen, indem man den rechten Weg zeigt und die richtigen Laute bis zum automatischen Ablauf einübt.
In solchen Fällen sollten während der Behandlung der Lautfehler auch die Hilfsmittel der Psychotherapie angewendet werden, in erster Linie Entspannungs- und Atemtherapie, aber auch Ablenkung, Ermutigung, Aufhellung, Suggestion und Persuasion, soweit nötig. Einzel- oder gezielte Gruppenbehandlung (*Werner*) dient am besten. *Intelligente Stammler,* die sich ihres Fehlers bewußt geworden sind, erzielen oft schnelle Erfolge. Liegt aber eine neurotische Gewohnheit vor, so können die Ergebnisse der Sprachheilbehandlung längere Zeit unbefriedigend bleiben, insbesondere dann, wenn man sie außerhalb des Sprachheilunterrichts überprüft. Oft liegt das daran, daß die Umgebung nicht von den bisherigen falschen Gewohnheiten abgeht, die die Ursache der kindlichen Neurose bilden.
In solchen Fällen empfiehlt sich – außer der Umerziehung der Umgebung – die Behandlung in kleinen Gemeinschaften mit Kindern, die schon leidlich fortgeschritten sind und die vor allem andere Fehler aufweisen. Dadurch wird in ihnen das Gefühl gestärkt, daß die eigenen Fehler nicht die einzigen, ja nicht einmal die schlimmsten sind. Je nach der Art der Fälle lassen sich auch Kinder mit gleichen Fehlern zusammenfassen, wodurch Zeit gespart und die Heilung durch „Wetteifer, gegenseitiges Abhorchen, Absehen und Kontrollieren" (*J. Wulff*) gefördert wird. Ich hatte mit solcher Gruppenarbeit schon seit langer Zeit Erfolg und fand die Bestätigung für ihren Wert in der in- und ausländischen Literatur (z. B. bei *Arnold, Krech, N. A. Wlassowa, J. Wulff*). In den Klassen der Sprachheilschulen finden sich ähnliche Verhältnisse.
Oft muß man dabei einen Kleinkindkomplex erzieherisch beseitigen, in dem unvernünftige Erzieher die Stammler bestärken. Spielendes heiteres Üben, unterbrochen von Lockerungsgymnastik und Atemübungen, die die Zwerchfellbeteiligung sicherstellen, zeitigt meist einen guten Erfolg, wenn dieser auch mitunter etwas auf sich warten läßt. Letzteres ist vor allem bei dem „Sprachschwächetyp" (*Luchsinger*) zu finden, dessen Schwäche gewöhnlich physisch-psychisch begründet ist und sich vor allem durch Differenzierungsmängel kennzeichnet.
Bei *schwachsinnigen, hörenden Stammlern* hängt der Erfolg zwar in erster Linie davon ab, ob die geistige Reifung genügend gefördert werden kann, doch läßt sich diese selbst durch eine zweckmäßige und genügend lange betriebene Therapie der Sprechfehler bis zu einem gewissen Grad unterstützen. Beides ist also mit diesen Kindern gleichzeitig vorzunehmen.

Schwerhörige Stammler zeigen, vor allem bei den Zischlauten, häufig Fehler, deren Ursache auf psychischem Gebiet, nämlich auf dem der Wahrnehmung liegt. Ihre Fehler der Wahrnehmung führen zu einer Fehlsteuerung der Sprechwerkzeuge. Beim Normalhörenden fördert das Ohr die Entwicklung der Sprechbewegungen in entscheidender Weise, wie *Stöhr* darlegt. Die Schwerhörigen befinden sich zwar im besten Glauben, richtig zu artikulieren, aber die Bewegungsreize, die von ihrem Innenohr aus über das Gehirn an die Sprechmuskulatur gelangen, entsprechen den fehlerhaften akustischen Wahrnehmungen und bilden so den Grund der mangelhaften Artikulation. (Zeigen sich neben der Hörstörung noch psychische Anomalien, so fand *Arnold* schwerere Sprachstörungen, als nach dem Grad der Schwerhörigkeit zu erwarten war.

Erst wenn die Einsicht des schwerhörigen Kindes so weit gewachsen ist, daß es die Wichtigkeit richtigen Lautierens begreift, darf man eine Besserung seiner Artikulation und seiner Spontansprache erwarten. Mit Rückfällen, besonders bei letzterer, ist zu rechnen.

Selbst bei *Gehörlosen* ist der psychische Anteil bei der Lautbildung ziemlich stark wirksam. Einesteils beruhen ihre Lautbildungsfehler auf dem Gehörmangel; denn „die exakte Einstellung des Phonations- und Artikulationsapparates ist ohne Mitwirkung des Gehörs nicht möglich" *(Kainz)*, was auch von *Boskis* betont wird. Andernteils werden bei ihnen Lautbildung und Stimmgebung durch Übertreibungen erschwert; diese gehen teils auf Übereifer und daraus resultierende Fehlspannungen, ja Verkrampfungen der Muskulatur zurück, teils auf falsche Gewohnheit aus gegenseitiger Beeinflussung, z. B. durch das Sprechen mit zu großen Mundbewegungen, die zwar das Ablesen erleichtern, aber zugleich die Laut- und Stimmbildung nachteilig beeinflussen.

Bei Erwachsenen finden die bisher für Kinder aufgezeigten Gedankengänge sinngemäße Anwendung.

1.23. Grenzen der Rehabilitation bei der Bekämpfung von Sprechfehlern

Der pädagogische Optimismus kennt im allgemeinen keine Grenzen. Er treibt den Lehrer selbst in schweren Fällen vorwärts und läßt ihn nach Wegen suchen, die Störung soweit wie möglich zu überwinden. Wer jedoch alle Faktoren abwägt, erkennt in manchen Fällen gewisse Grenzen, die er nicht überschreiten kann, ohne sich selbst oder dem Patienten zu schaden. Man sollte sie beachten, um Arbeit und Kräfte zu sparen.

In erster Linie entstehen solche Grenzen der Rehabilitation bei der Bekämpfung von Sprechfehlern durch „Mängel der Organausstattung" *(Kainz)*, also Abweichungen bzw. Schäden der Sprechwerkzeuge oder der steuernden Organe (Gehirn, Ohr). Darüber hinaus wirken eine Anzahl anderer Faktoren verzögernd auf die Arbeit, und wenn sie nicht abgestellt werden, so bilden sie echte Grenzen. Solche Faktoren sind vor allem: ungünstiges Milieu, zu hohe Klassenfrequenz in Sonderschulen, zu späte Erfassung.

Was die „Mängel der Organausstattung" angeht, so wollen wir sie bei hörenden wie bei hörgeschädigten Stammlern im einzelnen betrachten:

Unter *hörenden Stammlern* finden sich
1. bei *Zungenlosen* die schwersten Beeinträchtigungen organischer Art. Zwar können bei ihnen Ersatzfunktionen eingespielt werden, doch muß sich jeder Therapeut klar sein, daß Deutlichkeit der Konsonanten im allgemeinen nur bei den Lippenlauten erreicht wird, und daß die Vokale mehr oder weniger entstellt klingen. Bei einiger Verständlichkeit des Sprechens ist die heute noch gesetzte Grenze erreicht, während die Sprache selbst ungestört ist.
2. Beim *Kehlkopflosen*, der die Ösophagussprache erlernt, sind der Wiederanbildung der Laute keine Grenzen gesetzt, es sei denn, daß die Zischlaute schwächer klingen. Voraussetzung dafür sind gelungene Operation, fachgerechte Sprecherziehung und Stimmbildung. Was die Entwicklung der Ersatzstimme betrifft, so sind allerdings Wohlklang, Umfang und Stärke begrenzt. Sie wird fast immer leise und rauh klingen, weil die Ersatzstimmritze nicht so gut funktioniert wie die natürliche.
Ist die Ösophagussprache für den Patienten nicht erlernbar, so kann er zwar mit Hilfe künstlicher, elektrischer Apparate, die einen Dauerton produzieren, verständlich sprechen, die Reibelaute fallen dabei jedoch ganz weg oder klingen sehr schwach. In dieser Hinsicht bestehen noch Grenzen, wenngleich die Entwicklung in den letzten Jahrzehnten Fortschritte machte.
3. Durch *Lippen-Kiefer-Gaumen-Spalten* wird die Entwicklung des Sprechens und der Stimme erheblich beeinträchtigt. Gemeinsame Bemühungen von Fachchirurgen und Fachpädagogen führen jetzt so weit, daß viele Patienten mit solchen Schädigungen nach durchgeführter Behandlung so gut wie normal sprechen. Nur in wenigen sehr ungünstigen Fällen gibt es noch relativ enge Grenzen, besonders bei weiteren Mängeln, wie Schwerhörigkeit oder Schwachsinn, der bei höchstens 10 % der Spaltträger vorliegt *(Becker-Mühler).* Aber auch bei nachlässiger Einstellung des Patienten oder seiner Eltern gegenüber den Anweisungen von Arzt und Logopäden, bei ungenügender Ausdauer oder fehlendem Willenseinsatz kann der Erfolg geschmälert werden. Dann sollte die Gemeinschaft von Arzt und Lehrer ergänzt werden durch nachgehende Fürsorge (Gesundheits- und Jugendfürsorge), um z. B. zu verhindern, daß fast ein Drittel der Spaltkinder von der planmäßigen Einschulung zurückgestellt werden muß (Mühler), weil sie den schulischen Anforderungen noch nicht genügen.
4. *Gebißanomalien* stehen in recht enger Korrelation zu Fehlern der Zischlaute *(Doubek).* Jedoch sind solche Fehler bei richtiger Therapie, die Zahnarzt und Logopäden vereint leisten müssen, fast immer zu beheben. Grenzen ergeben sich nur, wenn noch andere Ursachen vorliegen, wie Schwerhörigkeit, Debilität oder neurotische Fehlhaltungen.
5. Bei *peripheren oder zentralen Schäden des Nervensystems* sind die Grenzen der artikulatorischen Rehabilitation oft recht eng. Schon leichte Lähmungen der Lippen oder der Zunge können falsche Lautbildungen zur Folge haben, die nur schwer oder gar nicht zu beheben sind. In allen Fällen ist nur in Zusammenarbeit mit einem Nervenarzt ein Erfolg gewährleistet, wenn er überhaupt möglich ist.

6. Bei *unterdurchschnittlicher Intelligenz bzw. Schwachsinn* fangen manche Kinder erst spät an zu sprechen und haben oft noch besondere Schwierigkeiten bei einzelnen Lauten. Häufig gehören sie zum „Sprachschwächetyp" *(Luchsinger)*. Mit ihnen verbringt der Sprachheillehrer meist mehr Zeit, um ihnen die fehlenden Laute anzubilden und die mangelhaften zu verbessern, als mit anderen Kindern. Und trotzdem ist oft genug der Erfolg nur gering, oder es kommt zu Rückfällen. Grund dafür ist meist die mangelnde Einsicht der Kinder, auch ihre Willensschwäche, mitunter Mangel an Musikalität, an akustischer bzw. phonematischer Differenzierungsfähigkeit. Da unter diesen Kindern eine ganze Anzahl spät reifende sind, sollte zäh und ausdauernd mit ihnen weiter gearbeitet werden, um doch gewisse Erfolge zu erzielen. Gemeinschaftsarbeit auf breiter Basis zwischen Ärzten und Lehrern könnte auch für diese Kinder die noch bestehenden Grenzen hinausrücken.

7. Bei *geistig durchschnittlich oder besser veranlagten Stammlern* sind der Erlernung der richtigen Laute praktisch keine Grenzen gesetzt. Wohl aber sollten die Eltern von Kindern im Vorschulalter ihre Erwartungen hinsichtlich der Zeit begrenzen, in der ihre Kinder die neu erlernten Laute spontan anwenden. Meist wird der neue Laut, wenn er auch in Übungswörtern schon richtig klingt, in die Spontansprache nicht so schnell übernommen, wie die Erwachsenen hoffen und wünschen. Dazu gehört eine bewußte Einstellung, die dem stark ganzheitlich empfindenden Kind noch fehlt. Gewöhnlich stellt sie sich mit der Ausprägung der Differenzierfähigkeit (etwa zwischen 6. und 7. Lebensjahr) ein. Ohne vorhergehende sprachheilpädagogische Arbeit würden die Fehler wesentlich länger anhalten oder gar bestehen bleiben.
Auch neurotische Einstellung setzt manchmal den Bemühungen des Logopäden unüberwindliche Grenzen, die erst mit psychotherapeutischer Methodik überwunden werden können (s. 1.22.).

8. Für *schwerhörige Stammler* mit zusätzlichen Schäden gelten die für diese Schädigungen bisher gegebenen Hinweise. Meist wird für die Rehabilitation viel mehr Zeit gebraucht als beim hörenden Stammler, da die Schwerhörigkeit die Therapie behindert bzw. besondere Mittel zur Abstellung erfordert.
Bei schwerhörigen Stammlern ohne zusätzliche Schäden lassen sich die Lippenlaute leicht anbilden. Die anderen Laute sind je nach dem Grad der Schwerhörigkeit, der Intelligenz oder der Geschicklichkeit schwieriger zu erzielen. Gute Hörgeräte sind gewöhnlich die beste Hilfe, vor allem, wenn sie schon Kleinkindern im 1. Lebensjahr *(Löwe)* gegeben werden.
Die Beseitigung von *Sigmatismen* wird manchmal durch Mängel der Hörfähigkeit begrenzt. Bei einer Hörschädigung im Bereich von etwa 5 000 Hz kommt es zu Fehlbildungen des *s*, Höreinschränkungen bei 4 000 Hz haben ein falsches *sch* zur Folge *(Seeman)*. Im Kindesalter sind solche Fehler schwer abzustellen, da die Kinder immer wieder der falschen Steuerung durch das eingeschränkte Gehör nachgeben, auch wenn sie den Laut bewußt richtig bilden können. Trotzdem sollten laufend Sprechübungen stattfinden, damit die Gewohnheit nicht allzu stark wird und der Fehler bleibt.

9. Für Kinder, die *von Geburt an gehörlos* sind oder *vor Sprachbeginn ertaubten*, sind die Schwierigkeiten noch wesentlich größer. Zwar können sie normalerweise alle Laute richtig lernen, brauchen aber auch mit besten modernen Geräten viel mehr Zeit und Hilfe für diese Aufgabe als alle anderen Dyslaliker,

da das den Sprechapparat steuernde Ohr bei ihnen versagt. Die Gehörlosenlehrer der ganzen Welt ringen seit eh und je um die Verbesserung ihrer Methode wie auch der organisatorischen Grundlagen ihrer Arbeit. Wenn der Lehrer im ersten und zweiten Schuljahr täglich eine Stunde für jedes Kind braucht *(Jorich)*, um die Lautbildung auch nur einigermaßen befriedigend zu erzielen, so ist das nur bei einer geringen Klassenfrequenz und bei möglichst homogener Zusammensetzung der Klasse *(Rammel)* zu erreichen. Wir kennen jedoch nur wenige Länder, in deren Gehörlosenschulen Klassenstärken von 5 oder Artikulationsgruppen von 4–5 Kindern *(Kasche)* die Regel bilden.

Die eingangs noch erwähnten verzögernden Faktoren bilden nur dann begrenzende Hindernisse, wenn man sich mit ihnen abfindet. Mit Hilfe von Gesundheits- und Jugendfürsorge sowie zuständigen Verwaltungsstellen können auch diese Grenzen hinausgerückt oder ganz beseitigt werden. Der „marxistischen Erkenntnis, daß auch geschädigte Kinder keine unveränderlichen Leistungsgrenzen haben" *(Kollak)* ist also beizustimmen.

1.24. Zur Prüfung von Sprechfehlern

Die erste Handlung bei einem Patienten, der nicht richtig spricht, ist eine gründliche Untersuchung (Sprachverständnis, Sprach-, Stimm-, Lautbildungsfehler, Sprachalter, Intelligenz, Hörfähigkeit, Motorik, Lateralität usw.). Genaueste Angaben über die Prüfung der mündlichen Sprache von Vorschulkindern finden sich bei *Shukowa-Mastjukowa-Filitschewa*. Das Ziel der Prüfung ist, die Schädigung und ihre Ursachen exakt kennenzulernen. Die ganze Persönlichkeit wird geprüft, und die hervorstechenden Merkmale positiver und negativer Art werden festgehalten. Ich pflege dabei mich sofort mit dem Kinde zu befassen und versuche auf jede Art, es zum Sprechen zu bringen und dann die Eltern zu befragen. *R. Becker* empfiehlt dagegen, das Kind zunächst allein spielen zu lassen und mit der Befragung der Mutter zu beginnen, wobei aber das Kind mit seinen Äußerungen unauffällig beobachtet wird. Auf jeden Fall sollte immer geeignetes Spielmaterial bereit sein, mit dem man scheue, ängstliche Kinder zu sich lockt und sie ermuntert, aus sich herauszugehen und spontan zu sprechen. *Seidel* überwindet Anfangshemmungen durch psychomotorische Übungen, freies Malen, Bauen usw. Das Prüfmaterial besteht aus:

a) Spielzeug
b) Bildersammlungen
c) Wortsammlungen
d) Lesestoffen.

Zu a) Spielzeug ist vor allem bei kleinen oder stark rückständigen Kindern angebracht und umfaßt alle Spieldinge, die ihrer Altersstufe entsprechen. Hampelmann und Kasperpuppen wirken besonders gut.

Zu b) Mit zunehmendem Alter der Kinder treten dazu Bildersammlungen. Bei stark zurückgebliebenen Kindern und bei den kleineren ist die *Liebmannsche* Art von Bildern zu empfehlen, bei denen ein Tier oder ein Gegenstand in leuchtender Farbe dick mit schwarzer Tusche umrandet auf einen Karton von etwa A-5-Größe gezeichnet ist. Für Kinder am Ende der Vorschulzeit oder am Anfang der Schulzeit genügen Bilder in Postkartengröße, die ebenfalls nur einzelne Objekte oder Tiere in Form von Abziehbildern, Zeitungsausschnitten, Zeichnungen oder ähnliches aufweisen. Bunte Bilder sollten noch überwiegen, doch lassen sich auch schon Schwarzweiß-Drucke verwenden, soweit sie das Interesse von Kindern erregen.

Besonders ausgewählte und systematisch geordnete Bildserien hat *Cervenka* in ihrem „Phonetischen Bilder- und Wörterbuch" zusammengestellt, die es ermöglichen, die sprachlichen Leistungen der Kinder bestimmten Altersstufen zuzuordnen. *R. Becker, Brockel* und *Wuttke* haben ein Lautprüfmittel entwickelt, das nicht nur die Prüfung der Lautbildungsfehler, sondern auch der Farbtüchtigkeit, der Farbbenennung sowie der Zahlvorstellungen erlaubt. Andere Serien legen *G.* und *E. Kluge* den Kindern auf Täfelchen vor, von denen 119 Stück systematisch in 6 Kästen geordnet sind. Mit ihnen gelingt es, die Spontansprache zu prüfen. Für die Prüfung der phonematischen Differenzierungsfähigkeit haben *A. Schilling* und *Schäfer* ein Bilderroulett entwickelt, das den Kindern viel Spaß macht. Auf einer Scheibe, in deren Mitte eine Hand mit ausgestrecktem Zeigefinger kreist, liegen Bilder von Wörtern einander gegenüber, die sich nur in einem Laut unterscheiden (in Abb. 3 Topf – Kopf, Nadel – Nagel, satt – Sack). 51 ebensolche Wortpaare hat *Theiner* mit Bildern in Buchform zusammengestellt. 34 Phoneme lassen sich damit prüfen. Die Auswahl ist so getroffen, daß sie sich auch für ganz kleine und stark rückständige Kinder gut eignet. *Rosse* verwendet zu dem gleichen Zweck 25 Wortpaare von Gebrauchsgegenständen, Spielzeugen u. a., deren Namen sich nur in einem Laut unterscheiden. Bei größeren Vorschulkindern bzw. Schulkindern kann man auch Bildgeschichten verwenden, die sehr anregen.

Zu c) Zur Erleichterung der Arbeit benutzt man zweckmäßig eine Sammlung von Prüfwörtern, wie sie verschiedenfach gedruckt vorliegen. So in der „Lauttreppe" von *Möhring*, im „Haus des Kindes" von *North*, das an *Möhring* anknüpft, im Lückingschen Lautstreifen zur Registrierung des Stammelns oder in der Prüftabelle für Spaltkinder von *Hochmuth*[1]. Die anschaulichen Darstellungen der beiden erstgenannten Formen dienen nicht nur der Prüfung, sondern können auch während der Therapie zu regelmäßigen Kontrollen herangezogen werden, da sie die Kinder anspornen.

Zu d) Die Lesestoffe beschränken sich meist auf bebilderte Fibeln oder erste Lesebücher.

Für die Prüfung hochgradig sprachentwicklungsrückständiger Kinder hat *R. Becker* mit ihren Mitarbeiterinnen spezielle Untersuchungs- und Behandlungsverfahren entwickelt. Bei diesen Kindern erstreckt sich die Prüfung über längere Zeit und ist mit der Therapie gekoppelt, mehr als bei anderen Kindern *(Carrell)*.

Hat man mit Hilfe der beschriebenen Materialien Art und Grad der Sprechstörun-

---

[1] Die Registrierung auf Formblättern, wie z. B. von der Sektion Rehabilitationspädagogik und Kommunikationswissenschaft der Humboldt-Universität Berlin empfohlen wird, erleichtert die Arbeit

Abb. 3 Prüfung der akustischen Differenzierungsfähigkeit nach A. *Schilling-Schäfer*

gen usw. festgestellt, so wendet man sich den Eltern zu, die sich bis dahin völlig passiv verhalten sollen. Die von den Eltern zu erhebende Vorgeschichte sollte sich nicht nur auf Krankheiten und Entwicklungsauffälligkeiten beziehen, sondern auch auf sprachliche oder sonstige Abweichungen bei Familienangehörigen. Da die Eltern häufig selbst darüber nicht Bescheid wissen oder solche Tatsachen für unwichtig halten, sollte man versuchen, im Laufe der Zeit recht viele Familienmitglieder selbst zu hören. Auch die Frage nach bereits erfolgten Behandlungen ärztlicher oder logopädischer Art darf nicht fehlen.
Während solcher Gespräche mit den Eltern kann man das Kind gut beobachten und stellt oft schon mancherlei fest, z. B. über Motorik und Händigkeit oder über Sehfähigkeit u. a. Die Feinmotorik hat man beim Manipulieren mit Spielzeug oder Bildern schon etwas beurteilen können, sollte jedoch die Prüfung noch genauer durchführen.[1] Liegt Schwerhörigkeit vor, so ist sie bei mittlerem Grad leicht festzustellen. Nach leichteren Graden ist genauer zu forschen, Audiometrie ist nötig (*Löwe*). Wichtig ist auch, die Musikalität festzustellen. Man läßt sich von den Kindern am besten ein Lied vorsingen. Während des Gesangs oder anschließend ist auch der Atemtyp wahrzunehmen.
Breuer und *Weuffen* stellen das sensomotorische Differenzierungsniveau des Kindes fest, indem sie seine Fehlleistungen in den 5 Wahrnehmungsbereichen optischer, phonematischer, kinästhetischer, melodischer und rhythmischer Art prüfen. Die differenzierte Analyse kann helfen, die Diagnose zu präzisieren und liefert Hinweise für Ansatz und Richtung der Therapie.
Bei Jugendlichen oder Erwachsenen geht die erste Untersuchung im Gespräch vor sich und sucht die Gründe für die Schädigung mit Mitteln aufzudecken, die ihrem Alter angemessen sind.
Oft werden die Eltern eines Stammlers vom Arzt zum Logopäden geschickt, doch ist das nicht immer der Fall. Deshalb sollte der Logopäde von sich aus die Patienten zum Arzt schicken, und zwar nicht nur in den Fällen, in welchen ihm der Ver-

---

[1] Über die Prüfung der Motorik orientiert man sich bei *Gröllnitz, R. Becker* und *Luchsinger*. Der *Seemann*sche Silbenschnelligkeitstests, bei dem Silben wie dada o. ä. ununterbrochen zu sprechen sind, deren Zahl durch gestörte Zungenmotorik auf 50—60 je Minute herabgesetzt sein kann, ist ein gutes Mittel, solche Mängel festzustellen. *Beger* stellte eine Tabelle von 8 Bewegungsformen auf, nach der man die motorischen Fähigkeiten 2- bis 6jähriger Kinder jahrgangsmäßig erfassen kann

dacht auf eine ärztlich zu behandelnde Krankheit kommt, sondern in allen Fällen. Die ärztliche Untersuchung ist unbedingt erforderlich, um Fehler zu vermeiden. *Leischner* verlangt, daß „der erste Akt der Betreuung der Sprachgeschädigten ein diagnostischer, eine eingehende, hirnpathologische Leistungsanalyse des Kranken" ist. Das ist Sache des Arztes. Der *Seemansche* Vorschlag, die Sprachprüfung vor die ärztliche Prüfung zu stellen, hat aber sicher seine Berechtigung. *Böhme* weist nachdrücklich darauf hin, „daß die otorhinolaryngologische Spiegeluntersuchung erst nach der Lautprüfung erfolgen soll", da nach ihr „ängstliche Kinder oft nicht zum Sprechen zu bewegen" sind.

Es ist anzustreben, daß neben der logopädischen und der ärztlichen Untersuchung auch eine Prüfung des seelischen Entwicklungsstandes durch einen Psychologen stattfindet. *Böhme* schlägt diagnostisch-therapeutische Arbeitsgemeinschaften vor, zu denen alle interessierten Berufe zugezogen werden sollten. Es gilt, ausreichend logopädische Zentren *(K.-P. Becker)* zu schaffen, um allen Anforderungen nach einer sachgemäßen und umfassenden Behandlung gerecht zu werden.[1]

1.25. Phonetische Umschrift

Die phonetische Umschrift hat manche Vorteile in der logopädischen Praxis wie im Artikulationsunterricht Hörgeschädigter. Sie erlaubt, genauer und schneller zu registrieren, was an Fehlern und Mängeln vorliegt. „Der Untersucher braucht nicht nur das akustische Nacheinander, sondern ebensosehr das visuelle Nebeneinander, um vergleichen und mit einem Blick feststellen zu können, was vorliegt, was erreicht ist, was noch mangelt" *(v. Essen)*.

Wer die Umschrift noch nicht kennt, findet eine Hilfe in der Tafel am Ende des Buches wie auch in dem Lesezeichen, in denen alle Zeichen übersichtlich zusammengestellt sind. Die Tafel entspricht im wesentlichen derjenigen im „Wörterbuch der deutschen Aussprache" (2. Auflage). Einige für die Praxis des Sprachheillehrers nötige Zeichen wurden aus *v. Essens* „Grundbegriffe der Phonetik" übernommen.

---

[1] Die ärztlichen Aufgaben bei der Untersuchung Sprachgestörter hat G. E. *Arnold* zusammenfassend dargestellt *(Luchsinger-Arnold,* 3. Aufl., Bd. 2, S. 322—338). Die psychologischen Aufgaben haben E. *Baar,* Chr. *Seidel* und L. *Heaver* beschrieben *(Luchsinger-Arnold,* 3. Aufl., Bd. 2, S. 346—357, 358—378, 378—385). Eine zusammenfassende Übersicht über „Die Sprachführung in der logopädischen Praxis" veröffentlichte M. *Heß,* wobei die Aufgaben des Logopäden im Vordergrund stehen

2. Hauptteil

2.1. Einleitung: Stimmliche Hinweise

„Stimmerziehung geht vor Lauterziehung" sagt *J. Wulff*, und das gilt für die gesamte Sprecherziehung. Eine verständliche, gute Sprache läßt sich nur bei Berücksichtigung beider Faktoren erzielen. So wie normale Lautbildung und Stimmbildung nicht voneinander zu trennen sind, so bestehen auch Beziehungen zwischen den fehlerhaften Bildungen der Laute und der Stimme. Das tritt am auffälligsten beim Näseln in Erscheinung, bei dem Lauterziehung und Stimmerziehung zusammenwirken müssen, um Erfolg zu haben. Es erscheint deshalb berechtigt, den Hauptteil der „Gestaltung und Verbesserung der Laute" mit Ausführungen einzuleiten, in denen stimmliche Fragen einen wesentlichen Raum einnehmen.

2.1.1. Artikulation und Stimme

Es ist oft erforderlich, daß der Sprachheillehrer auch Stimmfehler behandelt. Deshalb sollen hier einige kurze Anweisungen zur stimmlichen Betreuung der Dyslaliker gegeben werden.[1] Dabei bleibt alles Theoretische außer acht, und die Hinweise beschränken sich auf 4 Faustregeln, auf die der Lehrer zurückgreifen kann, wenn er bei seinen Stammlern stimmliche Fehler bemerkt, die oft auf dieselbe Grundlage zurückgehen. Das ist z. B. bei Gaumenspaltträgern der Fall, aber auch bei solchen Stammlern, die durch Fehlspannungen oder durch Verkrampfung zu ihren Lautfehlern kommen, und ebenso bei Hörgeschädigten, die durch Lücken im Hörbereich den fremden Stimmklang falsch aufnehmen und deshalb auch falsch wiedergeben.

Auf die folgenden 4 Punkte kommt es im wesentlichen bei der Behandlung von stimmlichen Schädigungen an:

1. Die stimmgeschädigten Dyslaliker müssen dazu erzogen werden, sich zu entspannen und die Muskulatur zu lockern, soweit sie nicht gerade für irgendwelche Bewegungen gebraucht wird. *J. Faust* hat in seiner „Aktiven Entspannungsbehandlung" eingehend begründet, warum der Erfolg aus ihr heraus zu erwarten ist, wenn man sich auch auf sie allein nicht verlassen darf.

---

[1] Für genauere Informationen sei verwiesen auf *Fiukowski, Orthmann, Pahn, U. Seifert, Stötzer, Wängler, Weithase, J. Wulff* u. a.

Verspannungen der Sprechmuskulatur können außerdem behoben werden durch Kopf- und Kieferschüttelübungen, Zungenschleuderübungen, Kau-, Pleuel-, Gähnübungen u. a.
Auch einfache Silbenübungen mit Nasallauten und Vokalen *(mimimi . . ., mnom . . .* usw.) leisten sehr gute Dienste. Nur bei Gehörlosen können sie meist nicht gebraucht werden, da sie bei ihnen zum Näseln verleiten.
2. Der harte (= gepreßte, übermäßig gespannte) Einsatz muß systematisch abgewöhnt werden. Er sollte zunächst durch den weichen Einsatz ersetzt werden, den *J. Wulff* als „natürliches Stöhnen vom Leib her" erzielt, *Panconcelli-Calzia* durch „a" in heller Begeisterung. Dieser weiche Einsatz geht dann zwanglos in den festen der deutschen Sprache über (identisch mit *R. Schillings* weichem physiologischem Glottisschlag), der nicht die nachteiligen Folgen des gepreßten Einsatzes hat. Man übt ihn zweckmäßig mit einem Abwärtsfedern der Hände in Brust- oder Halshöhe *(Fernau-Horn)*, wobei die Stimmlippen entlastet werden. Bei Gehörlosen sollte dieser Einsatz zunächst neben dem weichen und gehauchten mit geübt werden, wie dies *Blanke* tat, um die Stimme bei den Vokalen zu reinigen und gleichzeitig dem Näseln vorzubeugen. *Biagioni* bezeichnet ihn als den „richtigen" Kehlkopfverschlußlaut, der für Gehörlose einen nützlichen Stimmhelfer darstellt.[1]
E.-M. Krech überprüfte 9886 Vokaleinsätze von Berufssprechern und fand bei u, i und ü die meisten weichen Einsätze. Der Schluß liegt nahe, daß durch Einsatzübungen mit diesen Lauten ein weicher Einsatz leichter zu gewinnen ist als mit anderen Vokalen.
3. Auf richtige Stimmführung ist zu achten. Dabei ist zu bedenken, daß der Kehlkopf nur einen obertonreichen Primärklang erzeugt *(G. Lindner)*, der im Ansatzrohr resonatorisch überformt wird. Rachen-, Mund- und Nasenhöhle sind wesentlich an dieser Überformung beteiligt und erst an den Lippen ist sie beendet. Darauf muß nachdrücklich hingewiesen werden, weil der Irrtum weit verbreitet ist, daß die Stimme nur mit dem Kehlkopf zu tun hat.
Oft wird angewiesen, die Stimme „vorzuziehen", „vorn zu sprechen" u. ä. Das bewirkt ebenfalls eine Steuerung der Sprechmuskulatur (besonders der Zunge) nach den Zähnen hin. Dadurch können die im Kehlkopf gebildeten Schwingungen sich freier entfalten.
Bei Kindern, sowohl hörgeschädigten als auch hörenden, erreicht man ein Verständnis dafür am besten durch Gebärden, die zu einer mehr gefühlsmäßigen als gedanklichen Klarheit über die Stimmführung verhelfen.
4. Die Hauptsprechlage *(G. Lindner)* bzw. die mittlere Sprechstimmlage *(Wendler-Seidner)* soll angestrebt werden. Das bedeutet schon bei hörenden Stammlern oft eine schwierige Aufgabe; bei Hörgeschädigten ist sie noch schwerer zu lösen. Ein leichtes Verfahren, basierend auf der Kaumethode nach *Froeschels* wurde im Halleschen Institut für Sprechkunde *(H. Krech)* erprobt: Läßt man lustbetont kauen, also etwas Wohlschmeckendes wirklich essen und dabei wohlig mitbrummen, so wird die Sprechstimmlage mit Sicherheit erzielt, später auch dann, wenn nur an dieses lustbetonte Kauen gedacht wird. Mitunter kann man sie schon feststellen, wenn man bei voller Entspannung der Sprechwerkzeuge, also bei hängendem Unterkiefer, die Stimmlippen in Tätigkeit treten läßt, wobei der

---

[1] Eine Übersicht über die Fragen des Einsatzes findet sich bei *E.-M. Krech* und *Orthmann*

„Urlaut" e zu hören ist, oder wenn man ganz entspannt und zustimmend „Hm" brummt *(Becker- Sovák)*, oder auch bei einem gelöst gesprochenen „ja".
Böhme erzielt die Sprechstimmlage im Gespräch, bei der Antwort auf die Frage nach der Uhrzeit, bei der Zahlenreihe 1–20 und bei anderen Reihen. *Harth* erreicht mit seinem Stimmrelaxator leicht die Normalsprechtonlage. Sie liegt normalerweise im unteren Drittel des Gesamtstimmumfanges, sollte immer wieder aufgesucht und nicht gewohnheitsmäßig verändert werden, was der Stimme schadet. *Wendler-Seidner* prüfen die mittlere Sprechstimmlage „während des gespannten Sprechens beim lauten Lesen, Rufen oder Schreien". Die Kaustimme liegt nach ihnen „etwa eine Terz tiefer als die mittlere Sprechstimmlage (Indifferenzlage)".
Für gehörlose Kinder ist der erste Artikulationsunterricht immer zugleich Stimmbildungsunterricht. Er beginnt mit den ersten Vokalübungen und ist die ganze Schulzeit hindurch fortzuführen. Zu schwache Stimmen sollte man zunächst nur im Spiel zu verstärken suchen. *G. Lindner* weist experimentell nach, daß die Stimmbildung als eine Grundaufgabe der Vokalartikulation nicht vernachlässigt werden darf.
Van Dongen geht beim tauben Kind vom Lippen-r aus.
Bei Gehörlosen zeigen sich die größten Abweichungen von der Sprechstimmlage, und zwar mehr nach oben als nach unten. *R. Schilling* erklärt das häufigere Hochsprechen der Gehörlosen aus der Verknüpfung von Denkspannung und Artikulationsbewegung einerseits und aus der stärkeren Betätigung der vorderen Extremitäten durch die Gebärdensprache andererseits, wodurch die Stimmlippenspannung vergrößert und die Tonlage erhöht wird. Die schwingenden Teile der Stimmlippen sind verkürzt und überspannt *(Kloster-Jensen)*. Entspannungsübungen sind deshalb nötig, ebenso eine gute Zwerchfellatmung. Die Kopfstimme der Gehörlosen läßt sich nur mit indirekten Methoden behandeln *(Haycock u. a.)*. Manchmal hat man Erfolg, wenn man einen Ball fallen läßt oder auf- und niederwirft, oder wenn man mit einer brennenden Taschenlampe vom Mund nach unten zeigt. Man kann auch mit einer nach unten weisenden Gebärde andeuten, daß die Stimme gesenkt werden soll, und man unterstützt das durch eine mißbilligende Gebärde nach oben.
Jussen benutzt dazu „lautschriftliche Darstellungen, die das Fallen (und Leiserwerden) des Tones nachzeichnen", ähnlich wie in 2.2.1.8.
Zaliouk läßt einen Finger wie zum Saugen zwischen die Lippen stecken, die zum u gerundet sind, und dann tönen, wodurch die Kopfstimme der Gehörlosen zur normalen Tonhöhe absinkt. Dann werden andere Laute mit diesem u kombiniert.
Ewings benutzen zur Übung verschiedener Tonhöhen einen Apparat, welcher auf eine Tafel einen Lichtpunkt wirft, der bei Erhöhung des Tones steigt, bei seinem Tieferwerden fällt. Beim Falsettieren aller Vokale sind mitunter Nasal- und Zischlaute in richtiger Tonhöhe. In diesem Fall lassen *A. F.* und *F. F. Rau* die Vokale mit solchen Konsonanten zusammen üben. Eine Brummstimme mit starkem Luftverbrauch (dabei kurzer Atem, keine Ausdauer) wird von ihnen mit einer brennenden Kerze vor dem Mund korrigiert, die nicht flackern darf. Nach ihren Angaben helfen auch Vokalübungen mit festem Einsatz und mit Wechsel von kurz und lang. Eventuell genügt schon ein Wechsel mit *m:*
m – a – m – o.

Die Notwendigkeit der Tonhöhenerziehung bei Gehörlosen hat *G. Lindner* mit exakten Untersuchungen unterbaut. Bei Resthörigen sind die Erfolge besser als bei Volltauben. Höherlegen der Akzentsilbe ist eher zu erreichen als Tieferlegen des Satzendes. Ebenso ist bei der Laut- und Stimmerziehung der Gehörlosen auf die richtige Dauer der Laute im Wort zu achten. (*v. Essen*). Die stimmliche Bedeutung ist vor allem für Vokale und Halbvokale gegeben; aber die Forderung gilt natürlich auch für die Konsonanten, ja selbst für Verschlußlaute, worauf *Madebrink* hinweist. Die Vielfalt der Aufgaben bei der künstlichen Sprachanbildung in Gehörlosenklassen und die relativ hohe Schülerzahl lassen jedoch meist nicht die nötige Zeit, um jeden einzelnen Schüler so gründlich zu betreuen.

Wer seine Dyslaliker mit Hilfe der obigen Regeln zum richtigen Stimmgebrauch erzieht, trägt wesentlich dazu bei, daß sich auch ihre Artikulation verbessert. Denn wer auf gute Stimmführung hält, läßt auch die Laute nicht außer acht. Und wer gewöhnt ist, mit dem Optimum an Spannung zu sprechen, das nur wenig über dem Minimum liegt, bei dem laufen alle Muskelbewegungen in der rationellsten Weise ab, so daß das Ergebnis meist befriedigt.

2.1.2. Methoden zur Korrektur von Akzentuierung und Rythmisierung

Akzentuierung und Rhythmisierung sind dem Sprechen übergeordnete Fertigkeiten. Sie verbinden und gliedern das Sprachmaterial. Um das Sprachverständnis und die sprachliche Wiedergabe zu verbessern, ist es notwendig, daß die Akzente richtig gesetzt werden.

Unter Akzentuierung verstehen wir die Betonung der sinnwichtigen Teile eines Satzes. Es wird zwischen dynamischem, temporalem und melodischem Akzent unterschieden. Mit dem dynamischen Akzent wird durch erhöhte Lautstärke das Sinnwichtige eines Wortes oder Satzes unterstützt.

Der temporale Akzent weist durch längere Tondauer auf das inhaltlich Bedeutungsvolle hin. Der melodische Akzent kennzeichnet die Sprachmelodie. Durch ihn werden die Satzarten erkenntlich.

Auf Grund ihres mangelnden Sprachverständnisses sprechen Hörgeschädigte unverständlich. Sie setzen die Akzente auf sinnunwichtige Teile oder betonen sinntragende Silben gleichermaßen wie sinnunwichtige. Dadurch wird der Inhalt entstellt und die Sprachverständlichkeit herabgesetzt. Es kann auch zu einer Verlängerung der Sprechdauer durch Vokalprolongation kommen.

Da der Gehörlose sich die Sprache durch Nachahmung aneignet, muß er sie so erlernen wie ein Hörender eine Fremdsprache. Der Pädagoge hat die Aufgabe, nach der begrifflichen Klärung des Wortes die Akzente zu erarbeiten. Sein Vorbild spielt eine große Rolle. Er sollte nicht verzerrt sprechen oder Endungen überbetonen.

Wie kann der Hörgeschädigte die richtige Akzentsetzung lernen? Ich möchte auf elektronische Kommunikationshilfen, mit denen Sprache sicht- und hörbar gemacht werden kann, eingehen. Der Tastvibrator ermöglicht Hörgeschädigten Akzente wahrzunehmen. Mit den Fingerbeeren kann der Schüler Dauer und Dynamik sprachakustischer Signale differenzieren. Er sollte aber vorwiegend bei indi-

viduellen Übungen eingesetzt werden. Man kann zum Beispiel folgendermaßen vorgehen. Dem Schüler werden bereits bekannte Wörter aufgeschrieben vorgelegt. Der Lehrer liest die Wörter in verschiedener Reihenfolge vor. Der Hörgeschädigte konzentriert sich auf die Vibration des Tastvibrators und auf das Absehbild. Er bestimmt an Hand der Silbenzahl und des Wortakzentes das vorgetragene Wort.
Ein Gerät zum Verdeutlichen von Dauer und Intensität sprachakustischer Signale ist der Dynamikindikator. Dort sind verschiedenfarbige Lämpchen in unterschiedlicher Höhe angebracht. Sie leuchten, ähnlich wie bei einer Verkehrsampel, bei veränderter Dynamik auf. Die Dauer des akustischen Signals läßt sich an der Zeitspanne absehen, in der das Lämpchen leuchtet. Die Übungen, die mit dem Tastvibrator durchgeführt werden können, sind auch hier anwendbar.
Sind elektronische Kommunikationshilfen nicht vorhanden, können auch mechanische eingesetzt werden. So können mit Klanghölzern, Triangel, Tamburin, Triola u. a. Akzente hör- und sichtbar gemacht werden. Das ist auch ein Beitrag zur Hörerziehung, der in den letzten Jahren immer größere Bedeutung beigemessen wurde. Kinder mit geringen Hörresten nehmen Dynamik und Lautdauer auch dann wahr, wenn sie die Klangunterschiede nicht mehr differenzieren können. Zum Beispiel kann der Pädagoge auf der Triola laute und leise Klänge vorblasen. Die Kinder sehen dabei zu und kommentieren die Lautstärke. Länge und Kürze von Silben können so erkannt und geübt werden. Auch bei Sprachgeschädigten kann man durch Akzentuierung zur sprachlichen Verbesserung kommen.
Der Agrammatiker, der über falsche Satzmuster verfügt, lernt die richtige Wortstellung im Satz durch das Setzen von Akzenten. Es schleift sich das richtige Satzmuster ein. Gleichzeitig wird durch unterschiedliche Akzentsetzung der Sinn verändert und damit das Denken geschult.

 z. B. *Der* Hund frißt.
 Der *Hund* frißt.
 Der Hund *frißt*.

Hochgradig sprachentwicklungsrückständige Kinder hören bewußter zu, wenn der Pädagoge akzentuiert spricht. Sie kommen durch das Bewußtmachen des Sinnwichtigen selbst besser zur Satzbildung.
„Das Wesentlichste an der Sprache ist ihr Rhythmus, ohne Sprachrhythmus gibt es keine verständliche Sprache" (*Lindner;* 1960, S. 4). Er hat eine kräftezusammenfassende und kräfteerleichternde Wirkung. Er gliedert die Sprache und verbindet sie. Das hörgeschädigte Kind hat kaum rhythmische Erlebnisse, ist aber deshalb nicht unrhythmisch. Das Gefühl für Rhythmus kann entwickelt werden, wenn zeitig genug damit begonnen wird. Schon im Kindergarten kann der Vibrationssinn herausgebildet werden.
Meier läßt die Kinder ans Klavier lehnen. Dabei können sie die Vibrationen mit dem ganzen Körper aufnehmen (Hörgerät muß dabei getragen werden). So kann der Rhythmus erfaßt werden, d. h. die Länge und Stärke der Vibration. Auch ein an den Mund gehaltener Luftballon überträgt die Schwingungen des Klavierspiels. Um zu überprüfen, ob die Kinder die Vibrationen wahrnehmen, fordert *Meier* sie folgendermaßen auf:

 „Lauft, solange ihr Musik hört!"
 „Bleibt stehn, wenn sie aufhört!"
 „Lauft schnell oder langsam!"

Holthoff läßt die Hände auf den Klavierdeckel legen, wodurch das Kind die Dynamik der Musik erlebt. Auch beim Berühren der Haut eines Tamburins sind Resonanzempfindungen möglich.
Es kann auch ein bestimmter Rhythmus auf dem Orffschen Instrumentarium geschlagen werden. Die Kinder sollen ihn nachahmen und sich dabei eine bestimmte typische Bewegung vorstellen.

„Geh, wie der Nikolaus!"
„Lauf, wie ein Pferd!"

Das Orffsche Instrumentarium besteht aus Instrumenten, deren Wirkung auf Anschlageffekten beruht (Pauke, Tamburin, Kastagnetten, Triangel, Holztrommel).
Ziegler betont, daß das Kind durch rhythmisch-musikalische Erziehung körperlich und geistig gelockert wird. Anfangs arbeitet man beim gehörlosen Kind ohne Musik. Es soll zuerst der Bewegungsrhythmus freigelegt werden. Auf dieser Grundlage wird dann zum Sprachrhythmus übergegangen. Das Kind und der Lehrer halten das Tamburin, der Lehrer spricht das Wort und klopft dazu den Wortrhythmus. Das Kind liest das Wort von den Lippen seines Lehrers ab und spürt gleichzeitig den Rhythmus des Wortes in seiner Hand... Dann spricht das gehörlose Kind das Wort nach und schlägt dazu den erfühlten Wortrhythmus. Dadurch kann es sein Sprechen selbst kontrollieren.
Jussen betont den großen Wert des Musikunterrichts für die Sprachbildung. In der Musikstunde kann mit Akzenten, Wiederholungen, Atemübungen, Rhythmen sowie Ausspracheübungen neuer Wörter und Begriffe gearbeitet werden.
Er verwendet Blasorgeln, bei denen die Kinder auf Tasten drücken und dazu in einen Schlauch blasen. Die dabei entstehenden Töne werden verstärkt zum Hörapparat geleitet. Atembeherrschung, Sprechen, Musikerleben und Tanzen werden in enger Beziehung zueinander geschult.
Jussen benutzt auch sogenannte Stampfkisten. Sie wirken als Resonanzverstärker, indem sie die Schritte des darauf springenden Kindes verstärkt widerhallen lassen und sie damit wahrnehmbar machen. Er nennt das auditives Feedback. Schallwahrnehmung und Bewegung bilden eine Einheit.
Jussen weist darauf hin, daß die Kinder schon frühzeitig graphische Symbole für Takte, z. B. Wellenlinien, lernen sollen. Es ist wichtig, solche rhythmischen Übungen mit dem Sprechen zu verbinden.
Vieles ist über rhythmische Erziehung bei Stotterern gesagt worden. Für andere Sprachschädigungen wurden in der durchgesehenen Literatur nur einige Methoden gefunden. So läßt *Maschka* den Stammler Rhythmusinstrumente schlagen, wenn der Laut richtig gebildet wird.
Bei den Agrammatikern kommt es auf das Lernen des richtigen Satzmusters an. Die in der Sprachtherapie erarbeitete Grundform eines Satzes kann durch Rhythmik unterstützt werden. Tempoy und Dynamik werden variiert. Das Kind dirigiert dazu.
Durch Klatschen, Klopfen, Schlagen und Betätigen von Rhythmusinstrumenten können grammatische und syntaktische Gesetzmäßigkeiten gefestigt werden.

2.1.3. Offenes Näseln

Offenes Näseln[1] entsteht durch Resonanzerscheinungen im Nasenhöhlen- und Nasenrachenraum, die sich bei mangelhaftem Verschluß der Nasenräume während des Sprechens einstellen. Dabei entweicht die Luft in erheblicher Menge durch die Nase anstatt vorwiegend oder gänzlich durch den Mund. Gewöhnlich wird der Zungenrücken zu hoch gehoben, so daß zwischen ihm und dem Gaumensegel eine starke Verengung entsteht. Die Aussprache wird dadurch häßlich, manchmal schnarchend oder rasselnd.
Die eigentliche Klangfarbe des offenen Näselns beruht auf der Verstärkung des Grundtons, während die höheren Teiltöne zurücktreten *(Gutzmann, Luchsinger-Arnold)*.
G. E. Arnold gibt drei diagnostische Hauptregeln: 1. Nasenatmung, Geruch und Geschmack sind immer unbehindert. 2. Die Nasenlaute *m, n* und *ng* klingen stets normal. 3. Schluckstörungen kommen nur bei organisch offenem Näseln vor.
Wenn ein Kind näselt, die Stimme aber beim Weinen und Lachen klar klingt, so ist anzunehmen, daß sich das Näseln beheben läßt *(Raphel, Schumann)*. Jedoch kann auch eine dissoziierte Velumparese vorliegen, die die Behandlungsaussichten verringert *(Böhme)*. Ärztliche Untersuchung ist deshalb erforderlich.
Offenes Näseln ist mit Sicherheit zu erkennen, wenn man beim Durchsprechen aller Vokale oder bei mehrmaligem Sprechen von *a – i* die Nase abwechselnd zuhält und öffnet *(Gutzmann sen.)*. Verändert sich der Klang beim Naseschließen, so liegt das Gaumensegel nicht dicht an. Auch durch Vorhalten eines Spiegels, der beschlägt, sowie durch Abtasten der Vibrationen am Nasenflügel oder Nasenrücken (besonders an der Verbindungsstelle von Knochen und Knorpel) erkennt man nasale Lautbildung. Starke Vibrationen der Nasenwände zeigen sich nicht nur beim *m, n, ng*, sondern auch bei Vokalen, besonders bei *u* und *i*, verstärkt beim Zuhalten der Nase *(Böhme)*.
Seeman benutzt als Phonendoskop einen etwa 0,5 m langen Gummischlauch mit Oliven an beiden Enden, deren eine der Untersucher in sein Ohr, die andere in die Nase des Patienten steckt, wodurch genaue Beobachtungen möglich werden *(nach Gutzmann)*.
Das offene Näseln kann entweder organisch oder funktionell bedingt sein. Organische Ursachen sind Gaumenspalten, Lähmungen oder Verletzungen des Gaumensegels, Bewegungshemmungen des Gaumens durch Narben oder ein zu kurzes Gaumensegel. (Das normale Verhältnis von hartem zu weichem Gaumen ist 2:1). Funktionelle Ursachen sind in der Nachahmung, in falschen Gewohnheiten oder in mangelhafter Gaumensegeltätigkeit bei schwerhörigen sowie bei körperlich und geistig schwachen Kindern und Erwachsenen zu suchen. Bei organischen Ursachen ist der Facharzt zu Rate zu ziehen. Leichte Schwächen des Gaumensegels wird der erfahrene Pädagoge selbst beheben können. Zunächst wird er es mit sprech-

---

[1] *G. E. Arnold* definiert: „Offenes Näseln ist eine Klangstörung während des Sprechvorganges infolge der Entstellung aller Mundlaute durch in der Nase entstehende Geräusche oder durch vermehrtes Mitklingen der supralatalen Räume. Da Nase und Gaumen an der Funktion des Kehlkopfes nicht direkt beteiligt sind, hat das Näseln mit der Stimme wenig zu tun. Näseln bedeutet eine Störung des Sprechens, jedoch nicht der Stimme oder der Phonation".
Nach *A. Schilling* handelt „es sich beim Näseln nicht eigentlich um einen Lautbildungsfehler, sondern um eine Veränderung des Stimmklanges, die Zuordnung dieses Störungskomplexes in den Formenkreis der Dyslalie ist demnach anfechtbar"

erzieherischen Übungen versuchen, die das Gaumensegel aktivieren. Es gibt jedoch auch Fälle, in denen sie nicht genügen und die (passive) Gaumensegelmassage dazutreten muß. Hilfsmittel dazu sind z. B. der Handobturator von *Gutzmann sen.* oder der Palatoelektromasseur von *Froeschels*. *G. E. Arnold* verwendet einen Handobturator zur gleichzeitigen Dehnung, Vibrationsmassage und Faradisation.

Die *Gutzmann*sche Gaumensegelhandsonde kann man sich aus Nickeldraht oder ähnlichem selbst biegen. Das Ende wird von einem Pflock gebildet, der aus Stentsmasse geformt ist, nicht zu groß sein darf und unbedingt spiegelglatt sein muß (*Gutzmann jun.*). Diese Handsonde kann jedem Kranken in die Hand gegeben werden. Sie kann mit einer zusätzlichen Einrichtung, wie beim Palatoelektromasseur, zum Elektrisieren verwendet werden (was schon *Coën* vorschlug). Doch geschieht dies am besten unter ärztlicher Kontrolle.

Für den eigenen Gebrauch habe ich mir eine Sonde hergestellt, die aus einem mit Wasser oder noch besser mit Schwammgummi gefüllten Gummibläschen besteht. Man biegt den Draht zu einer Schlinge zusammen und klemmt das Gummibläschen (Sauger, Fingerling oder ähnliches) dazwischen. Die Größe des Bläschens richtet sich nach dem Gaumen. Das Gummibläschen ist nachgiebig und für leichte Gaumensegelmassage geeignet. Bei allen Übungen mit solchen Geräten ist darauf zu achten, daß die Stimme immer laut und kräftig mittönt.

Auch mit dem Daumen, dem Zeige- oder Mittelfinger läßt sich eine leichte Massage ausführen. Man streicht mit den Kuppen nach hinten. Die andere Hand stützt dabei den Kopf (*Brauckmann*). *A. Schilling* massiert bei Spaltträgern immer zum Spalt hin. Diese Massage mit dem Finger zieht *Seeman* der Massage mit Instrumenten oder dem Elektrisieren vor, verbindet sie mit phonetischen Übungen und führt sie monatelang durch. Er läßt beim Massieren laut *a, e* oder *o* sprechen, streicht mit dem Finger in der Mitte des harten Gaumens bis auf den weichen Gaumen und hebt diesen leicht, wobei das Entstehen eines Brechreflexes willkommen ist, weil dadurch die Muskeln des Velums und des Passavantschen Wulstes stark kontrahieren.

Bei rein funktionellen Störungen, oft auch bei leichter Schwäche, bedarf es im allgemeinen keiner Massage. Wenn das Gaumensegel jedoch krampfhaft herabgezogen wird, was selten vorkommt (*Luchsinger-Arnold*), kann Massage helfen.[1] Andere Sprecherzieher aktivieren die Gaumensegelmuskeln durch Schluckübungen. Dabei legt sich das Velum dicht an die Rachenwand an. Beim Lutschen (Dauerlutscher) und beim Kauen z. B. mit Backpflaumen) wiederholt sich der Schluckvorgang oft (*Trenschel*). Man kommt gewöhnlich mit einer der folgenden Übungen aus, die auch vor, nach oder während der ärztlichen Behandlung vorzunehmen sind.

Vorübungen (*A. Gutzmann*):

a) bei geschlossenem Mund durch die Nase wiederholt recht lange ein- und ausatmen;
b) dasselbe abwechselnd durch ein Nasenloch, während das andere mit dem Finger zugehalten wird;

---

[1] Man erkennt solche Fälle mit Hilfe der *Schlesinger*schen Probe, bei der am liegenden Patienten offenes Näseln festgestellt wird, was bei Lähmungen und Gaumensegelschwächen nicht der Fall ist, weil sich dann das Velum infolge seiner Schwere der Rachenwand anlegt

c) durch die Nase tief einatmen und durch den weit geöffneten Mund ausatmen;
d) durch den Mund tief einatmen und durch die Nase den Atem hinauslassen;
e) durch den weit geöffneten Mund tief ein- und recht lange ausatmen.

Führing-Lettmayer wollen mit solchen Übungen vor allem erreichen, daß der Schüler willkürlich die Luft nach allen Seiten aus dem Mund herausblasen kann. *Freunthaller* läßt den Kopf hintenüberbeugen, stark blasen, gurgeln oder Wasser möglichst weit ausspucken.

1. *Greene* will das Näseln eher mit Hörtraining und Hörkontrolle der Nasenluft behandelt wissen als mit Blas- und Saugübungen zur Hebung des Velums. Mit Gähnen, Schlucken und Schreien wird die Muskulatur angemessen geübt. Die Hörübungen sollen die genäselten und ungenäselten Laute, vor allem bei Vokalen, klar unterscheiden lehren. Der Mund ist gut zu öffnen, besonders für Hinterzungenvokale, wobei die Schlund- und Rachenmuskulatur gut entspannt sein soll. Unnötige Muskelspannungen sind vor dem Spiegel abzuüben. Neben der Entspannung der Sprechwerkzeuge fordert *Greene* ruhige Stimme und langsames, ungezwungenes Sprechen. Hörbarer Nasenluft wird begegnet durch Verminderung des Atemdrucks. Der Patient soll gar nicht erst versuchen, dem Luftaustritt durch die Nase vorzubeugen, soll ihn aber nicht hören lassen. Die Aufmerksamkeit wird also von der Atemführung auf den Klang gelenkt. Übungen im Vokalflüstern entwickeln die kinästhetische und Gehörempfindlichkeit *(Aikin)*.

2. Werden alle Laute genäselt, so sind nach *Führing-Lettmayer* zunächst die Vokale zu reinigen; *a* ist gewöhnlich von der Nasalierung am wenigsten betroffen. Man läßt es mit gehauchtem Einsatz kräftig angeben und hängt den zweiten Vokal noch stärker und etwa eine Quart höher sprechend an, also: *haa, hao, hau, hai* usw. Der erste Vokal soll länger gehalten werden als der zweite. Man kann diese Übung zunächst auf Dreiklang oder Tonleiter singen lassen und dann zum Sprechton übergehen.
Nach dem gehauchten Einsatz übt man das gleiche mit festem Einsatz. Vokale mit festem Einsatz laut und oft hintereinander zu sprechen, wurde schon früher empfohlen *(B. van Dantzig, Fischer)*. Den festen Einsatz aber nicht übertreiben und in dieser Form zur Gewohnheit werden lassen, damit nicht Stimmstörungen eintreten! Der Unterschied zwischen dem reinen und dem genäselten Laut soll dem Schüler völlig klar werden, darum muß der Lehrer öfter hintereinander richtig und falsch vorsprechen. Benutzt man einen Nasenhörschlauch, wobei eine Olive in das Nasenloch und die andere in das Ohr des Kindes eingeführt wird, so kann das Kind den genäselten Klang genauer mithören und die durch die Nase austretende Luft spüren. Bei Kleinkindern ist dieses Mittel allerdings nicht angebracht. Bei größeren Kindern und Erwachsenen kann man die Selbstkontrolle verbessern, indem man die Gehörgänge mit Watte verstopft *(Führing-Lettmayer)*.

3. Wenn kurze Vokale in Verbindung mit Nasallauten genäselt werden, so lassen *Ewings* erst Wörter mit einwandfreiem Vokal sprechen, z. B. *ist, es, will, Ball* und schließen genäselte Wörter an.

4. *Werden nur einzelne Laute genäselt, so genügt es mitunter, bei der Bildung des Lautes die Nase zuhalten zu lassen, am besten mit beiden Daumen, die Handflächen nach vorn, die Finger nach oben gerichtet*, oder bei nur einer

zuhaltenden Hand diese kräftig nach oben wegschleudern lassen *(A. Schilling),* wodurch zugleich die Hebung des Gaumensegels begünstigt wird.

5. *J. Wulff* benutzt *volles, unverspanntes Lachen auf allen Vokalen mit Seithochschwingen der Arme und Rückneigen des Kopfes (auch mit Armstoßen oder Händeklatschen).*
6. *Radomski* wies darauf hin, daß sich bei Gehörlosen mitunter eine Besserung des Näselns zeigt, wenn man mit tiefer Stimme sprechen und die Zunge beim Angeben der Selbstlaute möglichst weit nach vorn bringen läßt.
7. Läßt man beim *a* die Zunge abwechselnd weit herausstrecken und wieder hereinziehen, so entfernt sich der Zungengrund vom Velum, und dieses steigt hoch.
8. *Freunthaller* empfahl, vom *u* oder vom bilabialen *w* auszugehen.
9. *Gutzmann sen.* ließ rhythmisch sprechen, eine Silbe hoch, die folgende tief. *Pichler* hatte mit akzentuierter Flüstersprache Erfolg.
10. *Gutzmann sen.* ließ *apa* sprechen, *das erste a normal, das p sehr kräftig artikuliert, das zweite a sehr laut, lange und eine Quart höher.* Auch andere Vokale, Verschlußlaute und *ss* kann man benutzen. Zum Beispiel empfiehlt *Habermann* „Artikulationsübungen mit den durch Konsonanten verbundenen Vokalen *api – etó – ohá – ikú,* wobei die zweite Silbe deutlich akzentuiert und höher zu sprechen ist. Verbunden wird diese Artikulationsübung am besten mit sogenannten *Froeschelschen Stoßübungen...*" (s. Nr. 22). Ebenso läßt *Habermann* „Kuckuck", „KiKi", „Kakadu" häufig wiederholen.
11. *Purkinje* ließ bei seiner Blählautübung die Silben *abba, ebbe, ibbi* usw. sprechen, bei jeder die Nase zuhalten und erst mit dem Schlußvokal öffnen. Zuhalten der Nase allein verhindert jedoch nicht das Näseln *(Jussen).*
12. In derselben Weise läßt sich *bibubibu...* verwenden *(Passesavant),* noch besser *bibübibübibü...*
13. *Rau sen.* und *jun.* lassen *pa* üben und dabei am Nasenflügel tasten, wobei der Wechsel zwischen genäseltem und normalem Laut gezeigt wird. Sie benutzen auch ein Nasenmanometer und Vibroskop, mit deren Hilfe der Schüler selbst beobachten kann, ob er näselt.
14. *Gude* ließ *a – u – a – u* auf einem Atemzug abwechseln.
15. *H. Hoffmann* ließ *p – t – k* üben. *Moses* übt im Stakkato *nga – nge – ngi – ngo – ngu.*

Nach *Greene* hilft oft, das Ausspucken eines Kernes zu imitieren, und zwar mit festem Kontakt der Zungenspitze gegen die Oberzähne. Papierkügelchen können auch dazu benutzt werden, um auf diese Weise die Explosionsstelle für *t, d* zu erhalten. Der saugende Ton, mit dem beim ungeduldigen *t – t – t* die Zungenspitze von den Alveolen abgezogen wird, kann ebenfalls zum richtigen Ergebnis führen.

16. Mitunter hatte ich bei hörenden Näslern Erfolg mit dem Wechsel zwischen stimmhaftem und stimmlosem Verschlußlaut *p – b – p – b.* Auf dem *b* wird kurze Zeit verweilt.
17. Noch besser gelang die Hebung des Gaumensegels, wenn ich *s* ch_1 oder *sch* oder alle drei hintereinander kurz und scharf lautieren ließ.
18. *Vatter* übte Gähnen. Beim Gähnen – besonders wenn man es mit geschlossenem Mund unterdrückt – hebt sich das Gaumensegel. *Wängler* läßt beim Gähnen mit Spiegel beobachten, wie sich das Velum hebt. Desgleichen läßt

er willkürliches An- und Abspannen des Velums bei weit geöffnetem Mund im Spiegel kontrollieren.
19. *L. Lehmann* erreichte dasselbe, indem sie die Nase hoch und mit gespannten Nasenflügeln nach hinten ziehen ließ.
20. *E. P. Seidner schiebt dem Kind beim Lautieren die Backenmuskeln über den Jochbeinen hoch wie zum Lachen. Noch einfacher ist es, das Kind bei den Sprechübungen zum Lachen oder Lächeln zu bringen.*
21. *Freunthaller* läßt mit weit nach hinten gebeugtem Kopf sprechen, oder er wendet leichtes Schütteln des Unterkiefers an.
22. *Froeschels behandelt Gaumensegelschwächen mit Hilfe von Stoßübungen der Arme bei gleichzeitiger Phonation.* Der Patient stößt mit seinen Fäusten aus Brusthöhe mit schnellem, elastischem Schwung abwärts, wobei er die Finger erst unten an den Oberschenkeln öffnet. Sobald er dies ohne übertriebene Spannungen in Schultern und Oberarmen ausführen kann, soll er im Moment des Niederstoßens ein ah oder andere Vokale ertönen lassen, später auch Silben und einsilbige Wörter. *Froeschels läßt diese Übungen jeweils mit 5–10 Stößen an den ersten Tagen halbstündlich, an den folgenden Tagen stündlich vornehmen und weiter je nach Fortschritt vermindern. Später läßt er Laut-, Silben- und Wortübungen mit und ohne Stoßen abwechseln, um schließlich zum bloßen Denken ans Stoßen überzuleiten.*
Wängler läßt die Arme bei Stimmeinsatz vorstoßen, womit der Luftstrom durch den Mund dirigiert werden kann.
23. *G. Forchhammer* ließ o sprechen und schlug dabei mit flachen Fingern schnell hintereinander auf den Mund. Die sich stauende Luft drückt das Gaumensegel hoch.
Nach *Jorich* ist es nicht nötig, die Hand bis an die Lippen kommen zu lassen. Es genügt schon, wenn sie rasch vor dem Mund „flattert", um eine Hebung des Velums zu erzielen.
24. Mitunter genügt das Beobachten der Gaumensegelbewegung im Spiegel (*Vahle*). *F. A.* u. *F. F. Rau* lassen dabei laut *a* sprechen.
25. *Gude* wies darauf hin, daß ein Spiegel nur vor dem Mund beschlagen darf, wenn richtig gesprochen wird. Hält man einen Handspiegel unter die Nasenlöcher, so beschlägt er nur bei *m, n, ng* (*Czermak*). Ein zweiter, großer Spiegel, in dem man den ganzen Vorgang beobachten kann, ist zweckmäßig.
26. *Rötzer* baute einen Apparat, der es ermöglichte, Nasen- und Mundatmung während des Sprechens zu kontrollieren (Abb. 4).
J. S. Greene verwendet an der Unterseite ein Windrädchen.
Ähnlich wirkt eine halbmondförmige, beiderseitig spiegelnde Metallscheibe mit Griff, die mit der leicht konvexen Innenkante waagerecht an die Oberlippe zu halten ist. *Glatzel* hat sie nach *J. N. Czermaks* Vorschlag mit konzentrischen Kreisen versehen, an denen die Größe des Nasendurchschlags abzulesen ist.
27. *Kerner benutzte eine vierseitige Röhre, drei Seiten aus Holz oder Pappe, die obere aus Seidenpapier. Auf letztere kommt feiner Sand, geschabte Kreide oder ähnliches.* Die Röhre wird vor den Mund gehalten. Bei genäselten Lauten bleibt der Sand oder dergleichen ruhig liegen. Bei normalem Sprechen springen die Körnchen. Manchmal genügt schon ein Abtasten am Seidenpapier (*Wild*).

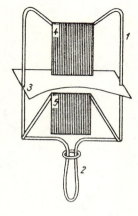

Abb. 4 1 Drahtgestell, 2 Griff, 3 Plastplatte, 4 und 5 frei schwingende Läppchen

28. G. *Forchhammer* empfahl, ein Glasröhrchen (etwa 6 mm ⌀) in den Mund zu nehmen, das andere Ende ins Wasser zu stecken und mit fest darum geschlossenen Lippen *momomo*... zu sprechen. Bei o müssen Blasen aufsteigen, bei m nicht.
29. Oft hebt sich das Gaumensegel schon dann, wenn man die Lippen in Pfeifstellung bringt.
30. Nasenspülungen bewirken ein kräftiges Heben des Gaumensegels, da sonst das Wasser in den Rachen läuft. Das Wasser wird zu einem Nasenloch eingeführt (Spülkännchen). *Gude* gab dazu die Anweisung: „Nur zum anderen Nasenloch herauslaufen lassen! In den Mund darf nichts kommen!" Auch ließ er dabei lautieren.
31. *Vahle* will das Gaumensegel mit dem Zeigefinger des Kindes heben, der mit einem Taschentuch umwickelt wird. Zur Umhüllung des Fingers wird auch ein Gummifingerling verwendet *(Wild)*.
32. Oft hilft ein Niederdrücken der Zunge mit dem Finger (Taschentuch!) oder Spatel, worauf schon *Gude* hinwies.
33. *Brauckmann* berührte mit einem $\frac{1}{2}$ cm dicken, 15–20 cm langen Glasstäbchen während des Lautierens das Gaumensegel, das sich sofort hebt. Die Berührung kann bald wegfallen. Es bedarf dann nur noch der Annäherung, die später auch unterbleiben kann, um eine Hebung des Gaumensegels zu veranlassen.
34. Eine Nasensonde, auf das Gaumensegel gelegt, erzeugt eine Abwehrbewegung des Gaumensegels, das sich dadurch anlegt *(Gude)*.
35. Die gleiche Wirkung erzielt *Stein* mit einer Widerstandsgymnastik des Gaumensegels. Dabei wird eine hakenförmig gebogene Sonde – wie sie *Passavant* zu Forschungszwecken benutzte – hinter das Velum geführt und nach vorn gezogen, sobald das Gaumensegel sich bewegt. Mit der entgegengesetzten Bewegung erzeugt er einen Druck der Sonde gegen die Rachenwand, wodurch deren Muskulatur zu größerer Spannung angeregt und infolgedessen der Gaumenverschluß erleichtert wird (A. *Schilling* rät davon ab, Sonden und Haken zum Wegziehen des Gaumensegels zu verwenden). *Habermann* macht täglich fünfmal Dehnübungen mit dem hinter das Gaumensegel gehakten

Zeigefinger und zieht dieses mit leichtem, federndem Druck vor. Beide Hilfen sollten dem Arzt vorbehalten bleiben.

36. **Wängler** übt bei offenem Näseln stets in nachstehender Reihenfolge:
   1. Gehauchte Vokaleinsätze zunächst singen, dann sprechen (ha – e, ha – o usw. mit weit geöffnetem Mund und gut gebunden, später den gefährdeten Folgevokal immer mehr betonten ohne zu näseln).
   2. Feste Vokaleinsätze, ebenfalls mit a beginnend, ohne Glottisschlag.
   3. Reibelaute im Auslaut (af usw.). Inlaut (awa usw.) und Anlaut (sa, so, se, si usw.).
   4. Schwinglaute (ra, ro, re... ara, aro, are...).
   5. Verschlußlaute (ap, op, ep, ip..., pa, po, pe...).
37. *Greene* empfiehlt, bei den Übungen die Nasallaute nicht zu zeitig einzuführen, weil sie reflektorisch die alten Muskel- und Hörvorstellungen auslösen, solange die neuen nicht genügend eingeschliffen sind.

2.1.4. Geschlossenes Näseln

Geschlossenes Näseln entsteht, wenn die Luft überhaupt nicht oder nur sehr schwer durch die Nase entweichen kann. *Arnolds* drei diagnostische Hauptregeln lauten hierbei: 1. Nasenatmung, Geruch und Geschmack sind nur bei den organischen Formen des geschlossenen Näselns behindert. 2. Die Nasenlaute *m, n* und *ng* klingen stets verstopft. 3. Schluckstörungen kommen nicht vor. Auch der Vokalklang kann beeinträchtigt werden. Das geschlossene Näseln kann organisch oder funktionell bedingt sein. Man unterscheidet drei Formen:

a) vorderes, geschlossenes Näseln, bei dem die Nasenhöhlen durch Schwellungen oder Wucherungen geschlossen sind. Infolgedessen fehlen die hohen Teiltöne bei *m, n* und *ng*, während der Grundton hervortritt. Die Sprache klingt dadurch so wie bei Stockschnupfen;

b) hinteres, geschlossenes Näseln, das bei Versperrung des Nasenraumes durch Verwachsungen, Geschwülste oder Vergrößerung der Rachenmandel entsteht. Die Sprache klingt „tot";

c) funktionelles, geschlossenes Näseln, das entsteht, wenn das Gaumensegel auch beim *m, n, ng* gehoben wird. Die Sprache klingt dadurch verstopft. Es ist die **Folge falscher Gewohnheit,** die durch ungünstige anatomische Verhältnisse hervorgerufen sein kann. *Lieb* stellte nach Untersuchung von 3 086 Schulkindern fest, daß „bei starker Kompression und bei starkem frontalen Engstand im Oberkiefer der Anteil der Rhinolalia clausa signifikant erhöht war".

Behandlung des geschlossenen Näselns:

1. Bei den ersten beiden organisch bedingten Formen ist der Arzt zu Rate zu ziehen. Nach der Entfernung von Wucherungen usw. tritt häufig offenes Näseln ein, das durch die beschriebenen Übungen beseitigt wird.
2. Bei funktionellem, geschlossenem Näseln übt *Gutzmann sen. m* mit starkem Luftaustritt durch die Nase. *Froeschels* „übt" offenes Näseln, indem er die

Vibrationen am Nasenflügel tasten läßt. Allmählich gelingt ein Ausgleich zwischen ursprünglichem und gelerntem Extrem. A. *Schilling* empfiehlt „Verstärkung der Vibrationsempfindungen durch Luftballon usw.".
3. *Seeman* verwendet einen dünnen Gummischlauch als Nasenhörrohr wie in 2.1.3. beschrieben.
4. *Wängler* läßt zunächst kräftig durch die Nase ausatmen, später den Ausatmungsstrom verlangsamen und verlängern (Taschenspiegel unter die Nase halten!). Anschließend werden Töne auf *m*, dann *n* und schließlich auf *ng* möglichst lange ausgehalten. „Gelingt das, sind kleine Melodien und einfache Lieder zu summen." Besonders intensiv betreibt er Resonanzübungen: Bei ihnen wird zunächst das Kutscher-r stimmlos und stimmhaft geübt, erst auf einem Ton, dann auf verschiedenen Tönen und schließlich gleitend von oben nach unten. Danach wird es noch mit Vokalen verbunden, die sich lückenlos anschließen müssen.

Es folgen Summübungen auf *m* mit weitem Kieferwinkel bei geschlossenen Lippen, wobei die Vibrationen auf dem Nasenrücken zu tasten sind, dort, wo der Knochen in Knorpel übergeht.

Weiter sollen *m, n. ng* hintereinander tönen, wobei Lippen, Zunge und Unterkiefer sich ständig bewegen, ähnlich wie beim Kauen. Alle diese Summübungen werden zunächst auf Tönen der unteren Mittellage, dann auf Gleittönen von oben nach unten vorgenommen. Sie werden ergänzt durch Summübungen von *m, n, ng* mit Vokalen *mö, no* usw. *müm, non, mim, nan* usw.

Schließlich tönen Nasale und Vokale in festgelegter Reihenfolge auf einer Ausatmung (z. B. *non – eng – ang* oder *mommemmammemmömmüm* usw.) in tiefer oder höherer Stimmlage. Dazu kommen dann noch Silben- und Wortübungen und zuletzt Leseübungen mit „Verlängerung der Endnasale" (*A. Schilling*).
5. Handelt es sich nur um eine chronisch verstopfte Nase wegen Unbeholfenheit im Naseputzen, so nimmt *O. Stern* dafür besondere Übungen vor, falls öfteres Vormachen nicht genügt.
   a) Man läßt durch den Mund blasen.
   b) Man läßt den Mund fest verschließen und die Luft durch die Nase schicken Papierschnipsel, -kügelchen usw. wegblasen).
   c) Man läßt nur durch ein Nasenloch blasen und das andere zuhalten.
   d) Man streut auf ein Taschentuch leichte Gegenstände, die der Schüler wegblasen muß, indem er ein Nasenloch mit dem über den Finger gelegten Taschentuchzipfel zuhält. Manchmal hat man schon Erfolg, wenn man einen Spiegel unter die Nase hält.

2.1.5. Gemischtes Näseln

Gemischtes Näseln zeigt ebenfalls einen verstopften Klang wie das geschlossene Näseln. Aber wie beim offenen Näseln werden mehr als nur drei Nasenlaute durch die Nase gesprochen. Nase und Rachen sind teilweise verstopft. G. E. *Arnold* fand eine große Zahl von Kombinationsmöglichkeiten. Nach *Nadoleczny* unterscheidet man im allgemeinen zwei Hauptformen:

Übersicht der verschiedenen Arten des Näselns *(G. E. Arnold)*

Rhino-lalia	organica		functionalis	
aperta	palatina	paralytica	activa	passiva
	angeborene oder erworbene Defekte des Gaumens	Gaumenlähmung	falsche Sprechgewohnheit Krampf der Gaumensenker	falsche Sprechgewohnheit Hysterie
clausa	anterior	posterior	activa	(passiva)
	akute, allergische oder hypertrophische Rhinitis	Choanalatresie, Adenoide, Tumoren	falsche Sprechgewohnheit, Krampf der Gaumenheber	wenn man auf dem Kopf steht
mixta	anterior	posterior	anterior	posterior
	Verstopfung der Nase	Verstopfung des Epipharynx	Verstopfung der Nase	Verstopfung des Epipharynx
	und organische Störung des Gaumenabschlusses		und funktionelles Fehlen des Gaumenabschlusses	

a) das vordere, gemischte Näseln, das entsteht, wenn der Gaumenabschluß nicht vorhanden ist, aber die Nasenhöhlen durch Wucherungen und Schwellungen verstopft sind. Dadurch verändert sich besonders der Klang der Nasenlaute, während die anderen nicht so sehr leiden;

b) das hintere, gemischte Näseln, das durch Hindernisse im Nasenrachenraum und durch organisch bedingte Schwäche des Gaumensegels entsteht. Die Sprache wird dadurch dumpf und kloßig.

Beide Formen können rein organisch bedingt sein und sind dann schwer zu heilen. Außerdem kann die Gaumensegelhebung funktionell behindert sein, wobei die Aussichten auf Heilung günstiger sind. Die Behandlung zielt darauf hin, die Funktion des Gaumensegels zu verbessern.

Wängler wendet bei gemischtem Näseln die Übungen gegen die beiden anderen Formen des Näselns nacheinander an und bekämpft erst die eine, dann die andere Erscheinung.

2.1.6. Die sprachliche Behandlung bei Gaumenspalten

Kinder mit Gaumenspalten sind schon von klein auf in der Sprachentwicklung benachteiligt. *Meinhold* weist darauf hin, daß sie in der Lallperiode nicht zu so vielen „phonetischen Entdeckungen kommen, die den artikulatorischen Spieltrieb des normalen Kleinstkindes wecken", und daß die Bildung der Geräuschlaute leidet. Es handelt sich ja bei ihnen nicht nur um einen mangelhaften Abschluß des

Nasenraumes vom Rachen- und Mundraum, sondern um noch andere Mängel der Sprechmuskulatur, die sowohl Stimmführung wie Lautbildung stark beeinträchtigen *(Becker-Sovák, Kriens-J. Wulff)*.

In Dänemark wird deshalb jeder Neugeborene mit Gaumenspalte schon seit 1960 sofort mit einem Gaumenobturator versehen, der alle drei Monate kontrolliert, wenn nötig erneuert wird, und der bis zur endgültigen Operation ständig zu tragen ist *(Bentzen-Bloch)*.
Diese Kinder müssen

1. vor der Operation einem Funktionstraining der Sprechmotorik unterworfen werden, das Lippen, Unterkiefer, Zunge und Gaumen aktiv und geschmeidig macht *(J. Wulff)*, und
2. durch zielbewußte und planmäßig durchgeführte psychopädagogische Erziehung vor psychischen Störungen und Hemmungen bewahrt werden *(Berndorfer)*.

Einen „Plan für spezielle Übungen der Spaltkinder im Alter von 1,6 bis zu 3,0 Jahren für Eltern oder Krippenerzieher" legt *Hochmuth* vor. Er ist quartalsmäßig aufgebaut und umfaßt die nötigen Aufgaben mit Hinweisen zur Durchführung und das notwendige Material.
Lippenübungen sind unter 1.6. beschrieben. Das Vorwölben der Lippen wird auch beim „Vokalgleiten" *(J. Wulff)* geübt $(a-u..., u-i..., u-a..., i-u...,$ danach $ma-mu..., mi-mu..., mo-min..., m\ddot{u}-ma..., ma-mi-mu..., mi-mo-mau...$ u. a.). Unter 1.6. sind auch Übungen für Unterkiefer und Zunge zu finden. Für den Gaumen sind solche Übungen unter 2.1.3. angegeben. Die Führung des Luftstromes wird soweit wie möglich geübt durch Pfeifen, Flöten, Mundharmonika spielen, Trinken mit Hilfe des Strohhalmes usw. Auf Blasübungen sollte man nach *Greene* und *J. Wulff* verzichten, da der Mechanismus des Blasens ein anderer ist als der des Sprechens.
In den Spezialkliniken wird die Zeit zwischen dem Verschluß des weichen Gaumens (mit 6–8 Monaten) bis zum Verschluß des harten Gaumens (kurz vor der Einschulung) zur Sprachbehandlung ausgenützt, was sich bewährt hat *(Mühler)*.
Dabei ist jedoch die Spalte im harten Gaumen durch eine gut passende Gaumenplatte zu schließen, während ohne sie eine Sprechkorrektur abzulehnen ist *(H. Wulff)*, weil ausreichender Sprechatem wegen der Luftflucht durch die Nase fehlt und orale Stimmgebung wegen der Spalte unmöglich ist.
Mitunter wirkt die gelungene Operation allein schon sprachverbessernd, wenn das neue Velum genügend lang, beweglich und vor allem genügend abknickbar ist *(Luchsinger-Arnold)*. In vielen Fällen ergibt sich aber ohne Sprachheilbehandlung keine normale Aussprache. Eine enge Zusammenarbeit zwischen Spezialchirurgen und Sprachheillehrern in Spezialkliniken führt durch gemeinsame Anstrengungen zu besten Erfolgen, wie das schon vielfach verwirklicht ist. Dabei werden auch die Mütter zu Übungen angeleitet *(J. Wulff)*.
Sovák weist auf die Wichtigkeit der muttersprachlichen Erziehung aus besonderem Grunde hin. Mütter, die zu hohe sprachliche Anforderungen an ihre Spaltkinder stellen, erreichen oft, daß diese ihre Sprechwerkzeuge übermäßig anspannen und dadurch die Resonanzhöhlen wie den Kieferwinkel verkleinern. „Damit ist die Oralität herabgesetzt, und die Nasalität überwiegt." *(Becker-Sovák)*. Die Mütter sind darüber aufzuklären.

J. Wulff hat die nach der Spaltoperation notwendigen Maßnahmen wie folgt zusammengefaßt:

1. Die Lippenbeweglichkeit und die Lippenkraft müssen durch Massage und Übungen normalisiert werden (Lippengymnastik).
2. Die meist zurückbleibende Kieferklemme muß überwunden werden (Unterkiefergymnastik).
3. Das vernarbte Gaumensegel und die anderen Muskeln im Schlund müssen aktiviert und durch Funktionsübungen gekräftigt werden, damit der Abschluß zur Nase erreicht und die differenzierte Beweglichkeit für die Laut- und Stimmbildung ermöglicht wird (gaumen- und schlundgymnastische Übungen).
4. Die Atemführung aus dem Mund, statt wie bisher durch die Nase, muß erlernt werden.
5. Das Atemstützen, -sparen und -verteilen muß manchen Patienten angewöhnt werden, weil vor der Operation der Luftverbrauch und der Atemdruck völlig verkehrt angesetzt wurden.
6. Die Atemkraft muß bei Kleinkindern gesteigert werden, damit eine einwandfreie Laut- und Stimmbildung möglich wird (Atemkraftübungen).
7. Bisher falsche Sprechbewegungen der Schlund- und hinteren Zungenpartien (pharyngealer bzw. laryngealer Lautansatz) müssen abgewöhnt, die Laut- und Stimmbildung nach vorn verlegt werden.
8. Die oft rauhen und heiseren Stimmklänge (chronische Heiserkeit) müssen beseitigt werden.
9. Nicht gesprochene Laute (oft Blase- und Verschlußlaute, fast immer die Zisch- und Gaumenlaute und die Lauthäufungen) müssen erübt und eingeschliffen werden.
10. Die störenden Nebengeräusche in Mund und Kehle und die Mitbewegungen des Gesichtes müssen verschwinden.
11. Die durch die Mißbildung psychisch belasteten Patienten müssen wieder Antrieb und Freude, Selbstbewußtsein und Lebenssicherheit gewinnen, wobei die gleichmäßigen Sprechfortschritte sowie Lob und Anerkennung des Therapeuten sehr wirksam sind (psychische Behandlung).
12. Die Eltern müssen in Erziehungsfragen beraten werden, um dem Spaltkind soziale, psychische, geistige und sprachliche Entwicklungshemmnisse aus dem Weg zu räumen und die volle Entfaltung seiner geistigen Kräfte zu ermöglichen (sozialpädagogische Betreuung).

Wichtig ist, daß mit diesen Maßnahmen sofort nach der Krankenhausentlassung begonnen wird und daß die Behandlung regelmäßig fortgesetzt werden kann.
Die folgenden Ausführungen gehen auf einige besonders wichtig erscheinende Punkte noch etwas näher ein.
Nach der Operation wendet *Seeman* nur tägliche Massage des Velums und der Hinterwand des Rachens mit dem Finger an; er erhöht damit die Beweglichkeit des Velums und lockert die Narben. „Durch mehrmonatige Massage kann man eine vikariierende Hypertrophie des Passavantschen Wulstes und dadurch einen genauen Gaumenrachenverschluß erzielen." *H. Wulff* hält sowohl Faradisieren als auch passives Massieren der Gaumenmuskeln mit Massagegeräten nicht für zweckmäßig.
Dazu kommen aktive Übungen des Gaumensegels, wie sie unter 2.1.3. „Offenes

Näseln" beschrieben wurden. Ist das künstliche Velum am unteren Ende noch mit der Rachenwand verbunden, so kann man es mit Hilfe der Zunge massieren: man läßt ng sprechen. Die Zungenspitze muß dabei an den unteren Schneidezähnen liegen. Gleichzeitig läßt man den Mund abwechselnd öffnen und schließen (*R. Schilling*). Darauf folgen die eigentlichen Sprecherziehungsübungen, die oft dadurch kompliziert werden, daß die Spaltträger schwerhörig sind. *Huizing* und andere berichten über mehr als 50 % von Spaltträgern mit Schwerhörigkeit, *R. Becker* fand etwa 30 %. *G. Böhme* stellt fest, daß 70–90 % aller Kinder mit einer Lippen-Kiefer-Gaumenspalte eine Hörschädigung haben.

Mühler weist darauf hin, daß Spaltträger sehr leicht Nasen- und Racheninfekten ausgesetzt sind, die häufig zu Mittelohrerkrankungen führen, welche eine spätere Schwerhörigkeit nach sich ziehen können. *Boskis* gibt an, solche Abweichungen in der Entwicklung der Gehörwahrnehmungen eine Folge der durch die Spaltbildung hervorgerufenen Differenzierungsmängel sein können, also nur funktionellen Charakter zu tragen brauchen. Die vergleichenden Hörübungen, die *Greene* empfiehlt, gewinnen aus dieser Sicht heraus besondere Bedeutung. Man übt Vokale mit der Zungenspitze an den unteren Schneidezähnen, und zwar ohne Kehlkopfdrücken oder Glottisschlag, aber laut, geschärft und mehr stoßend. Jedoch nicht zu lange isolierte Vokale üben, sondern bald Verbindungen mit Konsonanten suchen! Besonders kommt es darauf an, daß das Kind die genäselte Lautbildung von der normalen zu unterscheiden lernt. *Kriens-J. Wulff* empfehlen ein Hörsprechgerät für diese Zwecke.

Greene-Canning stellten fest, daß laterale Bildung der Zischlaute bei solchen Spaltträgern (gegenüber der Nasalität) hervortritt, bei denen die Zungenartikulation durch Fehlen des Alveolarbogens eingeengt ist.

Die Hauptaufgabe besteht darin, daß der Gaumenspalter lernt, ganz weit vorn im Mund zu sprechen. Damit soll der sich bei offener Gaumenspalte usw. gesetzmäßig ergebenden Artikulationsverlagerung unterhalb des mangelhaften Gaumenabschlusses (*G. E. Arnold*) entgegengewirkt werden. Desgleichen sind die früher angewöhnten Fehlhaltungen und Verspannungen des gesamten Sprechapparates (*Greene, Trenschel*) abzustellen, die oft von Mitbewegungen der Nase, der Stirn usw. begleitet wurden.

Als gute Hilfsmittel zur Erreichung aller dieser Ziele (neben den eigentlichen Sprechübungen) sind Entspannungsübungen (*Faust*), dazu Stoßübungen (s. 2.1.3., Punkt 22) und die Anwendung der Kaumethode (*Froeschels*) zu empfehlen. *Dieckmann* und *Wagener* lehnen Stoßübungen ab, da sie zu Überspannungen und damit zu phonatorischen Störungen führen können. Vorsicht ist geboten!

Ein von *Lambeck* erfolgreich erprobter Weg sei hier skizziert: Es wird empfohlen, von u, o, m auszugehen, danach a, n, l anzuschließen und diese Laute in Silbenreihen (wie momomo..., nunona, nala – nolo – nulu... usw.) zu üben. Mit i, e, ch werden diese Reihen fortgesetzt, wobei ch_1 zunächst mit geschlossener Nase gebildet wird. Die Reihe ich – ech – üch – uch – och – ach führt zum ch_2, das nun aber zwischen Zungenrücken und Gaumen gebildet wird und nicht wie früher zwischen Zungengrund und Rachenwand. Übungen mit f und w leiten über zu den Verschlußlauten $p - b$, $t - d$.[1] Nach diesen werden die Zischlaute s, sch, z ange-

---

[1] Die stimmlosen Verschlußlaute sind leichter zu erzielen als die stimmhaften. Nach *Meinhold* leidet „besonders die Realisation der b, d, g unter den Unzulänglichkeiten des nasopharyngealen Abschlusses"

fügt. Dann erst werden die hinteren Verschlußlaute *ng*, *k*, *g* entwickelt. Das *ng* gelingt oft leicht, während bei *k* und *g* Schwierigkeiten entstehen. Diese überwindet man, wenn man *k* und ch_1 anschließt, bei dem zunächst nur die Reibung verstärkt wird, wodurch man allmählich zum Verschluß kommt. Die vorhergehenden und nachfolgenden Laute sind so zu wählen, daß nur eine geringe Veränderung der Zungenlage nötig ist, um zum Gaumenverschluß zu gelangen, d. h., sie müssen vorn im Mund zu artikulieren sein, wie „*ichkenne, michkennen, michkämmen, michkümmern*". Auch die umgekehrte Lautfolge läßt sich verwenden, wie in „*Wölkchen*". Ist auf diese Weise einige Sicherheit in der Aussprache des *k* erreicht, kann man auch mit *a* und *o* üben *(ichkann, ichkomme)* und an andere Laute anschließen *(ichkannkommen, ichwillkommen, auchkommen)*. Auch das *g* läßt sich so erreichen. Es ist darauf zu achten, daß keine Rückwärtsbewegungen der Zunge erfolgen. Gegebenenfalls ist das *g* einige Zeit durch *j* zu ersetzen, wobei man immer etwas kräftiger auf das *j* drücken soll. Dadurch wird die Bewegung des Zungenrückens verstärkt, so daß schließlich der harte Gaumen berührt wird. Das Zungenspitzen-*r*, das dem Gaumen-*r* vorzuziehen ist, steht erst am Schluß dieser Sprechübungen. Das Zäpfchen-*r* ist meist gar nicht möglich. Es hat in jenen Fällen, bei denen es nach sehr gut gelungener Operation gebildet werden könnte, den Nachteil, daß bei seiner Anwendung Stimme und Sprechen nicht vorn im Munde bleiben, sondern in den Rachen zurückrutschen, wodurch die alten Gewohnheiten wieder geweckt werden.

Weiter sollen noch zwei von Sprachärzten erprobte Wege skizziert werden:

1. *H. Gutzmann jun.* beginnt die Sprechübungen bei Gaumenspaltlern mit *api*, und zwar zuerst mit zugehaltener Nase, beim 2. Mal mit der Sonde und dann ohne sie; das *a* wird in normaler Tonhöhe, das *p* stark explosiv, das *i* in größtmöglicher Tonhöhe und Lautstärke, aber auch nur kurz geübt. Die anderen Vokale werden in gleicher Weise entwickelt, die Konsonanten in der Reihenfolge *t – k – l*. Die Reibelaute sind schwieriger; das *s* erlernt sich eventuell mit der Sonde, *r* am besten als Zungen-*r*. *Gutzmann* läßt viele kurze, ruckartige Lautstöße produzieren. Hebt sich beim Phonieren das Velum, kontrollieren die Patienten mit dem Spiegel. Dann wird das *Boenninghaus*-Phänomen[1] ausgenutzt und die Zunge mit dem Spatel festgehalten.

2. *Seeman* verhindert zunächst das Entweichen der Luft durch die Nase, indem er die Nasenflügel mit den Fingern zusammendrückt. Später übernehmen Wattepfropfen, die allmählich verkleinert werden, diese Aufgabe. Eventuell wird nur eine Nasenseite verstopft. Beim Artikulieren wird zunächst flüsternd geübt, bis der Glottisschlag verschwindet. Meist beginnt *Seeman* mit Lautübungen mit *f*, das im Silbenanfang geübt wird, und verfährt dann ebenso mit *p*. Beide werden auch noch im Auslaut geübt. Darauf wird *t* sehr genau erarbeitet, und aus ihm leitet man dann andere Laute ab (*k, tsch, z, s*, eventuell *r*). *Seeman* entwickelt es eventuell aus *d*, das – wenn noch nicht vorhanden – aus dem Hilfslaut *n* durch Zuhalten der Nase bei Silben wie *nana* usw. erhalten wird. Sobald *t* richtig gesprochen wird, gewinnt man aus ihm unter Verlängerung des Hauches mit vorgestülpten Lippen *tsch*. – Bei größeren Kindern und Jugendlichen muß die Überfunktion des Kehlkopfes beseitigt werden, die durch

---

[1] „Wenn die Zunge mit einem Spatel herabgedrückt wird und sich das Gaumensegel bei Phonation trotzdem gut hebt, so ist das ein deutliches Zeichen für eine normale Funktion"

harte Stimmeinsätze und zu starken Phonationsdruck auf die Stimmbänder entstanden ist, wobei der Kehlkopf hochsteigt und das Zungenbein sich nach vorn bewegt. Das wird verhindert, indem man die Finger zwischen den oberen Rand des Schildknorpels und das Zungenbein legt und den Kehlkopf nach unten drückt. „In dieser Stellung werden die Vokale mit einem tiefen, leisen und weichen Stimmeinsatz geübt." Bereitet der tiefe Brustton Schwierigkeiten, so drückt *Seeman* auf den Adamsapfel von vorn nach hinten, oder er drückt in die Halsgrube (Fossa jugularis) hinein und hinunter. Durch beide Maßnahmen wird die Stimme tiefer und zugleich das offene Näseln verringert. Wichtig ist, von Anfang an das Gehör des Patienten dafür zu schulen, daß es den Unterschied zwischen dem normalen Klang der Laute und der Stimme und der eigenen fehlerhaften Aussprache wahrnimmt. „Je eher dies erreicht wird, desto schneller tritt der Erfolg der Übungsbehandlung ein."

Bei noch nicht operierten Kleinkindern, deren sprachliche Überwachung ganz allgemein zu fordern ist, sollte man k und g lieber durch t und d ersetzen, damit die zentripetale Artikulationsverlagerung *(G. E. Arnold)* gar nicht erst eintritt (ein Hilfsmittel, das man auch bei kleinen Gehörlosen anwendet, solange sie die hinteren Laute noch nicht bilden).
J. Wulff stellte alle notwendigen Übungen mit reichhaltigem Silben-, Wort- und Satzmaterial systematisch zusammen.
Seeman erzielt bei Jugendlichen, bei denen der Operationserfolg gut ist, in 2 bis 3 Monaten fast völlige Beseitigung der Sprachschädigung, vorausgesetzt, daß das Velum regelmäßig massiert und täglich phoniatrische Behandlung durchgeführt wird. *J. Wulff* (1966) berichtet: „Von den in der Nordwestdeutschen Kieferklinik operierten und sprachlich behandelten Fällen konnten 89,7 % zu normaler, 6,7 % zu brauchbarer und 3,6 % zu mangelhafter Umgangssprache gebracht werden. Bei den gut 10 % unbefriedigenden Fällen konnte nachgewiesen werden, daß ganz selten die Ursache in organischen Mängeln (unzureichendes Gaumensegel, erhebliche Kiefer- und Bißanomalien), sondern fast immer in persönlichen Unzulänglichkeiten (Debilität, Labilität, Konzentrations- und Hörmängel, Milieuschwierigkeit) und stets in einer fehlenden oder unzureichenden Sprachbehandlung liegt."
Die Zahl der Lippen-Kiefer-Gaumenspalten hat seit Anfang des Jahrhunderts zugenommen *(Bethmann, W.)*. Während sich 1908 nur ein solcher Fall unter 1 700 Geburten fand, stellt man ihn jetzt schon unter 450 Geburten fest. Die Gründe der Fehlbildung sind uneinheitlich, und die Gaumenspaltchirurgie ist trotz aller Fortschritte in den letzten 100 Jahren „immer noch im Stadium der Empirie *(Pfeifer-Schlote)*".

2.2. Gestaltung und Verbesserung der Laute

Vorbemerkung: Punkt 1 bzw. 2 der unter jedem Laut angeführten Hilfen enthält die *zuerst* zu versuchenden psychischen Beeinflussungen sowie Tast- und Absehhinweise. Diejenigen Hilfen, welche *danach* unter den anderen bevorzugt zu empfehlen sind, werden durch Kursivdruck gekennzeichnet.

2.2.1. Vokale

2.2.1.1. a-Laute

a wird mit mäßig weiten, hochrund geöffneten Lippen gebildet. Der Zahnkantenabstand beträgt etwa 15–25 mm. Die Zunge liegt flach im Mund, also nicht in Ruhelage, in der sie sich im vorderen Teil den Zähnen und fast dem ganzen harten Gaumen locker anlegt (*v. Essen*). Bei der Bildung des *a* ist sie etwas nach unten gespannt. Der vordere Zungenrand berührt die unteren Schneidezähne. Das Gaumensegel ist gehoben (Abb. 5).

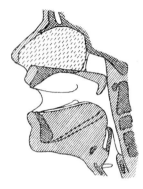

Abb. 5 a

Wir unterscheiden zwei *a*-Laute der hochdeutschen Umgangssprache, ein vorderes, helles (kurzes) *a*, wie in *acht* oder *Ratte*, und ein hinteres, dunkles (langes) *a*, wie in *Abend, raten, Sprache*. Beim ersten erfolgt die leichte Hügelbildung der Zunge etwas weiter vorn als beim zweiten.

1. *a* drückt Erstaunen, Überraschung, Freude, Bewunderung, Entdeckerfreude (*aha*), Verstehen, Bejahung aus. Es kann aber auch Unwillen, Nichtachtung u. ä. bedeuten. Man ertastet dieses *a* an Kehlkopf und Brust oder an einer vor den Mund gehaltenen Papierröhre, auf die sich die Schwingungen übertragen. Beim Sprechen in die hohle Hand werden die Schwingungen ebenfalls empfunden. Zu empfehlen sind Lockerungsübungen mit Lallsilben wie *ba, da, fa, wa, ma* . . ., desgleichen lächelndes Sprechen dieser Silben (*Bangert*). Auch F. A. und F. F. Rau lassen von Gehörlosen solche Lallsilben sprechen und gewinnen daraus das *a*, warnen aber vor isoliertem Üben des Lautes und vor allem vor zu starker Lautgebung, damit die Stimme nicht unnatürlich rauh oder grob wird. Leicht zu bilden ist *a* in Wörtern wie *Papa, Mama, da, Ball, Bahn, Hahn* u. ä.

2. Wird die Zunge zurückgezogen, so daß ein dumpfes, mehr einem offenen *o* ähnelndes *a* entsteht, so soll der vordere Zungensaum fest an die unteren Schneidezähne gelegt werden.
G. *Lindner* bestreicht die unteren Vorderzähne hinten mit etwas Honig, damit die Zunge bei der Vokalbildung dort angelegt wird. C. und P. *Martens* üben eine hellere Färbung des Lautes in Wörtern mit anlautendem *t* oder *d*. Mit lächelnd

zurückgezogenen Lippen lassen sie sprechen, wenn der o-ähnliche Klang durch vorgestülpte Lippen entsteht. *In Wortpaaren wie Rasen – Rosen, Baden – Boden, Hase – Hose werden a und o deutlich unterstrichen.*

3. Hilft das Anlegen des vorderen Zungensaumes an die unteren Schneidezähne nicht, so ist während des *a*-Tönens abwechselnd die Zunge bis an die Unterlippe vorzubringen und wieder zurückzuziehen, aber nicht weiter als bis dicht hinter die unteren Schneidezähne. *Bangert* übt am Spiegel die Zunge weit herausstrecken und langsam zurückziehen.

4. Liegt die Zunge nicht flach genug, und klingt das *a* fast wie *ä*, hilft auch die Spiegelkontrolle nicht, so drücke man mit dem Zeigefinger auf die unteren Schneidezähne, um den Kieferwinkel vorübergehend zu vergrößern. Ein Gegendruck wird durch Vibrieren des Fingers überwunden. *Fourgon* läßt dann mehrfach *i* mit *a* abwechselnd aussprechen, wobei die für *i* hoch erhobene Zunge durch Kontrastwirkung dahingehend tendiert, sich für *a* mehr zu senken. – *C.* und *P. Martens* dagegen üben Wortpaare mit kurzem, offenem *o* und kurzem, vorderem *a* wie *voll – Fall, Tonne – Tanne.*

5. Im Notfall drückt man die Zunge mit dem Spatel vorn flach und vibriert leicht, um den Gegendruck zu überwinden. *F. A.* und *F. F. Rau* lassen das Kind selbst mit seinem Finger die Zunge flachdrücken.

Young empfiehlt, den Spatel zunächst auf einer Papierzunge oder ähnlichem außerhalb des Mundes anzuwenden. (Schon *Bonet* benutzte eine Lederzunge, um die Zungenstellung zu demonstrieren). Erst nach Versagen aller anderen Mittel drückt *Young* mit dem Spatel die Zungenmitte von vorn bis hinten nieder.

Bei Gehörlosen drückt *Bangert* mit dem Finger von unten leicht an den Mundboden, da sich die Zunge oft infolge des reflexartig einsetzenden Gegendrucks flachlegt. Vorsichtig anwenden!

6. Bei Gehörlosen entsteht mitunter *ng* statt *a*. Dagegen hilft Nase zuhalten *(Hill)*. *Seeländer* läßt das Kind mit weit offenem Mund in den Spiegel sehen, so daß es das Zäpfchen erblickt. Dabei ertönt *a* gut, weil das Gaumensegel gehoben ist und die Zunge flach liegt. *F. A.* und *F. F. Rau* lassen durch die Lippen blasen und die Stimme angeben, so daß ein bilabiales *w* entsteht. An dieses wird dann *a* angehängt.

Jussen beginnt „die Einübung von *a* mit der Lautverbindung *pa*, weil der Laut *a* durch das *p* eine Stütze in seiner oralen Luftführung erfährt."

7. Bei genäseltem *a* lassen *F. A.* und *F. F. Rau* die Silbe *papapa* ... sprechen, den letzten Vokal lang dehnen und dabei am Nasenflügel tasten.

Van Dongen geht vom stimmhaften Lippen-*r* oder vom *f* aus und läßt *a* – folgen. Notfalls berührt er mit dem Spatel leicht das Zäpfchen und fordert *a* –.

8. Das Herunterdrücken des Unterkiefers kann auch dadurch erfolgen, daß die Backenhaut zwischen die Kiefer gedrückt wird *(Liebmann)*.

9. Wird der Mund zu weit geöffnet, so faßt *Freunthaller* mit Daumen und Zeigefinger das Kinn und löst die entstandene Spannung durch Vibrieren, wobei er den Kieferwinkel verkleinert. Er läßt die Schulter senken und während des Sprechens mit dem Kopf nicken, schütteln, kreisen.

2.2.1.2. e-Laute

Die Lippen sind weniger offen als beim *a*. Der Kieferwinkel ist kleiner als bei *a*. Der vordere Zungensaum liegt den unteren Schneidezähnen an. Der Zungenrücken wölbt sich nach oben zum harten Gaumen, bei lang-offenem *ä* jedoch nicht so hoch wie bei lang-geschlossenem *e*. Die Zungenränder stoßen an die oberen Backzähne an. Das Gaumensegel ist gehoben (Abb. 6 u. 7).

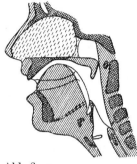

Abb. 6 e

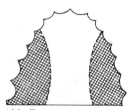

Abb. 7 e

Man unterscheidet vier *e*-Laute: einen kurz-offenen *e*-Laut (orthographisch *e*, *ä*), wie in *helfen* oder *Bäcker*; einen lang-offenen *e*-Laut (orthographisch *ä*, *äh*), wie in *ähnlich*, *grämlich*; einen lang-geschlossenen *e*-Laut (orthographisch *e*, *ee*, *eh*) mit vorn hohem Zungenrücken, wie in *Elend*, *leer*, *lehren*; einen kurzen *e*-Laut (orthographisch *e*), wie er in unbetonten Silben angewendet wird, bei dem der Mund nur wenig geöffnet und die Zunge in der Mitte leicht aufgewölbt ist.

1. e drückt aus: *Abscheu, Ekel, Schreck, halben Zweifel, ewige Frage, Unentschiedenheit*. Es wird auch scherzhaft oder lachend gebraucht, oder aber als Anruf benutzt: *he* oder *e* (Fuhrmann). In dem Ausruf „weh, weh" läßt es sich gut anbringen. Getastet wird e an Brustkorb und Kehlkopf oder beim Sprechen in die hohle Hand. Vom *i* aus erreicht man es durch Nachlassen der Zungenartikulation. Außerdem wird dabei die Kieferöffnungsweite verkleinert (*Meinhold*).
   ä wird als Ausdruck des Ekels und des Ärgers, aber auch des Lachens gebraucht. Zudem läßt es sich unterscheidend und abweisend benutzen. In „mäh, mäh" ist es besonders gut zu verwenden. Abtasten lassen wie bei *a* und *e!*
2. Klingt das *e* wie *ä* oder *a*, so wird der Zungenrücken vom Mundbogen aus unter leichtem Vibrieren des Fingers etwas angehoben. Legt das Kind dabei eine Hand auf die Schädeldecke, so hebt sich die Zunge leichter (*Freunthaller*). Man kann auch den falschen Laut abwechselnd mit *i* sprechen lassen (*Fourgon*). *C.* und *P. Martens* üben den Unterschied systematisch in Wortreihen und -paaren.
3. Beim *e* in: *reden, See* u. ä. wird ein kurzes *i* angehängt. Das wird vermieden, wenn man das *e* dehnt und plötzlich abbricht, bevor die Verengung zum *i* eintritt (*C. und P. Martens*). Nur bei Hörgeschädigten ist es mitunter als Hilfe zum richtigen *e* zu gebrauchen.

4. Das kurze *e* von Nebensilben ist nur anzudeuten, aber nicht wegzulassen. Wenn es auch nur gemurmelt wird, so muß es doch tragfähig bleiben. Die Zunge ist fast in Ruhelage *(v. Essen).*
5. *Haycock* läßt den Unterschied der Zungenstellung bei geschlossenem *e* (oder auch *i*) eventuell vom Schüler an der Zunge des Lehrers tasten, verwendet weiterhin eine Gummizunge, zeichnet Skizzen an die Tafel oder benutzt eine „Kieferstrebe", um kurzes *i, e, ä,* mit feststehendem Unterkiefer zu üben und dadurch die Zungenhebung deutlich zu machen.
6. Klingt langes, geschlossenes *e* wie langes, geschlossenes *ö,* so üben *C.* und *P. Martens* Wortpaare wie *Meere – Möhre. Besen – böse.*
7. Gelingt das *ä* nicht, so läßt *Froeschels* ein *a* bilden und hebt den Zungenrücken vom Mundboden aus unter leichtem Vibrieren an. Zugleich kann man den Unterkiefer dem Oberkiefer annähern.
8. *Young* setzt Daumen und Zeigefinger in gleichen Abständen von der Mitte aus unter die Unterlippe, drückt den Unterkiefer leicht abwärts und führt danach beide Fingerkuppen etwas nach außen und oben, wodurch die Vorderzunge veranlaßt werden soll, sich hinter die unteren Schneidezähne zu senken und zu verbreitern.
9. Ich lasse manchmal ein *e* bilden und drücke den Unterkiefer herab: Zeigefinger auf die Schneidezähne, leichtes Vibrieren und Druck!
10. Gleicht das *ä* einem ungenauen *a,* so läßt *Fourgon* abwechselnd *i* und *ä* sprechen, wodurch sich die Zunge höher zieht. Auch *F. A.* und *F. F. Rau* verwenden diese Hilfe mit Spiegel. Außerdem weisen sie auf den Unterschied des Mundbildes noch durch schematische Zeichnungen hin (Abb. 8).

i   ä   i   a   Abb. 8   i – ä[1] – i – ä

C. und *P. Martens* verwenden Wortreihen wie *heben – Hähne – Henne, Tee – Täler – Teller.*

2.2.1.3. i-Laute

Beim *i* sind die Mundwinkel etwas zur Seite gezogen, wenn man den Laut – wie im Artikulationsunterricht – von anderen abheben will. Sonst wird sowohl in der Umgangssprache als auch bei der Hochlautung die Lippenspalte nicht verbreitert. Der Kieferwinkel ist klein, da die Zahnkanten sich nur etwa 10 mm voneinander entfernen. Der vordere Zungensaum liegt an den unteren Schneidezähnen. Die Vorderzunge wölbt sich steil zum harten Gaumen hoch, beim geschlossenen *i* mehr als beim offenen. Die Zungenränder berühren die oberen Backzähne. Die Randflächen des Zungenrückens legen sich an den harten Gaumen an. Das Gaumensegel ist gehoben (Abb. 9 u. 10).
Man vermeide beim *i* stärkere Lippenrundung, namentlich vor *r (Siebs).* Wir unterscheiden zwei *i*-Laute: einen kurz-offenen (orthographisch *i),* wie in *ist, Licht,* und einem lang-geschlossenen (orthographisch *i, ie, ih, ieh)* mit etwas höherer Vorderzunge, wie in *Igel, wieder, ihr.*

[1] entsprechend dem Laut e oder ä in Geld, Schwäche

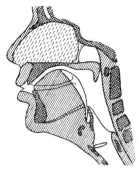
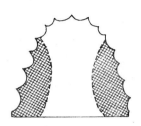

Abb. 9　i　　　　　　　　　Abb. 10　i

1. *i drückt aus: Lachen, Wohlgefallen, Freude, aber auch Schadenfreude, Hohn, Ekel oder Widerspruch (Geißler). Es wird beim Quieken verwendet, in Kikeriki und in lieb, piep, mimi, viel, wieviel, happi, Sieb, Dieb usw.*
   Haycock benutzt bei Gehörlosen eine aus einem Ball geschnittene Gummi- „zunge" und demonstriert an ihr unter dem gekrümmten Handteller einer Hand (als Gaumendach) die richtige Zungenstellung. Er läßt zunächst Zungenübungen vornehmen, die die bogenförmige Hebung der Zunge zum Gaumendach bezwecken. Ist die richtige Stellung erreicht, wird sie mit starkem Atemstoß überprüft und schließlich die Stimme angegeben.
   Ewings lassen das Kind mit Daumen und kleinem Finger zunächst in Knetmasse drücken. Dann wird spielerisch mit Daumen und kleinem Finger gegen Daumen und kleinen Finger des Lehrers oder eines anderen Kindes gedrückt, um darauf hinzulenken, daß beim i an beiden Rändern gleichzeitig zu drücken ist. Abgetastet wird an Kehlkopf, Mundboden, Zähnen des Unterkiefers (Fingernagel aufsetzen), an der Verbindungsstelle von Ober- und Unterkiefer, an der Brust und schließlich auch auf dem Scheitel. Haycock läßt sogar den Schüler im Mund des Lehrers die Zunge tasten.
   Beißt man auf ein Lineal oder auf einen ähnlichen Gegenstand (Lehrer und Schüler zugleich), so werden daran die Vibrationen noch deutlicher. In der hohlen Hand sind sie etwas weniger zu spüren.
2. *Freunthaller läßt ch_1 stimmhaft sprechen. Das Reibegeräusch soll allmählich wegfallen, dann wird ch_1 zu i. Noch besser gelingt das, wenn man während des stimmhaften ch_1 den Unterkiefer etwas senken läßt oder ihn herabzieht oder -drückt.*
   F. A. und F. F. Rau gehen ebenfalls vom ch_1 aus, lassen es mit der Hand vor dem Mund tasten oder halten Papier vor den Mund, um damit den Luftstrom zu verdeutlichen. Dann schließen sie ch_1 an p an, so daß ein geflüstertes pi entsteht. Ähnlich gehen sie vor, wenn l statt i gebildet wird. Zuletzt sprechen sie pi mit Stimme vor und lassen abtasten.
3. *Aus der Silbe fi (f – i –) läßt sich nach Wild mitunter ein brauchbares i gewinnen.*
4. *Wängler geht gelegentlich von ei oder eu aus und läßt die letzte Artikulationseinstellung übertrieben verlängern.*

5. Bei Hörgeschädigten genügt es mitunter, hochzuzeigen, sich hochzurecken, sich auf den Stuhl zu stellen und dabei hochzuzeigen, um ein gutes *i* zu erreichen. *Van Dongen* läßt das Kind bei *i*-Stellung der Zunge tönen und dabei beide Arme vor hoch längs der Ohren heben. Manchmal hilft es, wenn man mit einer Fingerspitze auf den Scheitel tippt. Wird das *i* aber von Gehörlosen zu hoch oder gar mit Kopfstimme gebildet, so sollte das Abtasten auf dem Scheitel vermieden werden, während ein Abtasten am Brustkorb, wie auch leichte Schläge gegen ihn, um seine Vibrationen anzuregen *(Fourgon)*, zu empfehlen ist. *G. Lindner* lockert in solchen Fällen den Kehlkopf durch leichte Massage nach unten.

Haycock suggeriert den gehörlosen Kindern, wenn nötig, daß die Stimme bis zu den Füßen hinuntergeht. Besonders wichtig ist dabei die Entspannung des ganzen Körpers.

6. *Wiedner* nimmt beim Auflegen der Hand auf den Scheitel des gehörlosen Kindes in scherzhafter Weise einige Haare zwischen die Finger und zieht sie leicht in die Höhe. Dabei muß man lachen, denn es darf keinesfalls weh tun! Das *i* wird auf diese Weise besser.
7. *F. A.* und *F. F. Rau* üben mit *pa* und *pi*, wobei oft ein gutes *i* entsteht. *Bangert* erreicht das *i* beim Sprechen der Silben *babi*.
8. *Just* legt das gehörlose Kind auf den Schoß, schüttelt es leicht und spricht das *i* vor.
9. *Grunewald* erzielt das *i* manchmal, indem er lautierend den Kopf des gehörlosen Kindes zurückbeugt. *Köhl* läßt dagegen den Kopf vorbeugen. In beiden Fällen nähert sich der Zungenrücken dem harten Gaumen.
10. Bei Hörgeschädigten, die noch Restgehör haben, soll dieses stark verwendet werden. Der hohe Ton bewirkt reflexartig eine starke Hebung des Gaumensegels *(Freunthaller)*.
11. Öffnen sich die Lippen in der Mitte ein wenig, so ist ein *ü*-ähnlicher Laut zu hören. Zieht man die Mundwinkel etwas auseinander und hoch, so entsteht ein *i*. *C.* und *P. Martens* üben dann Wortpaare wie *Tier – Tür, Ziege – Züge, picken – bücken, Kissen – küssen*.
12. Von *a* ausgehend hebe ich den Unterkiefer des Kindes etwas an und drücke die Zunge vom Mundboden zum harten Gaumen (vibrieren!). *Männich* spricht *i* vor und läßt vom Kind mit dem Daumen die Zunge des Lehrers hochdrücken, der dabei weich nachgibt.
13. *Young* setzt Daumen und Zeigefinger auf die Oberlippe über die Zahnreihe, etwas von der Mittellinie entfernt, und drückt dort als Zeichen dafür, daß die Seiten der Zunge bis zu diesen Punkten steigen sollen, während die Zungenmitte unten liegenbleibt und eine breitere Senke als beim *s* bildet. Mitunter kann ein schmaler Spatel benutzt werden, um diese Senke der Zungenmitte hervorzurufen. Diese Anweisung gilt für geschlossenes *i*. Um das offene *i* zu erreichen, läßt *Young* den Unterkiefer etwas senken und mit dem schmalen Ende eines Spatels von unten auf die Mitte der Unterlippe drücken, um damit anzudeuten, daß die Mitte der Zunge sich innen dorthin senken soll. Ergänzend kann man die Mitte der Zunge mit dem Spatelende antippen, bis die richtige Stellung leichter gebildet wird.
14. Wird *e* statt *i* gebildet, so schob *Mücke* die Wangen hoch. Ich spreche dann mitunter das *i* mit geschlossenen Zähnen vor, wodurch das Kind selbst zu

einer stärkeren Annäherung der Zähne als vorher veranlaßt wird und eher zum *i*-Klang kommt. (Auf keinen Fall darf das aber zur Gewohnheit werden!) *Fourgon* empfiehlt dagegen, eine Holzlamelle zwischen die Zähne zu schieben und damit zu „schaukeln", als wenn man die Kiefer auseinander drücken wolle. Dann hebt sich die Zunge; oder er stößt mit dem Hölzchen gegen die Zungenspitze, wodurch sich diese vorschiebt und zugleich hebt. Weiter empfiehlt er, einen schmalen Streifen Papier zwischen Zungenrand und Gaumendach des Schülers zu legen und diesem zu bedeuten, daß der Streifen nicht leicht herausgezogen werden darf, was ihn nötigt, die Zunge zu heben. Endlich fordert er den Schüler auf, das Kinn gegen die Brust zu stemmen und eine Hand dazwischen zu schieben, wodurch die Zunge steigt.

15. Wird das *i* ähnlich dem *ä* gesprochen, so üben *F. A.* und *F. F. Rau* vor dem Spiegel. Sie benutzen auch Lautgebärden und schematische Zeichnungen der Mundbilder (s. Abb. 8), lassen beide Laute im Wechsel tasten und heben eventuell die Zunge vom Mundboden aus.

16. Entsteht statt *i* ein Reibelaut (ähnlich j), lassen *F. A.* und *F. F. Rau* schnell *pipipi*... sprechen, bis der Laut deutlich klingt, und lassen dann das letzte *i* dehnen. Sie lassen auch *ijijiji*... sprechen und vor dem Mund den Luftstrom des *j* tasten. Eventuell benutzen sie eine Sonde.

17. Ist das *i* bei Gehörlosen behaucht, so läßt *Fourgon* den Zungenrücken leicht senken und weist den Schüler an, ohne Anstrengung zu sprechen, weil oft eine zu hohe Muskelspannung besteht; oder er läßt *i – ä*... bzw. *i – a*... abwechselnd sprechen.

18. In seltenen Fällen wird der Kehlkopf heruntergezogen; das *i* klingt dann dumpf, kehlig, gepreßt. Helfen die erwähnten Hinweise nicht, so lasse ich während des *i*-Sprechens den Kopf kreisen, schütteln, nicken, oder ich klopfe leicht auf Schultern, Schlüsselbein oder Brustbein. Versagt auch dies, so stüze ich den Schildknorpel vorsichtig mit Daumen und Zeigefinger leicht vibrierend und lasse dann erst *i* lautieren. Der Kehlkopf wird so in der Normalstellung gehalten. Die Zitterbewegung mildert oder verhindert den Muskelzug nach unten. Die Hilfe ist sehr selten nötig.
Bei zuviel Spannung empfiehlt *van Dongen*, einen Bleistift zwischen die eigenen und des Kindes Zähne zu nehmen, der die Vibrationen überträgt.

19. Kinder mit schlechtem *i* zeigen oft schlechtes *s* und *ch₁*. Dann sind zuerst bzw. gleichzeitig diese Laute zu verbessern. *Freunthaller* prüft vor allem, ob die Zungenränder gut an den oberen Backenzähnen anliegen.

20. Ungewöhnlich ist *Haycocks* Ableitung aus dem *sch*, die für *Gehörlose* gilt. Er läßt die Lippen zurückziehen und die Stimme angeben.

21. Bei genäseltem *i* sind die Hinweise gegen Näseln zu beachten.

22. Gesellt sich dem *i*-Klang ein *sch*- oder *s*-Geräusch zu, so läßt *van Dongen* die Zunge bzw. ihre Spitze etwas senken.

2.2.1.4. o-Laute

Die gerundeten Lippen sind leicht vorgeschoben. Der Kieferwinkel entspricht etwa dem des offenen, kurzen *e*. Der vordere Zungensaum berührt die unteren Schneidezähne. Dahinter senkt sich der Zungenrücken ein wenig oder ist flach, um dann nach dem weichen Gaumen zu anzusteigen. Beim geschlossenen o wölbt er sich höher als beim offenen. Das Gaumensegel ist gehoben (Abb. 11 u. 12).

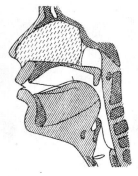

Abb. 11 o

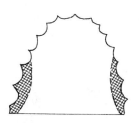

Abb. 12 o

Man unterscheidet einen kurz-offenen *o-Laut* (orthographisch *o*), wie in *offen*, *Frosch*, und einen lang-geschlossenen (orthographisch *o, oo, oh*), wie in *Ofen*, *Moor*.

1. *o* drückt aus: Erstaunen, Freude, Mißbilligung, Bedauern, Enttäuschung, Protest *(Geißler)*. *Schulze z. B.* läßt etwas fallen, was zerbricht, schlägt dabei die Hände über dem Kopf zusammen und sagt „o"! In Wörtern wie *wo, hol, Opa, Oma, oben, Ofen, hopp* gelingt das *o* anfangs am besten.
Abgetastet wird an Kehlkopf und Brust, beim Sprechen in die hohle Hand oder an einem Papierröhrchen, das der Lehrer in den Mund nimmt.
2. Ich lasse in schwierigen Fällen *a* sprechen, drücke dabei die Mundwinkel mit Daumen und Zeigefinger nach vorn und hebe die Zunge vom Mundboden aus etwas nach dem weichen Gaumen zu.
F. A. und *F. F. Rau* machen mit Gehörlosen vor dem Spiegel Lippengymnastik und lassen energisch *papopapo*... lautieren. Hilft das nicht, dann werden die Lippen mit den Fingern vorgestülpt.
3. *Young* formt die Lippen mit Daumen und Zeigefinger beider Hände, oder sie nimmt nur eine Hand zur Formung der Unterlippe, während Daumen und Zeigefinger der anderen Hand am Mundboden vom Zungenbein aus nach vorn geführt werden. Dadurch weitet sich der Rachenraum.
4. Wird *o* wie *u* gesprochen, so drückt *Bangert* den Unterkiefer etwas herab, falls das Vorsprechen mit größerer Mundöffnung nicht genügt.
Maeße empfiehlt dann (neben einer Korrektur durch den Spiegel), mit dem sauberen Zeigefinger des Kindes die Öffnung der Lippen zu vergrößern.
Seeländer benutzt einen runden Gegenstand zur Korrektur der Mundöffnung, meist bei der 3. Silbe von *bo – bo – bo*. Bei Nichterfolg macht er Zungen- und Lippengymnastik bis zur *o*-Rundung vorm Spiegel, aber ohne Stimme. Diese fügt er hinzu, wenn die *o*-Rundung beherrscht wird.
Haycock läßt in hartnäckigen Fällen das gehörlose Kind mit seinem eigenen Zeigefinger die Zunge in die richtige Lage bringen. Zunächst bevorzugt er

aber Zungenübungen mit weit offenem Mund vor dem Spiegel. *C.* und *P. Martens* üben Wortpaare wie *Ofen – offen, Tor – Torte, vor – fort.*
5. Wird *o* wie *ö* gesprochen, so läßt *van Dongen* die Zunge nach unten hinten wegziehen, eventuell vor dem Spiegel oder mit einem Papierstreifen auf der Zunge. In schwierigen Fällen drücke ich die Zunge vom Mundboden aus nach hinten hoch. Klingt der *ö*-Laut trotzdem weiter, so drücke ich zugleich die Zungenspitze nieder oder zurück (mit Finger oder Spatel). *C.* und *P. Martens* üben zunächst Wörter mit *u,* möglichst mit folgendem *g* oder *k,* außerdem die Vokalreihe *ö – e – o* (*Löwe – Lehm – Lohn* u. ä.).
6. Ähnelt *o* dem *e*, so läßt *Fourgon* dieses falsche *o* im Wechsel mit *u* sprechen, weil das *u* schließlich die Zungenstellung des falschen Vokals beeinflußt. Versagen Ableitungshilfen und andere Mittel, so drängt auch er die Zunge mit einem Holzstäbchen leicht zurück. *Haycock* dehnt den Wechsel von *o – u* auch auf Wörter aus, wie *zu – Zoo, Bude – Boden, Bude – Borte.*
7. Wird *o* ohne Lippenrundung gesprochen, so üben *C.* und *P. Martens* unter starker Lippenvorstülpung Wörter mit anlautendem *sch.*

2.2.1.5. ö-Laute

ö wird mit der Lippenstellung von *o* und etwa der Zungenbewegung von *e* gebildet. Das Gaumensegel ist angehoben. Beim geschlossenen ö hebt sich die Vorderzunge höher zum Gaumen als beim offenen ö (Abb. 13 u. 14). Man unterscheidet einen kurz-offenen ö-Laut, wie in *öffnen, löschen* von einem langgeschlossenen (orthographisch ö, öh) wie in *böse, Höhle.*

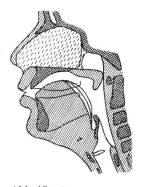
Abb. 13 ö

Abb. 14 ö

1. ö, *hö* werden auffordernd gebraucht, wie *he.*
   Ewings verdeutlichen die Zungenstellung mit dem Handrücken, dessen Knöchel leicht gehoben sind.
2. Ich lasse *e* bilden und drücke die Mundwinkel vor. *Jussen* geht vom *ä* aus und läßt die Lippen stärker runden.
3. Ich lasse *o* bilden und drücke die Zunge vom Mundboden aus nach vorn hoch.
4. Klingt ö wie *o*, läßt *Fourgon* *ü – ö* oder *e – ö abwechseln.*

2.2.1.6. u-Laute

Die Lippen sind vorgeschoben und nur in der Mitte geöffnet. Der Kieferwinkel ist klein. Der vordere Zungensaum stößt an die unteren Schneidezähne an. Die Zunge senkt sich hinter der Spitze etwas (oder liegt flach), steigt dann nach dem weichen Gaumen oder nach der Ansatzstelle des weichen am harten Gaumen an, um schließlich nach hinten abzufallen *(Froeschels)*. Beim geschlossenen *u* steigt sie höher als beim offenen. Die Zungenränder können die hinteren, oberen Backzähne berühren. Das Gaumensegel ist gehoben (Abb. 15 u. 16).

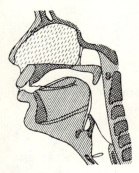

Abb. 15 u   Abb. 16 u

Man unterscheidet den kurz-offenen *u*-Laut (orthographisch *u*), wie in dumm oder Busch, vom lang-geschlossenen (orthographisch *u, uh*), wie in *Bruder, Schuh.*

1. *u* ist der Ausdruck für Frieren, Angst, Furcht, Gruseln, Grausen, Schauder, Abwehr, Dunkelheit, Brüllen der Kuh, aber auch für wohlige Ruhe. Es ist leicht zu bilden in muh, Bube, Schuh, Hut, Puppe u. a. Abgetastet wird an Brust, Kehlkopf und Scheitel, beim Sprechen in die hohle Hand, an einem Röhrchen, das der Lehrer zwischen die Lippen nimmt, oder an einem Papprohr, über dessen offenes Ende (bzw. seitliche Öffnungen) dünnes Papier geklebt ist. Auch an einem zwischen den Zähnen gehaltenen Stück Holz lassen sich die Schwingungen wahrnehmen (Fourgon).
Mit dem Gedanken daran, einen aus der Kehle kommenden Ball durch die gespitzten Lippen geradewegs hindurchzuschießen, erzielt Haycock ein gutes u. Er läßt auch den Schüler versuchen, seine Stimme durch die enge Lippenöffnung zu zwingen, ohne dabei eine wahrnehmbare Atemmenge durchzulassen, wobei starkes Vibrieren der Lippen fühlbar wird. Ewing läßt spielend die Tür zuschlagen oder Schublade, Dose, Kasten o. ä. und zugleich tönen. Auch im Deutschen gelingt u dabei.
2. Klingt *u* wie *o*, so werden die Lippen weiter vorgewölbt oder mit Daumen und Zeigefinger von den Seiten oder von oben und unten her zusammengedrückt. Der Zungenrücken kann dicht vor dem Zungenbein senkrecht hochgedrückt werden. Ist die Kieferweite zu groß, so schiebt *Freunthaller* ein Zündholz zwischen die Schneidezähne und läßt *u* sprechen, wobei das Zündholz festgehalten werden muß. *Fourgon* spricht nacheinander *u* und *o* vor und läßt den Schüler

den Unterschied in der Kinnstellung und in den Vibrationen tasten; oder er läßt den Schüler *i* und *u* im Wechsel sprechen, wobei der erste Vokal dazu dient, den zweiten zu schließen. Bei den Schülern, die die Hebung der Zunge durch zu starke Annäherung der Kiefer verhindern, läßt er den Unterkiefer leicht senken, wodurch die Zunge sich hebt.

3. Klingt *u* wie *w*, so ist die Mundöffnung zu klein *(Bangert)*, und es ist mit größerer Öffnung vorzusprechen. *F. A.* und *F. F. Rau* benutzen den Spiegel, schematische Zeichnungen der Mundöffnung und Lautgebärden; sie erweitern eventuell die Lippen mit Finger oder Spatel.
4. Klingt bei Gehörlosen *u* wie *ü*, dann läßt *Freunthaller* die Zungenspitze stark zum Mundboden senken, während sie *Goguillot* mit dem Spatel zurückdrückte. (Das Zurückschieben der Zungenspitze sollte man erst dann vornehmen, wenn nichts anderes mehr hilft. Eine klangvolle Sprache erfordert vorn liegende Zunge). Gelingt *u* dann immer noch nicht, so drücke man gleichzeitig die Zunge vom Mundboden aus nach hinten hoch. *Fourgon* läßt den Schüler selbst mit einem flachen Holzstäbchen die Vorderzunge niederhalten, wodurch sich der Zungengrund hebt. *Van Dongen* weist auf den verschiedenen Stand des Kehlkopfes hin: bei *u* tief, bei *ü* hoch. *C.* und *P. Martens* üben Wörter mit *g* oder *k* nach *u*, außerdem die Reihe *ü - i - u (Mühle - Miene - Muhme)*.
5. Wird *u* behaucht, so läßt *Fourgon i* mit *u* abwechseln, wobei der Schüler abtastend beim Lehrer gleiche, bei sich selbst verschiedene Vibrationen feststellt. Gelingt es ihm, diese Verschiedenheit bei sich zu beseitigen, dann wird sein *u* korrekt sein. Andernfalls läßt *Fourgon u* und *a* abwechselnd sprechen, wobei der zweite Vokal den ersten klärt. *F. A.* und *F. F. Rau* benutzen eventuell Finger, Spatel oder Sonde, um damit leicht auf die Zungenwurzel zu drücken.
6. Weiter wird empfohlen, zunächst *k* sowie ch_2 einzuüben; dann sollen die Lippen während des Sprechens von ch_2 abwechselnd vorgeschoben und zurückgezogen werden, um Zungen- und Lippenmuskulatur voneinander unabhängig zu machen. Diese Übung wird so lange fortgesetzt, bis erstere das buckelartige Heben, letztere die Vorwärtsrundung gleichzeitig ausführen. Werden alle diese Übungen sicher durchgeführt, dann wird der Höhepunkt der Zungen- und Lippenbewegung festgehalten und zuletzt der Stimmton durch Abtasten am Kehlkopf hinzugefügt *(Eden)*.
7. Wird *u* ohne Lippenrundung gesprochen, so üben *C.* und *P. Martens* unter bewußter Lippenvorstülpung Wörter mit anlautendem *sch*.

2.2.1.7. ü-Laute

ü wird mit der Lippenstellung des *u* und annähernd der Zungenbewegung des *i* gebildet. Beim geschlossenen *ü* wölbt sich die Vorderzunge stärker zum harten Gaumen als beim offenen. Der Kieferwinkel ist klein, das Gaumensegel angehoben. Die Lippenrundung ist zu beachten, damit *ü* nicht zu *i* wird (Abb. 17 u. 18).
Wir unterscheiden den kurz-offenen *ü-Laut*, wie in *Hütte, Büsche*, vom langgeschlossenen, wie in *Hüte, führen*.

Abb. 17   ü   Abb. 18   ü

1. *ü kann in hü (Fuhrmann) verwendet werden. Die Mundstellung ergibt sich beim „Küßchen geben". Abgetastet wird wie beim u und beim i. Leicht gelingt das ü bei müde, Tüte, süß u. a.*
2. Meist lasse ich *i* bilden und schiebe dabei die Mundwinkel zusammen, wenn der Schüler die Lippen nicht selbst rundet. *Klein* läßt *pi* tönen und dabei in die Lippenstellung von *u* gehen, wodurch *piü* entsteht, aus dem dann *ü* isoliert wird.
3. Mituntergehe ich vom *u* aus und hebe die Zunge vom Mundboden unter leichtem Vibrieren des Fingers etwas an.
4. Wenn *ü* wie *u* klingt, so läßt *Fourgon* abwechselnd *i – ü*... ohne Unterbrechung hintereinander sprechen.
   Van Dongen geht dann eventuell von gutem *ö* aus und läßt die Zungenwölbung stärker, die Mundöffnung kleiner machen.
5. Auch bei überhauchtem *ü* läßt *Fourgon* mit *i* abwechseln, oder er entfernt die Kiefer mit Hilfe einer Holzlamelle leicht voneinander.
6. Gleicht das *ü* einem geschlossenen *e,* wendet *Fourgon* ebenfalls den Wechsel zwischen *i* und *ü* an.

2.2.1.8.   Diphthonge

Diphthonge werden einsilbig gebraucht. Phonetisch gesehen sind sie Zwielaute, bei denen sich dem ersten Laut ein schwacher zweiter anschließt. Bei der Anbildung oder Verbesserung von Diphthongen muß man den einheitlichen Laut anstreben, aber manchmal analytisch-synthetisch vorgehen. Die beiden Teile des Zwielautes sind dann getrennt zu üben und baldmöglichst zusammenzuziehen. Dabei bleibt der Nachdruck auf dem ersten Vokal, und der zweite wird so verkürzt, daß er schließlich mit dem ersten eine Einheit bildet. In den meisten Fällen kommt man ohne Trennung aus.

Jussen verdeutlicht den Artikulationsverlauf zeichnerisch:

2.2.1.9. Diphthong ai

Die Schreibweise *ai, ei, ay, ey* haben die gleiche Aussprache. Man gleitet vom kurzen *a* zu einem sehr kurzen, geschlossenen *e*.

1. *ai drückt aus: Erstaunen, Freude, Liebkosen, Widerlegung (Geißler), Bedauern, Tadel.*
   Bei Ausrufen wird der zweite Teil des Diphthongs meist gedehnt. Man achte darauf, daß er später verkürzt und leiser gesprochen wird.
   Ewings deuten dem gehörlosen Kind durch Analogie an, daß die beiden Laute ineinandergleiten und daß sie sehr kurz sind.
2. Beim Abtasten auf dem Scheitel ist das e oder i deutlicher zu spüren als das a, während auf der Brust die Verhältnisse umgekehrt liegen. Van Dongen läßt an dem Jochbogen abtasten, wenn das Ende des Diphthongs nicht genügend erklingt. Oder er läßt die Arme vorwärts heben, bis sie längs des vorgeneigten Kopfes gehalten werden, warnt jedoch vor übertriebenem *i*. *ai* ist leicht zu bilden in *bei, weit, heiß, Bein, fein* u. a.
3. Mitunter lasse ich *a* sprechen und drücke bei Gehörlosen anschließend die Zunge vom Mundboden aus nach vorn hoch.
4. Bei Gehörlosen wird *ei* manchmal genäselt, so daß man es in der ersten Zeit besser noch nicht verwendet.

2.2.1.10. Diphthong au

Bei *au* gleitet man von kurzem *a* zu sehr kurzem, geschlossenem *o*.

1. *au drückt meist Schmerz aus, kann aber auch Freude, Ironie, Skepsis, Zweifel bedeuten (au-Backe).*
   Bei Ausrufen wird der 2. Teil des Diphthongs meist zu u gedehnt. Im Wort ist darauf zu achten, daß er verkürzt und leiser gesprochen wird.
   Bei zu langem *u* läßt Haycock das *au*, an p, t, oder k angehängt, schnell hintereinander sprechen: *paupaupau . . .*, usw.
   Leicht anzubilden sind *aus, wau . . ., bau, lauf, schau, Baum* u. a.
2. Beim Abtasten auf dem Scheitel ist o und u deutlicher zu spüren als a. Auf der Brust ist es umgekehrt.
3. *au* wird meist schnell und ohne Schwierigkeiten nachgeahmt. Gelingt es in schweren Fällen nicht, so empfiehlt es sich bei Gehörlosen, nach dem Anlauten des *a* die Zunge vom Mundboden aus nach hinten zu heben und mit Daumen und Zeigefinger die Mundwinkel nach vorn zu schieben.
4. Sowohl gegen zu starke Verengung als auch gegen Spreizen der Lippen ohne folgendes Vorstülpen üben *C.* und *P. Martens* Wortblöcke wie *Sohn – Sauna – Sohn, Moos – Maus – Moos, Rose –raus – Rose.*

2.2.1.11. Diphthong eu

Die Schreibweise *eu, äu, oi, oy* haben die gleiche Aussprache. Man gleitet vom kurzen, offenen *o* zu einem sehr kurzen, geschlossenen *ö*.

1. *eu drückt Erstaunen oder Verwunderung aus.*

Der zweite Laut wird bei Ausrufen häufig gedehnt und nach dem i hingezogen. Im Wort ist er kurz und leise zu sprechen. Leicht gelingen Wörter wie heute, Leute, Bäume u. a.
2. Beim Abtasten auf dem Scheitel ist das ö (ü oder i) deutlicher zu spüren als das o, während auf der Brust das Umgekehrte der Fall ist.
3. Ist das ö bei Gehörlosen schwer zu erzielen, so lasse ich o sprechen und drücke die Zunge vom Mundboden aus nach vorn hoch.

2.2.1.12. Vokalübungen

*Zur Festigung der Vokale empfiehlt J. Forchhammer folgende Reihenübungen. Mit i – ü – i – ü – i – ü – ..., a – ö – a – ö – a – ö ..., werden die Lippen geübt. Mit ü – u – – u ..., ö – o – ö – o ..., ä – a – ä – a ..., werden die Zungenbewegungen von vorn nach hinten bzw. von oben nach unten geübt, wobei aber die Zungenspitze an den Schneidezähnen bleiben soll.
Mit i – e – ä – e – i – e – ä ..., ü – ö – ü – ö ..., u – o – u – o werden die Kieferbewegungen geübt.*
Man kann auch den Kiefer feststehen und nur die Zunge sich bewegen lassen, aber nur um zu zeigen, daß dies möglich ist. Im allgemeinen soll der Kiefer nicht unbeweglich bleiben.
Kontrastübungen erziehen zu Klarheit und Deutlichkeit der Vokale. Dazu übt man Reihen wie u – a ..., u – i ..., au – ai ..., ai – eu ... usw.

2.2.2. Konsonanten

2.2.2.1. r-Laute

Das r kann an allen Artikulationsstellen gebildet werden. Am gebräuchlichsten sind Zungen-r und Zäpfchen-r. Letzteres ist in Deutschland weit verbreitet. Es kam vor etwa 200 Jahren aus Frankreich und hat das Zungen-r aus der hochdeutschen Umgangssprache, ja sogar aus der Bühnensprache, fast verdrängt. Der Grund mag darin zu finden sein, daß es leichter zu bilden ist als das Zungen-r. Das Zäpfchen-r hat aber den Nachteil, daß es mit zurückgezogener Zunge gesprochen wird und stimmliche Beschwerden verursachen kann. In der Umgangssprache wird es häufig durch das Reibe-r ersetzt. Das Zungenspitzen-r ist vorteilhafter für die Aussprache, schont die Stimme mehr, ist aber schwerer zu erlernen. In der deutschen Sprache ist es nach *Gwinner* der schwierigste Laut.
Das Gaumen-r (Rhotacismus velaris) ist, wie schon *Hill* erwähnt, dem reinen Zäpfchen-r vorzuziehen, da bei ihm die Zunge etwas vorrückt. Das Lippen- oder Kutscher-r (Rhotacismus labialis) dient oft als Hilfsmittel beim Erlernen des Zungen-r, wobei häufig auch das interdentale r *(Becker-Sovák)* auftritt.
Das Rachen-r (Rhotacismus pharyngealis) wird zwischen Zungengrund und hinterer Rachenwand als ch_2-ähnliches Reibegeräusch gebildet. Es entsteht relativ häufig bei Gaumenspaltlern nach anstrengenden Versuchen, den r-Laut zu erlernen *(Seeman).* Das Kehlkopf-r (Rhotacismus laryngealis) kommt nach *Sokolowski*

selten vor, ebenso das näselnde *r* (Rhotacismus nasalis), wenn es nicht Begleiterscheinung des offenen Näselns ist. Nach *Nadoleczny* gleicht es einem schnarchenden, nach *Lettmayer* einem fauchenden Geräusch, bei dem die Sprechluft durch die Nase entweicht.
Die mit den Wangen (Rhotacismus buccalis) oder den Seitenrändern der Zunge (Rhotacismus marginalis) hervorgebrachten Zitterlaute treten in Deutschland nur selten auf.
Noch seltener sind andere *r*-Formen: *Moolenaar-Bijl* beschreibt eine solche, bei der die Zähne durch schnelle Unterkieferbewegung klappern (Rhotacismus mandibularis). *Seeman* berichtet über ein doppellautiges *r*, bei dem nicht nur die Zähne laut aufeinanderklappern, sondern gleichzeitig der sich stark zuckend hebende Kehlkopf im Wechsel mit Zungenspitze oder Gaumensegel lautiert.
F. A. und *F. F. Rau* beobachteten ein *r*, bei dem der vordere Zungenrücken die Alveolen oder den Gaumen berührt und Wangen, Oberlippe sowie Unterkiefer gleichzeitig schwingen.
Als Hauptarten der *r*-Bildung werden nach *G. E. Arnold* unterschieden: 1. Zitterlaute, 2. Rassellaute, 3. Reibelaute, 4. Ersatzlaute.
Der *r*-Laut ist am meisten beeinträchtigt und anscheinend zum Aussterben verurteilt *(Möhring)*. Besonders verkümmert ist das Zäpfchen-*r*. Es wird als ch_2 gesprochen *(Garten = Gachten)* oder vokalisiert *(hier = hia, hio)*. Häufig wird es ganz ausgelassen oder *h* als Ersatzlaut (Pararhotazismus, *Becker-Sovák*) verwendet. Fehlbildungen des *r* sind schon selten geworden *(R. Becker)*. Obwohl *r* ein sterbender Laut ist, sollten Gehörlose ihn doch maßvoll schnurren (stärker im Anlaut, weniger stark und kürzer im Auslaut), weil er damit oft zur besseren Verständlichkeit des Sprechens beitragen kann *(Undeutsch)*.
Der *r*-Laut ist oft schwierig zu lehren. Bei Gehörlosen zieht sich seine Übung, Kontrolle und Verbesserung mitunter durch die ganze Schulzeit hin *(Brinnhäuser)*.

Zungenspitzen-r

Die Lippen sind beliebig weit offen. Der Unterkiefer kann bis zur Grundstellung gesenkt werden. Bei zu großem Kieferwinkel wird die Bildung des Zungenspitzen-*r* unmöglich. Die Zungenränder berühren die oberen Backenzähne und den Gaumen. Die Zungenspitze ist entweder gegen oder hinter die oberen Schneidezähne oder auch nach dem harten Gaumen zu gehoben und schwingt in der ausströmenden Luft (Abb. 19 u. 20). Das dabei entstehende Zittern des vorderen Zungensaumes ist das wichtigste Moment bei der Bildung dieses *r*. Der Luftstrom wird 20–30mal in der Sekunde *(G. Lindner)* unterbrochen bzw. gedämpft *(Gutzmann)*. Das Gaumensegel liegt an der Rachenwand an. Zungenspitzen-*r* ist stimmhaft.
Zur Übung der Zungenmuskulatur dienen eine ganze Anzahl Anweisungen:

a) **Vor und an den Lippen**: Zunge waagerecht weit vorstrecken, nach unten, oben oder seitlich führen (wie um Kinn, Nase oder Wangen zu berühren); mit der Spitze an den Lippen entlang fahren; den Zwischenraum zwischen Lippen und Zähnen mit der Zungenspitze füllen (Affe spielen); ein Röhrchen bilden, indem man die Zungenränder hochklappt, nun vorstrecken, zurückziehen, flachlegen usw.

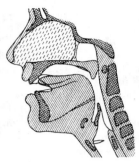 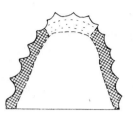

Abb. 19 Zungenspitzen-r   Abb. 20 Zungenspitzen-r

b) An oder hinter den Zähnen: mit der Zungenspitze auf der oberen oder unteren Zahnkante entlangfahren; Zungenspitze frei in der Mitte halten, dabei horizontal oder vertikal zittern lassen; Zungenspitze auf dem Mundboden bis ans Zungenbändchen zurückgleiten lassen, dann Zungenkörper vordrücken, zuletzt Zungenspitze nach oben hinten bis zum weichen Gaumen zurückgleiten lassen und so weiter im Wechsel; Vorderzunge senkrecht stellen, indem man die Zungenspitze an einer Seite von hinten nach vorn führt und dabei den Zungenrand der anderen Seite nach den oberen Schneidezähnen ansteigen läßt. Dann legt man die Zunge flach und wiederholt das gleiche an der anderen Seite.

Als direkte Vorübung für die Artikulation des *r*-Lautes wird empfohlen, Papierschnipsel von der Zungenspitze fortzuschleudern (*Portmann*). J. *Wulff* übt den Zungenspitzenanschlag zunächst systematisch mit *d*, aber auch *n*, *l*, *t*.

Aschenbrenner läßt von hörenden Schulkindern und Erwachsenen zunächst Bewegungsübungen innerhalb der Mundhöhle machen. Zuerst wird die Zungenspitze hinter den Alveolen der oberen Schneidezähne fixiert und der Unterkiefer kräftig auf und ab bewegt. Dann werden die seitlichen Zungenränder und die Längsachse hochgestellt und die Zunge vor- und zurückgeschoben. Danach werden die Seitenränder unter „Kaudruck" genommen. Weiterhin wird das Lippen-*r* mit der Zungenspitze zwischen den Zähnen geübt; anschließend folgt ein Breitziehen der Zunge mit Kauen auf den Rändern unter starkem Aus- und Einatmen. Bei diesem Kaudruck wird dann der mittlere vordere Zungensaum abwechselnd zum harten Gaumen gehoben und dann wieder gesenkt, erst langsam, dann schnell. Bei allen diesen Vorübungen, die schließlich zum richtigen *r* führen, ist eine lockere Gesamthaltung wichtig.

C. und P. *Martens* lockern die Zunge mit gemurmelten Vorübungen wie *nelepetede*, *nolopotodo*, *nalapatada*.

Bei hörenden Stammlern sollte man nicht davon sprechen, daß das falsche *r* verbessert wird, sondern nur davon, daß ein neuer Laut gelernt wird.

1. *Der Klang des r erinnert an das Rattern oder Schnurren des Glücksrades, an die elektrische Klingel, an den Flieger, an das Vibrieren von Papier in starkem Luftzug, an das Knattern der Fahne im Wind usw. Bei Kälte schüttelt man sich mit brr ... Der Kutscher bringt seine Pferde mit brr ... zum Stehen. Dieses r wird mit den Lippen gebildet und ist bei hörenden Stammlern oft schnell zu erzielen durch die Aufforderung, „Brummlippchen" zu machen.*

J. Wulff läßt die Lippen lose schließen und plötzlich kräftig anblasen. „Auch das Zungen-r entsteht im Wechselspiel zwischen dem Muskeldruck mit Vordergaumen und Zungenspitze und dem dorthin gezielten Atem" *(J. Wulff)*. Leicht zu bilden sind Wörter wie: Rabe, Rad, Rose, reiben, reiten, Haare, Schere usw.

2. *Weißweiler* verdeutlichte die Bewegung der Zunge dadurch, daß er ein Messer mit der Klinge am Tischrande auflegte und die Klinge festhielt. Den frei schwebenden Griff drückte er nieder, so daß dieser beim Loslassen erzitterte. Ähnlich lassen sich die Schwingungen an einer Papierzunge mit nach oben gekrümmter Spitze zeigen *(Bonet)*. *Jarisch* legte einen Papierstreifen auf die Zunge, der beim r mitzitterte. *Wirsel* ließ die Messerspitze oder das Lineal schnarren. Ja, sogar ein gespaltener Federkiel oder eine Violinsaite wurden benutzt, um die Schwingungen klarzumachen *(Graser)*. Am einfachsten ist der Hinweis von *Jäger* und *Riecke*, den Zeigefinger zittern zu lassen. *Portmann* empfiehlt u. a., bei der r-Übungen die Hände des Kindes zu erfassen und das Sprechen durch Schüttelbewegungen zu akzentuieren. Manchmal genügt ein „Rollen" der Hände bzw. ein schnelles Umeinanderbewegen der Zeigefinger, was an das Drehen der Räder erinnern soll *(Portmann)*, um das Rollen der Zungenspitze zu verdeutlichen. Dazu läßt man natürlich die Bewegung der Zungenspitze absehen. Eine Kerzenflamme vor dem Mund zittert mit.

3. Abtasten läßt man zunächst am Kinn *(Goguillot)*, an den Zähnen, indem man ein Stäbchen auf die Zähne aufsetzt *(Heil)*, an den Wangen und Mundwinkeln, auf dem Scheitel, an der Brust, am Kehlkopf und in der hohlen Hand. Die Zungenspitze selbst wird getastet, indem das Kind seinen Finger zwischen die Zähne des Lehrers bringt *(Hill)*. Natürlich muß auch der Luftstrom vor dem Mund ertastet werden. Fortleiten lassen sich die Schwingungen, wenn der Lehrer das Kinn beim r-Sprechen auf die Tischplatte aufsetzt oder eine Papierröhre vor den Mund hält *(Kerner)*. Nimmt er das eine Ende eines Lineals oder eines dünnen, langen Stabes zwischen die eigenen Zähne und schiebt das andere Ende zwischen die Zähne des Kindes, so spürt das Kind die Schwingungen direkt an Zähnen und Zungenspitze *(Goguillot)*.

4. *Ohne Vorübung ließ Coën die Zungenspitze nach dem Gaumen hoch nehmen, der nur leicht berührt wird, dann tief atmen und mit starkem Ausatmen die Zungenspitze zum Erzittern bringen. Harth geht sehr ähnlich vor, läßt aber die Zungenspitze fest an den oberen Teil der Alveolen anlegen, schnell und kräftig Luft einsaugen und ebenso wieder ausstoßen. Nach wenigen Versuchen wird die Zunge r-artig vibrierend rollen. Dabei, wie bei den folgenden Methoden, wirkt ein gleichzeitiges Herunterschlagen der Arme aus der Beuge mitauslösend für einen einmaligen Zungenschlag (Hasse).*
Zur Erreichung des einschlägigen r hält Meinhold es „für sehr günstig, die Zungenspitze in rascher Folge über die Gaumenfalten hinweg bis vor an die Zähne gleiten zu lassen".

5. Als Vorübung für das r empfiehlt *O. Stern*, die Zungenspitze abwechselnd außen und innen an die Oberzähne legen zu lassen. In diesen beiden Stellungen läßt er über die Zungenspitze hinwegblasen, wodurch ein Streiflaut entsteht. Nachdem die richtige Stellung eingeübt ist, läßt er mit starkem Luftstrom gegen die Zungenspitze stoßen.
Aschenbrenner läßt nach den oben angeführten Vorübungen die Zungenspitze

breitziehen, ihre Ränder zwischen den Backenzähnen festklemmen, den vorderen Zungensaum an den Gaumen drücken und so die Mundhöhle nach vorn abschließen (Zungenquerlage wie 2.2.2.9., Punkt 16 beschrieben). Nach kräftigem Einatmen durch die Nase wird die Luft hinter dem Abschluß gestaut, dieser endlich gesprengt und damit die Vibration der Spitze erzielt. Er läßt auch die Zungenspitze bei festgeklemmten Seitenrändern nach oben in den konzentrierten Ausatemstrom schleudern und so zum Schwingen bringen.
Haycock läßt bei Gehörlosen die Zunge so heben, daß sie Zähne und Zahnfleisch berührt. Dann drückt er die Zungenspitze mit dem Zeigefinger zurück und treibt bei tönender Stimme einen starken Luftstrom durch die Öffnung. Zugleich läßt er den Schüler den Zeigefinger unter seine (des Lehrers) Zungenspitze legen, um die Vibration zu ertasten.

6. *Kockelmann* ging vom Lippen-r aus. *Magnat* schob dabei die Zungenspitze zwischen die Lippen, zog sie allmählich zurück und ließ sie weiterschwingen. *Freunthaller* zieht die Unterlippe bzw. den Unterkiefer herab, wenn die Zungenspitze zwischen den Lippen schwingt, so daß die Zunge die Schwingungen nur noch mit der Oberlippe ausführt. Dann verlegt er das r hinter die Zahnreihe. *Drach* läßt beim Lippen-r die Zungenspitze in t-Stellung. Sie schwingt mit, wenn man kräftig genug ausatmet. Um das Lippen-r wegzubringen, übt er hrr statt trr. Verschwindet das Lippen-r noch nicht, so hängt er ein i an. Weiter zieht er beim langgezogenen hrri lächelnd die Mundwinkel mit den kleinen Fingern auseinander oder klemmt einen Korkwürfel von 1 cm Seitenlänge zwischen die Zähne. Alle Übungen werden zunächst ohne und später mit Stimme vorgenommen.

7. Unter Zuhilfenahme von *d* und *t* arbeiten zahlreiche Methoden:
Man spreche „trat" wie *tedat*, erst langsam, dann immer schneller. Dabei ist e kurz und unbetont, a lang und betont, *tdt – tdt* . . . und *dtd – dtd* . . . sind rasch hintereinander anzugeben, das t so explosiv und reinklingend wie möglich, das d recht weich. Eventuell ist ein *h* zwischenzuschalten. Der Schauspieler *Talma*, der als Erfinder dieser Methode gilt, ließ „*travail = tdavail*" sprechen. *bda, bde, bdi, bdo, bdu* ist mit kürzestem d zu sprechen (zit. bei *Coën*). *kd, pd* ist systematisch zu üben, z. B. *kdum, pdum*, bis *krum, prum* daraus wird (zit. bei *Flatau*).
Hennig übte *didä, didä* . . . oft hintereinander, die erste Silbe betont, beide Silben kurz.
Stein läßt in *deda, deda* . . . *e kurz und unbetont, a lang und betont sprechen. Wesentlich ist die lockere, fast schläfrige Ausführung und der Hinweis, nicht an r zu denken. Ist dra erreicht, so ist dre, dri, dro usw. zu üben, dann nach Abtrennung des d, etwa durch Bildung von adra . . ., ad – ra, schließlich r zu isolieren.* Empfohlen wird auch, d mit schnellstem Zungenschlag zu sprechen (*E. Engel*). Lettmayer empfiehlt, die d zart und sehr stimmhaft zu sprechen, den Unterkiefer nicht zu bewegen und die seitlichen Zungenränder fest an die oberen Backenzähne zu legen.
Die Angabe *tra, bra, kra* wie *tda, bda, kda* aber möglichst schnell zu sprechen, ähnelt schon angeführten Methoden; erweitert wird sie nur durch den Hinweis, beim Übergang zu *ra* ein kurzes, helles e voranzuschicken (*G. Engel*).
B. von Dantzig verlangt im Gegensatz dazu, daß kein Vokal zwischen die beiden Konsonanten eingeschoben werden soll und setzt die Reihenfolge

kdaa, pdaa, tdaa fest, weil bei *kdaa* der interkonsonantische Vokal am leichtesten vermieden werden kann. *d* ist dabei ganz flüchtig zu bilden.
Seeman läßt zunächst locker und leise $t-d-t-d\ldots$ sprechen. Dann wird $t-d-n\ldots$ gesprochen, und zwar mit deutlich abgesetztem *n*. Danach übt er Wörter wie *Traube, trocken*, wobei *r* stets wie *d* vorzusprechen ist; das Kind darf jedoch nicht wissen, daß der Laut *r* geübt wird. Das anlautende *t* ist immer betont und das folgende *d* deutlich von ihm getrennt. Beide Laute sind sehr weich und leise mit sehr kleinen Zungenbewegungen zu bilden. Kann das Kind die Übungswörter langsam sprechen, wird das Tempo beschleunigt. Dabei nähert sich das *d* immer mehr dem *r*.
J. Wulff beginnt eventuell mit *n* und übt *ndd . . ., ndda, nddi . . .*
Lettmayer empfiehlt *d* stimmhaft, gewissermaßen als Reibelaut, ähnlich dem englischen *r*, nur weiter vorn zu bilden. Mit diesem Reibelaut summt man kleine Melodien und geht dann zum Silben- und Wortsprechen über, wobei immer dieses ungerollte (gesummte) *r* verwendet wird, das allmählich ins gerollte *r* übergeht.
Bei kleinen Kindern läßt *Lettmayer* vor einem sehr kurzen, stimmhaften *d*, das nicht zu weit vorn gebildet wird, ein kurzes *ä* andeuten: *ä–d–ä–d–ä–d*. Der entstehende Laut klingt wie ein Zungenspitzen-*r* mit nur einem Schlag, das man sofort in verschiedenen Wörtern am Anfang verwenden kann (z. B. in *Rad, rot*). Bei einiger Übung entwickelt sich der neugewonnene Laut von selbst zum rollenden *r*. *J. Wulff* läßt in ähnlicher Weise bei Wörtern mit *r* nach Mitlauten stets *r* wie *dd* lauten, also *Bddaten* usw. Bei *r* im Anlaut ist mit *hdd* anzulauten, z. B. *hddot*.
Mit Hilfe elektrischer Vibrationsmassage des Mundbodens erzielte *Flatau* das *r* bei der rasch und stark hauchend gesprochenen Lautfolge *dd . . .* oder *dt . . .*

8. *Zürl* läßt bei Gehörlosen das Zungenblatt dünn und gespannt – aber nicht verkrampft – an den harten Gaumen ansaugen, wobei die Zungenspitze an den oberen Alveolen liegt, wie beim Schnalzen. „Wenn nötig, macht ein Andrücken der Zunge an den harten Gaumen deutlich, was sein soll." Dann muß das Kind unter Bildung von *t* die Luft hervorstoßen, was schließlich zur Vibration führt.

9. Vom Zäpfchen-*r* ausgehend, kann man ebenfalls zum Zungen-*r* gelangen. *Jarischs* Angabe *tr, br* mit Zäpfchen-*r* solange zu üben, bis das *r* von der Zungenspitze ausgeführt wird, geht sicher auch von der unter Punkt 6 angeführten Erwägung aus, die Zungenspitze mitreißen zu lassen. Die Verbindung von *td* mit Zäpfchen-*r* führt nach *Goguillot* ebenfalls zu einem Vorziehen des *r* über das Gaumen-*r*, besonders, wenn mit Flüsterstimme geübt wird.
Auch *F. F. Rau* geht mitunter von einem Reibe- bzw. Zäpfchen-*r* aus, läßt die Zungenspitze dabei heben und bringt sie mit der von unten angesetzten Zeigefingerspitze, die schnell rechts-links zu bewegen ist, zum Vibrieren. Oder er benutzt zu diesem Zweck einen Spatel, auf dessen schmalerer Seite ein Kügelchen aufgesetzt ist, daß die Rolle der Fingerspitze übernimmt.
Fengler läßt „Erol" in feinem Strom ausatmend sprechen und dabei den Laut *e* zunächst lang aushalten. Dann läßt er das Wort schneller hintereinander bilden, wobei das *e* immer kürzer wird und schließlich das *l* mit dem *r* verschmilzt, das sich so zum Zungenspitzen-*r* entwickelt.

10. Die Verwandtschaft von *l* und *r*, die bei Kindern manchmal zu Verwechslungen führt, wird ebenfalls zur Erzeugung des Zungenspitzen-*r* ausgenützt. *Jarisch*, der zuerst darauf hinwies, ließ ein tonloses *l* bilden und dann den Atem kurz und stark ausstoßen. Mit einem leichten Eingriff erreichte *Liebmann* das *r* vom *l* aus, indem er beim Sprechen von *lelele* . . . einen leichten, zitternden Druck vom Kinn (Mundboden) aus auf die Zungenspitze ausübte.
Portmann läßt auf Lallübungen, wie *lalala* . . ., *blablabla* . . ., die Zunge plötzlich herausschnellen, worauf sie zu schwirren beginnt. Legt man den Zeigefinger unter den Zungenkörper, so schnellt die Zunge leichter heraus. Dabei können die Wangen an die Zähne gedrückt werden, um den seitlichen Verschluß herzustellen.
Leongard legt den Zeigefinger unter die *l* bildende Zungenspitze des Kindes und bringt sie durch schnelle Rechts-Links-Bewegung zum Schwingen. Später nimmt das Kind den eigenen Daumen (mit Alkohol desinfiziert).

11. *Kahma* berichtet, daß sich aus dem finnischen *s* (apikal und stimmlos) durch Hinzufügen des Tones ein sanftes *r*-artiges Geräusch erzielen läßt, das durch Schärfung des Rollens den *s*-Klang völlig verliert und zum *r* wird.
In ähnlicher Weise geht *Haycock* vom stimmhaften *s* aus, falls es schon vorhanden ist, und läßt den Schüler den Unterkiefer senken, bis der Abstand zwischen den Zahnreihen etwas mehr als 1 cm beträgt.
Auch *F. A.* und *F. F. Rau* lassen einen Reibelaut bilden und wenden dann die angeführten Mittel an, um die Zungenspitze in Tätigkeit zu setzen.
Nach addentalem *s* oder *ts* bei leicht geöffnetem Mund und locker gehobener Zunge kann durch plötzliche, kräftige Verstärkung des Luftstroms ein *r* erzeugt werden. Man soll erst stimmlos, dann stimmhaft eventuell die Zunge zurückziehen, um den *s*-Beiklang zu beseitigen *(Lettmayer)*. *Van Dongen* legt beim Ausgang vom apikalen *s* beide Zeigefinger längs der Zungenränder und drückt diese an die Backenzähne an, wodurch die Luft nicht mehr seitlich entweicht. Die Daumen heben die Zungenwurzel und damit die ganze Zungenmasse nach vorn. Dann soll der Schüler kräftig über die gehobene Zungenspitze blasen.

12. Auch nach apikalem *sch*, bei dem die Zungenspitze leicht nach oben gerichtet ist, kann ein *r* erzielt werden: Zahnreihen weit öffnen, *sch* stimmlos, dann stimmhaft üben, nachher kräftig und stoßweise phonieren, worauf ein stark rollendes *r* erreicht werden kann *(Lettmayer)*.

13. *Führing läßt bei offenem Mund den vorderen Zungensaum so an die oberen Schneide- und Mahlzähne legen, daß jeder Luftaustritt aus dem Mund unmöglich ist. Bei fester Ausatmung kommt es nun zu einer ungewöhnlichen Luftstauung. Nun wird der Zeigefinger dem vorderen Zungenrand entgegengestemmt und dann plötzlich zurückgezogen. Durch die Gewalt des Luftstroms wird die Zungenspitze gegen den Alveolarwulst geschleudert und vibriert"* (nach Lettmayer).
Van Riper weist auf die Methode eines ungenannten Sprachtherapeuten hin, der erst fünf b-Laute dann vier f-Laute und endlich drei r-Laute bilden läßt. „Fast immer befindet sich in der letzten Serie ein brauchbarer Laut."

14. Endlich sollen noch einige Versuche erwähnt werden, die mit mechanischen Hilfsmitteln bei Hörgeschädigten ausgeführt wurden, um das Zungenspitzen-*r* hervorzurufen.
Um die Schwingungen der Zungenspitze zu erzielen, gab man dem Schüler ein

langes Stäbchen zwischen die Fingerspitzen und legte das andere Ende auf die eigenen unteren Zähne bis an die Zunge. Dann wurde das r stark angegeben, damit es der Schüler fühlte. Nun legte der Schüler das eine Ende des Stäbchens auf seine Unterzähne, und „man bedeutete ihm mittels des zitternden Zeigefingers, diese Tremulation nachzuahmen" *(Reich)*.

Iliew läßt zunächst ein Vakuum im Munde bilden und geht dabei in vier Etappen vor:

1. läßt er die Mundwinkel und angrenzende Wangenteile in den Raum zwischen Ober- und Unterkiefer einsaugen. Öffnet man den Mund allmählich, so entsteht ein knallender, klatschender Laut. Die Übung wird 8- bis 10mal wiederholt.
2. Wird das Vakuum gebildet, indem man die Oberlippe zwischen Zungenvordersaum und obere Schneidezähne einpreßt. Die Übung wird 10- bis 15mal ausgeführt. Der Mund bleibt halb geöffnet, die Unterlippe berührt die Zunge nicht.
3. Wird ein Vakuum zwischen Vorderzunge und hartem Gaumen gebildet, das verschwindet, sobald der Mund geöffnet und die Zunge fast unmerklich zurückgezogen wird, wobei ein schnalzähnlicher Laut entsteht.
4. Die Zunge bildet ein Vakuum wie bei 3., hält es aber 3–4 Sekunden fest. Dabei unterstützt eine rechteckig geformte Sonde, die sich um den vorderen Zungenteil legt und dessen Spitze im Moment der Lösung des Vakuums halb frei läßt, wodurch sie zu vibrieren beginnt. In diesem Moment muß der Luftstrom stark durch den Mund geleitet werden unter aktiver Beteiligung des Zwerchfells, dessen Kontraktion zu tasten ist.

Iliew berichtet über gute Erfolge mit dieser Methode, auch bei Kindern, die schon lange die Schule besuchen und noch kein Zungen-r sprechen.

15. Elektrische Vibrationsmassage wird seit langem angewendet (*Flatau, Nadoleczny* u. a.). *Berendes* benutzt dafür jetzt die vibrierende Endkugel einer durch Exzenterscheibe bewegten, biegsamen Welle, legt sie dem Mundboden an und läßt dabei scharf ausatmen, „erst tönend, dann tonlos, während die Zungenspitze frei hinter den Zahnreihen schwebt und durch die Vibration zum Erzittern gebracht wird. Diese Bewegung spielt sich dann so ein, daß sie schließlich auch willkürlich hervorgebracht werden kann".

r ist ein sterbender Laut, ein Halbvokal, nur noch im Anlaut von Wörtern, Silben und anlautenden Konsonantenverbindungen deutlich gesprochen. Bei zu starkem und langem Schwingen ist das r zunächst mit weniger Atem und völlig entspannt, fast schläfrig zu bilden (*Drach*). *O. Stern* übt es mit stimmlosem Verschlußlaut, wie in *Wort, Gurke*.

Vatter empfahl bei Gehörlosen folgenden Weg: *Frosch, frech* usw. werden erst als *fosch, fech* gesprochen. Dann ließ er bei gleicher Kürze r einfügen. *Wichtig ist schnelles und leises Sprechen der Übungsworte* (*Drach*). Im allgemeinen ist zu empfehlen, das Zungenspitzen-r in Flüstersprache zu üben (zit. bei *Gutzmann sen.*).

Das Zungen-r kann auch nasal gesprochen werden. Es klingt dann schnarchend. Dieser unerwünschte Klang wird mit unter „Offenes Näseln" beschriebenen Hilfen beseitigt.

Da vor allem bei Gehörgeschädigten das *r* oft stimmlos gesprochen wird, sind Übungen vorzunehmen, um es stimmhaft zu machen *(O. Stern)*.

1. a) Lippen-, Zäpfchen- und Zungenspitzen-*r* stimmlos sprechen,
   b) Lippen-, Zäpfchen- und Zungenspitzen-*r* stimmhaft sprechen, Stimme am Kehlkopf abtasten.

Genügt das noch nicht, so übt man:

2. a) Lippen-*r* zunächst stimmlos, dann stimmhaft,
   b) Zäpfchen-*r*, zunächst stimmlos, dann stimmhaft,
   c) Zungenspitzen-*r*, zunächst stimmlos, dann stimmhaft.

Genügt beides nach wiederholten Versuchen nicht, so wird geübt:

3. a) *f*, *ss*, *ch*$_1$ und anschließend Lippen-, Zäpfchen-, Zungen-*r* stimmlos.
   b) *w*, *s*, *j* und anschließend Lippen-, Zäpfchen-, Zungen-*r* stimmhaft.

Man kann auch zwischen stimmlos und stimmhaft abwechseln:

4. stimmlos   stimmhaft
f .... *w*
ss .... *s*
ch$_1$ .... *j*
Lippen-*r* .... Lippen-*r*
Zäpfchen-*r* .... Zäpfchen-*r*
Zungenspitzen-r .... Zungspitzen-*r*

Zäpfchen-*r*

Lippen und Kiefer sind beliebig weit offen. Der Zungenrücken ist nach dem Zäpfchen zu gehoben und bildet eine Rinne in der Mitte. Das Gaumensegel schließt nach oben ab. Der untere Saum mit dem Zäpfchen hängt frei. Das Zäpfchen schwingt etwa 20mal je Sekunde *(G. Lindner)* (Abb. 21, 22). Zäpfchen-*r* kann mit oder ohne Stimme gesprochen werden.

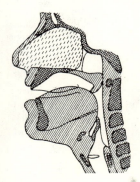
Abb. 21 Zäpfchen-*r*

Abb. 22 Zäpfchen-*r*

1. *Der Klang des Zäpfchen-r erinnert ans Rattern oder Schnurren des Glücksrades und dem ähnliches oder z. B. an das Krra der Krähe.*
2. *Abgetastet wird an Kehlkopf, Mundboden, Brust, Scheitel und in der hohlen Hand vor dem Mund. Die Schwingungen des Kehlkopfes können auf einen*

darübergespannten Streifen dünnen Papiers übertragen werden. Bei stoßweisem, scharfem Angeben des Zäpfchen-r spürt man den Zwerchfellschlag – über dem Magen – besonders deutlich (E. P. Seidner).

3. *Ein Zäpfchen-r erzielt Polster mitunter sehr schnell, wenn er es vorspricht und das Kind dabei an den Seiten krabbelt.*
4. *Man gebe ein wenig Wasser in den Mund und lasse gurgeln (zit. bei O. Stern). Dassselbe erreichte ich bei Gehörlosen auf folgende Weise: Kopf zurücklegen, a aushalten lassen, dabei ein wenig Wasser in den Mund geben.*
5. *Gehe ich vom ch_2 aus, lasse die Stimme angeben und möglichst wenig Luft ausströmen, so ergibt sich ein brauchbares r.*
6. *Gutzmann sen. geht vom ch_2 aus und drückt mit dem waagerechten Zeigefinger vor dem Zungenbein nach oben (Vibrieren!).*
 Liebmann ging vom ä aus. Fourgon läßt ara üben.
7. *Froeschels läßt am hinteren Mundboden abtasten und zugleich mit dem Zeigefinger des Schülers schwache Stöße gegen den Zungenrücken in der Richtung von vorn nach hinten ausüben, während die Stimme tönt. Der Schüler hat den Hinterkopf an der linken Schulter des Lehrers.*
8. *Jaworek-Zaborsky behandeln nasales Zäpfchen-r mit akrrakrakra-Übungen (auch mit anderen Vokalen).*

Liebmann übt dieses r erst im Anlaut, dann im Inlaut. r am Ende verschmilzt mit dem vorangehenden Vokal, wenn auch nicht vollständig, sondern mehr diphthongartig (Kossel).

Reibe-r

Die Hinterzunge bildet mit dem weichen Gaumen eine Enge, in der die ausströmende Luft ein schwaches Reibegeräusch erzeugt, das mit Stimme oder auch ohne gesprochen wird und dann dem ch_2 ähnelt. Beide Formen sind in der Umgangssprache anstelle des Zäpfchen-r zu hören. Dieses Reibe- oder Gaumen-r ist nicht zu empfehlen, da es zu gaumigem Sprechen und gepreßt-kratziger Stimmgebung führen kann *(Fiukowski).*
F. A. und *F. F. Rau* berichten über eine dem Gaumen-r ähnliche Fehlbildung, bei der die Zunge keine Rinne in der Mitte hat und mit dem Velum einen schmalen Spalt bildet. Gaumen und Zäpfchen schwingen zusammen.

Kehlkopf-r

Das Kehlkopf-r ist ein knarrendes Geräusch, das entsteht, wenn man die der Singstimme erreichbare untere Tongrenze zu unterschreiten versucht *(Brücke).* Es wird an den Stimmlippen ohne bestimmte Tonhöhe mit sehr geringem Luftverbrauch gebildet *(G. Lindner).* Manchmal tritt es bei Gehörlosen auf. Da es nachteilig auf die Stimme wirkt, sollte man es vermeiden. Zungenlose verwenden es als *r-Ersatz (Nadoleczny).*

2.2.2.2. Seitenengelaut l

Lippen und Kiefer sind geöffnet. Der vordere Zungensaum liegt breit an oder hinter den oberen Schneidezähnen. Die Luft strömt über die Zungenränder hinweg aus. Der Zungenrücken darf in der deutschen Sprache nicht zu hoch und nicht zu weit zurückliegen. Das Gaumensegel schließt dicht ab. Die Stimmbänder schwingen (Abb. 23 u. 24).

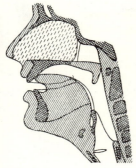

Abb. 23 *l* Abb. 24 *l*

Die beschriebene Zungenstellung ist nicht unbedingt erforderlich. Es genügt, wenn nur der eine Zungenrand frei ist, während der andere anliegt. Ja, selbst beide Zungenränder können den Gaumen längs der oberen Zahnreihe ziemlich weit nach hinten berühren *(C. Schwarz)*. Auch braucht die Zungenspitze nicht unbedingt hinter den oberen Schneidezähnen zu liegen; sie kann in mittlerer Höhe schweben oder sogar an den unteren Schneidezähnen liegen, während der Zungenrücken sich hebt, um den *l*-Klang hervorzurufen. Bei falsch sprechenden Personen sollte man aber auf jeden Fall versuchen, die richtige Stellung der Sprechwerkzeuge zu erreichen, falls nicht Lähmungen usw. dies verhindern. Von einzelnen Autoren, wie *Baldrian, Freunthaller,* wird empfohlen, das *l* nicht isoliert zu artikulieren.

1. *l* ist manchmal beim Weinen zu hören („Weinepeter"). Es wird als Gaumendrücker bezeichnet (Mical). Gut verwendet wird es beim Singen: lalala, lululu usw., oder in Wörtern wie Ball, fall, mal, lieb.
2. Abtasten läßt sich das *l* an Wangen, Kehle und Scheitel oder vor dem Mund mit dem Handrücken oder der hohlen Hand, vor allem, wenn man dabei die Zungenspitze von einer Seite auf die andere wandern läßt. Dadurch wird auch das Absehen erleichtert (Baldrian). Fourgon empfiehlt bei Gehörlosen Abtasten des Luftstroms mit einem Finger des Schülers an den Mundwinkeln, außerdem Abtasten an Unterlippe und Wangen bei der wechselnden Aussprache der Silben wa, la, wobei die Konsonanten zu halten sind. Young setzt Daumen und Zeigefinger auf die Oberlippe, um dem Schüler anzudeuten, wie weit sich die Zunge hinter den Schneidezähnen anlegen soll.
3. *Wolke* ließ als Vorübung für *l* das Kind nachahmen, wie die Katze Milch trinkt. *Coën* übte: Die Zungenspitze in *d*-Stellung bringen, dann weit herausstrecken, spitzen und stark anspannen, dann wieder zurückziehen. Die ganze Übung ließ er bis zur Ermüdung wiederholen. *F. A.* und *F. F. Rau* lassen ebenfalls zeitweilig die Zungenspitze zwischen die Zähne nehmen. *Van Riper* erzielt *l* mit schnellem Sprechen von *tada, nala,* u. ä. Oder er läßt bei gespreizten Mundwinkeln langes *n* tönen und dabei die Zungenspitze nach hinten oben drehen.

Jussen verdeutlicht den gehörlosen Schülern die notwendige Festigkeit und

Spannung für die bilaterale Engenbildung der breitliegenden Zunge durch Anstemmen des Daumens gegen die Handfläche.
4. *Gutzmann sen.* ließ *a* sprechen und die Zungenspitze heben; *Magnat* ließ sie dabei weit herausstrecken (auch bei *o, e*). *Freunthaller* läßt die Oberlippe mit der Zungenspitze berühren. Dann muß man sie nach oben und innen drücken. Auch durch mäßig schnelles Sprechen von *lalala, lelele* ... kann die Zungenspitze wieder hinter die Zähne gebracht werden.
Wenn die Stellung nicht sofort gefunden wurde, ließen *Jäger* und *Riecke* die Zungenspitze zuerst zwischen obere Schneidezähne und Oberlippe stecken und dann zurücknehmen.
Im allgemeinen soll die Zunge nicht aus dem Mund herausgestreckt werden. Diese häßliche Angewohnheit tritt bei Gehörlosen mitunter stark auf. Dann legt man beim Üben von Silben und Wörtern den Zeigefinger des Kindes waagerecht vor oder zwischen die Schneidezähne.
5. Die Nase wird zugedrückt, der Mund weit aufgemacht, die Zungenspitze an die Oberzähne gebracht und ein Kehlton angegeben *(Nadoleczny)*.
6. Wird *n* statt *l* gesprochen, so läßt *Liebmann* plötzlich den Mund weit öffnen. Beim Senken des Kiefers lösen sich dann oft die Zungenränder.
F. A. und *F. F. Rau* lassen die Zunge schmal aus dem Mund strecken, die Zungenspitze auf die Oberlippe legen und die Luft seitlich herausblasen, später die Zungenspitze auf die Oberzähne legen und die Stimme hinzufügen. Dazu kommen Silbenübungen mit *pla – plo – plu* ...
7. Wird *n* gesprochen, so läßt *Lachs* ein Stäbchen, *Gutzmann sen.* eine Schnur über die Zunge hinter der Spitze legen. Die beiden freien Enden der Schnur zieht *Gutzmann sen.* mit einer Hand nach unten; mit der anderen Hand verschließt er gleichzeitig die Nase. Das Stäbchen, das *Lachs* benutzt, empfahl *Weißweiler* noch zu drehen. Auch *F. A.* und *F. F. Rau* erzielen, wenn nötig, die seitlichen Spalten mit einer Sonde. Sie lassen bei nasaler *l*-Bildung in der *l*-Stellung der Zungenspitze übertrieben stark ausatmen, wodurch sich das Gaumensegel anlegt. Außerdem lassen sie mit dem Finger oder dem Vibroskop an der Nase tasten.
8. Wird *t* oder interdentales *s* statt *l* gebildet, gehen *F. A.* und *F. F. Rau* mit den gleichen Mitteln vor wie bei nasaler Bildung oder bei Ersatz des *l* durch *n* und lassen das *l* länger halten.
9. *Gude* hatte mitunter Erfolg, wenn er die Artikulationsstellen berührte. Andere bestreichen den Gaumen hinter den oberen Schneidezähnen mit Honig, Zuckerwasser oder ähnlichem.
10. Wenn *l* nasal klingt, läßt *Baldrian* die Zungenspitze nach *b, s, f* mitreißen: *bla, sla; b, s, f* sind dabei stark zu sprechen. Um dem Näseln des *l* vorzubeugen, läßt er *l* vor *n* einüben. *Fourgon* läßt *palaba* üben, ohne daß sich die Zunge beim *a* zurückzieht. Dann geht er über *pol* zu *l* über.
11. *Maeße weist mit Recht darauf hin, daß Gehörlose beim l häufig den Mund zu weit öffnen, worunter der Klang des Lautes leidet. Wenn der Spiegel nicht hilft, so empfiehlt er Lallübungen mit e oder i: lele ..., lilili. Dabei soll die Zunge kräftig bewegt werden.*
12. *Um Gehör und Muskelempfindungen zu genauer Unterscheidungsfähigkeit zu erziehen, übe man $l-n-l-n-l-$ ... Die Hebung der Zungenspitze soll in allen Vokal- und Konsonantenverbindungen geübt werden.*

2.2.2.3. Nasal m

Die Lippen sind locker geschlossen. Der Unterkiefer ist leicht gesenkt. (Zähne nicht geschlossen lassen!) Die Zunge berührt die untere Zahnreihe und liegt flach im Mund. Das Gaumensegel hängt schlaff herunter. Die Stimmbänder schwingen (Abb. 25).

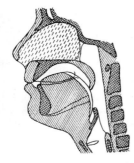

Abb. 25 m

1. *m* drückt aus: „*das schmeckt aber gut*" (mit der Hand den Magen klopfen und streichen), „*Bär brummt*", Flieger, Auto, Elektrische, stöhnen (E. Richter). Am leichtesten gelingt m in *Mama, Oma, muh, mäh, miau* u. a.
2. Abgetastet wird an Lippen, Wangen, Kehlkopf, Scheitel, Brust, Nasenflügel, Nasenscheidewand (wobei *Fourgon* den Finger horizontal ansetzt), Nasenrücken (*Young*), mit dem Handrücken am Kinn (*Ewings*), an einem Papier, welches man zwischen die Lippen nimmt (*Paul*), oder auch mit dem Zeigefinger des Kindes zwischen den Lippen des Lehrers (*Haycock*). Die hohle Hand vor dem Mund nimmt die Schwingungen sehr gut auf. Mit dem Finger spürt man die aus der Nase entweichende Luft. Die Stimme ist laut und deutlich anzugeben (*Nickel*). Man hört und empfindet sie besser, wenn man die Ohren zuhält (*Kerner*). Sichtbar sind nur die geschlossenen Lippen. Eine Flaumfeder wird von der Nasenluft bewegt. Ein kleiner, kalter Spiegel unter der Nase beschlägt (*Goguillot*).
3. *Daniel* gab Anweisung, ein *a* zu bilden und dabei den Mund schließen zu lassen oder ihn zuzudrücken, aber weiter *a* vorzusprechen. F. A. und F. F. Rau sprechen die Silbe *am* vor und lassen dabei abtasten. J. Wulff kommt in ähnlicher Weise vom Murmellaut-*e* zu mühelosem *m*.
4. *Jarisch* ließ *u* bilden und drückte die Lippen zu.
5. *O. Stern* macht den Lippenverschluß wie bei *p* vor, hält des Kindes Hand an den eigenen Kehlkopf und spricht *m*.
6. *Liebmann* drückt dem Kind die Lippen zusammen. Es empfiehlt sich, dabei leicht zu vibrieren und am Kehlkopf tasten zu lassen, wenn die Stimme nicht ertönt.
7. Wird *mba* statt *ma* gesprochen, so läßt H. Hoffmann das *m* lange aushalten. Wild läßt den Lippenverschluß nach dem lang ausgehaltenen *m* sehr langsam lösen: Zeitlupe! Man kann auch *h* dazwischenschieben: *mha*.
Wiedner beseitigt das *b* in *schmbal* durch einen leichten Fingerstrich von der Nase zur Mundöffnung. F. A. und F. F. Rau benutzen zur Kontrolle der Vibra-

tion das Vibroskop und lassen in hartnäckigen Fällen zwischen *m* und Vokal eine Pause machen.
8. Wird *mna* statt *ma* gesprochen, so drückt *Vatter* erst die Zungenspitze herab. *Gutzmann sen.* wies darauf hin, daß, wenn bei *m* die Zunge zu *n* gehoben ist, die Vibration der Lippen nachläßt. Abtasten! Wird die ganze Zunge am Gaumendach angedrückt, was sich durch eine eigenartige Klangleere des *m*, durch einen *ng*-ähnlichen Klang und oft durch einen Schnalzlaut bei der Verschlußöffnung äußert, so läßt *Freunthaller* die Kiefer weiter öffnen und an den Wangen tasten. *Bangert* empfiehlt, die Zunge mit dem Spatel niederzuhalten sowie Lockerungsübungen mit den Silben *ba – ma . . .* vorzunehmen.
9. Entweicht bei *m* noch etwas Luft durch die nicht fest geschlossenen Lippen, so bemerkt man dies, wenn man nach *O. Stern* einen Handspiegel mit nach unten gerichteter Glasfläche waagerecht an die Oberlippe hält. *Klinghardt* hielt zu diesem Zweck ein Lineal mit der einen Längskante zwischen Nase und Mund, mit der anderen stemmte er es an eine kalte Fensterscheibe. Zeigt sich nicht nur auf der oberen, sondern auch auf der unteren Fläche des Lineals und auf dem unterhalb des Lineals liegenden Teil der Scheibe ein Beschlag, so ist das *m* nicht rein nasal. Man erzielt einen besseren Lippenschluß, indem man kräftig *p* übt oder besondere Lippengymnastik treibt (s. 2.2.2.13.).
10. Bei zu starkem Lippendruck schnellt *Haycock* die Unterlippe des gehörlosen Schülers mit der Fingerspitze rasch, aber sanft nach abwärts, während *m* ertönt, so daß *mememe . . .* daraus wird. Das Kind muß das dann selbst tun und mit langem Summen die Übung beenden.
11. Wenn das *m* zu leise klingt, übt *Freunthaller* abwechselnd mit weit gesenktem und normal gestelltem Unterkiefer.
12. Wird *a* nach *m* teilweise oder ganz nasaliert, so läßt *Fourgon* sehr langsam *ama* oder *imi* sprechen und geht dann über *ima* oder *ami – ama* weiter zu *ma*.
13. Bei einem mit Kopfstimme gesprochenen *m* gehen *F. A.* und *F. F. Rau* von *a* aus, lassen die gehörlosen Kinder am Kehlkopf tasten und weisen darauf hin, daß beim Übergang zum *m* keine Veränderung stattfindet und der Kehlkopf nicht höher steigt.
Jussen läßt zu hohes *m, n* oder *ng* sehr lange aushalten, so daß der Ton am Ende von selbst leiser und tiefer wird.

2.2.2.4. Nasal n

Die Stellung der Lippen und der Kiefer ist beliebig. Der vordere Zungensaum liegt hinter den oberen Zähnen oder am Zahndamm an (apikale Bildung). Bei dorsaler Bildung liegt der vordere Zungensaum an den unteren Schneidezähnen, und der Zungenrücken legt sich an obere Schneidezähne und Zahndamm an. Das Gaumensegel hängt schlaff. Die Stimmbänder schwingen (Abb. 26 u. 27).

1. *n* kann ausdrücken: *Nachdenken, Verneinen, Singen, Schütterton des Gongs* (Ehmert), „*der Hund fletscht die Zähne und knurrt*". *Beim Lutschen oder Saugen entsteht eine ähnliche Zungenhaltung (H. Hoffmann). n wird leicht gebildet in Hahn, Bahn, Mann, nanu, fein, weinen, mein, dein u. a.*
2. Abgetastet wird an den Nasenflügeln (*Amman*), an der Nasenscheidewand mit

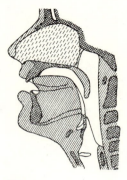

Abb. 26 n Abb. 27 n

horizontal gestelltem Zeigefinger *(Fourgon)*, an Kehlkopf, Unterkiefer, Zungenkörper *(O. Stern)* oder -spitze *(Gutzmann sen.)*, an Brust und Scheitel und indem man die hohle Hand vor den Mund hält. *Jarisch* ließ mit dem Finger vor der Nase die entweichende Luft tasten. Zähne und Zungenspitze sind zu sehen. Ein Druck mit der Fingerspitze über der Mitte der Oberlippe hilft, der Zunge die richtige Anlegestelle zu weisen *(Young)*.
F. A. und *F. F. Rau* gehen von der Silbe *an* aus, die von Gehörlosen leichter gebildet wird als die Silbe *na*, in der oft Zwischenlaute gesprochen werden.
J. Wulff summt bei Hörenden vom Murmellaut *e* mühelos ins *n* hinüber.
3. *Ehmert empfiehlt, die Zähne aufeinanderzustellen, zu lächeln und dabei zu versuchen, m zu sprechen.*
4. *Gutzmann läßt in den Spiegel sehen, m sprechen und dabei die Zunge breit herausstrecken. Ehmert empfiehlt, dabei zu lächeln, wobei sich die Lippen von der Zunge wegziehen, und zuletzt die Zunge hereinzuziehen.*
5. *O. Stern ließ das gehörlose Kind ruhig durch die Nase atmen und mit dem Finger die austretende Luft wahrnehmen. Dann zog er ihm die Unterlippe herunter und gab die Stimme an (abtasten lassen). Just läßt bei geschlossenem Mund derb durch die Nase blasen, damit dem Kind bewußt wird, daß die Luft diesen Weg nimmt.*
6. Das Kind muß *e* sprechen, mit der Zungenspitze zwischen den Zähnen, damit die Luft durch die Nase entweicht. Dann ließ *Magnat* die Zunge schnell in *n*-Stellung zurückziehen und weitertönen.
7. *Graser* läßt das Kind den Zeigefinger auf des Lehrers Zunge legen, während dieser *n* spricht. Der Zungendruck ist zu spüren.
8. *Liebmann* drückt die Zungenspitze bei aufeinandergestellten Zähnen dicht hinter dem Kinn vom Mundboden aus hoch.
9. In hartnäckigen Fällen lasse ich *m* sprechen, indem ich dabei den Daumen auf das Kinn und gleichzeitig den Zeigefinger hinter das Kinn lege. Mit einer einzigen Bewegung ziehe ich dann die Unterlippe herunter und drücke die Zungenspitze vom Mundboden aus hoch, so daß nun *n* ertönt.
10. *Kerner empfiehlt, die Artikulationsstellen mit Löschpapier, Läppchen, kaltem Wasser, Essig und ähnlichem zu bestreichen oder mit Spatel oder Stäbchen zu beklopfen.*

11. Unter Umständen empfiehlt es sich, die Mundwinkel zuzuhalten, damit keine Luft durch den Mund ausströmt *(Walther)*. In diesem Fall werden auch Silbenübungen mit einem betonten Vokal empfohlen *(Baldrian)*.
12. Mitunter kommt es bei Gehörlosen vor, daß *n* wie *j* gebildet wird. Dann läßt *Maeße* die Zunge gut vornehmen, wodurch ein besserer Verschluß erzielt wird. Notfalls läßt er die Zunge zwischen die Zähne schieben, dabei die Nase mit einem oder mit beiden Zeigefingern abtasten und eventuell in schnellem Wechsel den einen oder anderen Zeigefinger anlegen, um Vibrationen und Luftstrom durch die Nase deutlich wahrnehmbar zu machen.
13. Entsteht nach dem *n* ein *d*, z. B. *nda* statt *na*, so fügt *Goguillot h* ein. *Wirsel* bringt einen dünnen Gegenstand zwischen die Zähne, womit er in dem Augenblick, da zu dem Vokal übergegangen werden soll, die Zungenspitze von den Zähnen abdrückt.
    Ein Senken des Zungensaumes im „Zeitlupen"tempo (Wild) ist oft erfolgreich.
14. Wenn schon *t* gesprochen werden kann, dann macht *O. Stern* den *t*-Verschluß vor, sprengt ihn aber nicht, sondern läßt ihn stimmhaft halten, wobei gleichzeitig abgetastet wird.
15. Wenn das *n* zu leise klingt, übt *Freunthaller* abwechselnd mit normalem und weit gesenktem Unterkiefer.
16. Wird von Gehörlosen *di* statt *ni* gesprochen, so ist das nach *Fourgon* die Folge davon, daß das *n* nicht mit dem Vorderteil der Zunge, sondern mit der Zungenspitze angebildet worden ist.
17. Wird der auf *n* folgende Vokal nasaliert, läßt *Fourgon ini,* dann *oni,* dann *ana* und schließlich *na* üben. Voraussetzung für den Erfolg ist, daß die Vokale an sich klar gebildet werden.
18. *Wird die Zunge an den Gaumen gedrückt, so daß ein ng-ähnlicher Laut erklingt, sind Zungenübungen nötig: Zungenränder heben, den Zungenrücken dabei flach lassen, mit der Zunge eine Mulde bilden und die Ränder an die oberen Alveolen legen! (Haycock). Übungsreihen mit la – na – la – na . . . oder lä – nä – lä – nä . . . sind zweckmäßig. C. und P. Martens üben Wörter wie lange – angehen, hingen – hingegen, dunkel – unklar.*
    F. A. und F. F. Rau prüfen dann erst das m und verbessern dort den Fehler (s. 2.2.2.4.). Danach geht man zu n über.
19. *Wird vom Gehörlosen l statt n gesprochen, und hilft ein Tasten am Nasenflügel allein nicht, so streiche ich mit der Fingerspitze nach dem Mundwinkel herunter (eventuell mit beiden Zeigefingern). Auch das Auseinanderdrücken von Zeigefinger- und Daumenspitzen (Ewings), wodurch das Breitlegen der Zunge und Anlegen an die Alveolen angedeutet wird, kann helfen.*
20. Wird *m* statt *n* gesprochen, so üben *C. und P. Martens* Wörter mit *nf* wie *fünf, Senf, sanft* usw., lassen dabei aber die Lippen nicht schließen und die Oberlippe beim Übergang vom *n* zum *f* nicht senken.
21. Zur Übung der Unterscheidungsfähigkeit werden Reihen gesprochen: *n – l – n – l . . .* und *m – n – ng – m – n – ng . . .* zugleich mit Atemübungen.

2.2.2.5. Nasal ng

Lippen und Kiefer sind beliebig geöffnet. Der vordere Zungensaum bleibt hinter den unteren Schneidezähnen liegen. Der Zungenrücken ist bis zum Gaumen hochgewölbt, aber nicht zu weit hinten. Das Gaumensegel hängt schlaff herunter (Abb. 28 u. 29).

Abb. 28   ng

Abb. 29   ng

ng ist ein einheitlicher Laut, keine Lautverbindung.
Im Auslaut und vor Konsonanten wird der ng-Verschluß mehr und mehr mit dem g- oder k-Laut gelöst (v. Essen).
Vor k oder x bezeichnet der Buchstabe n den Laut ng, zum Beispiel in Dank oder in Sphinx, jedoch nicht in Zusammensetzungen, wie unklar, konkav. Folgt dem ng ein vollstimmiger Vokal, so wird der Verschlußlaut g mitgesprochen: Kongo = Kong – go, Ungarn = Ung – garn. Beim gemurmelten e oder schwachen i gilt diese Regel nicht: Engel, abhängig (Siebs).

1. ng kann als Schütterton des Gongs oder Kuchenblechs bezeichnet werden (Ehmert). Es wird leicht gebildet in lang, Dank, danke, Onkel u. a. Abgetastet wird an den Nasenflügeln, mit horizontal gestelltem Zeigefinger an der Nasenscheidewand (Fourgon), mit fest angesetztem Finger am Nasenrücken (Young), mit 2 Fingern auf dem Nasenrücken – auf jeder Seite einen – (Ewings), an Zähnen, Zungenrücken, Gaumen, Scheitel, Unterkiefer, Brust und Kehlkopf, oder indem man die hohle Hand vor den Mund hält. Beim Absehen spielt man „Verstecken" mit der Zunge. Friedländer läßt gähnen, um dadurch das ng zu erlernen. J. Wulff reibt bei weit offenem Munde den Bauch, „weil es so gut schmeckt", und brummt ng.
2. O. Stern läßt bei weit geöffnetem Mund durch die Nase ein- und ausatmen und dann die Stimme angeben.
3. Gutzmann sen. läßt n sprechen und legt vorher den Finger auf die Zungenspitze, dann entsteht ng.
4. Freunthaller läßt von Gehörlosen n sprechen, preßt aber die Zungenspitze hinter die unteren Schneidezähne. Beim Üben läßt er allmählich die Kiefer weit öffnen. An der Nase abtasten lassen, um die Luft immer durch die Nase zu lenken!

5. *Liebmann* fixiert die Zungenspitze mit Hilfe der eingedrückten Backenhaut und drückt gleichzeitig die Zungenwurzel hoch.
6. Wenn der Mund sehr weit offen ist, braucht man bei Hörenden nur leicht den Mundboden vor dem Zungenbein hochzudrücken und zum Brummen aufzufordern.
7. Dieselbe Hilfe bewährte sich beim Ausgehen vom ch_2.
8. Man kann auch ein *u* bilden lassen und die Zunge von hinten her hochdrücken. Stimme soll weitertönen!
9. *Rapp* ließ von Gehörlosen Wasser in den Mund nehmen und *a* sprechen.
10. Wenn *k* gesprochen wird, zeigt man den *k*-Verschluß und gibt dazu die Stimme an *(O. Stern)*.
11. Fehlt nur das *ng*, so erzielt es *Nadoleczny* durch Silbentrennung. Wird zum Beispiel *Ennel, Annel* statt *Engel, Angel* gesprochen, so trennt er in *En–gel, An–gel*. Man läßt dabei die Stimme abtasten.
12. Ertönt das *ng* zu leise, so übt *Freunthaller* abwechselnd mit nur wenig und mit stark gesenktem Unterkiefer.
13. Ist die Mundöffnung zu weit, so daß Zungengrund und Velum sich zu weit hinten berühren, läßt *Haycock* das vordere Heben der Zunge üben und den Kieferwinkel verkleinern.
Wird „Schlangge" statt „Schlange" gesprochen, so übt *Maeße* zunächst, daß isolierte *ng*. Dann schließt er das *e* dem *ng* an, indem er den Unterkiefer helfend nach unten drückt. Dabei entsteht die gewünschte Öffnung gewöhnlich ohne den Explosivlaut *g*. *Haycock* demonstriert Gehörlosen mit einer brennenden Kerze oder mit der tastenden Hand, daß keine Explosion der Atemluft stattfindet. Bei *ng* am Wortende weist er darauf hin, daß die Stimme aufhört, bevor die Zunge sich senkt.
C. und *P. Martens* üben Silbenfolgen wie *ming – mang, meng – mong*, wobei *ng* in das folgende *m* übergehen soll. An diese Silben schließt sich dann ein Wort an wie *Hering, Zeitung*, weiter mit *ng* vor Folgesilben wie *langsam, Gefängnis*, und schließlich werden Wortpaare geübt wie *bang – Bank, er sang – er sank, er fing – der Fink*.

2.2.2.6. Hauchlaut h

h kann in jeder Vokalstellung gesprochen werden. Es ist der gehauchte Einsatz des folgenden Vokals, auf den das ganze Ansatzrohr schon eingestellt ist. In der Stellung für *i* oder *ü* kann es aber dem ch_1 ähnlich klingen *(Wängler)*, wenn die Zungenränder etwa zu hoch gehoben sind.
Das *h* wird nur vor einem vollstimmigen Vokal gesprochen: *hart, Gehalt, herzhaft, Wilhelm*. Bei *Mathilde, Walther* ist das *h* stumm, da es einem Verschlußlaut folgt: in Neubildungen jedoch, wie *Gotthold, Gotthelf*, ist es zu hören. Das Dehnungs-*h* wird nicht ausgesprochen: *ruhig* usw. *(Siebs)*.

1. *h* kann ausdrücken: Keuchen, Seufzen, Heulen, Außer-Atem-sein. Beim Lachen in hahaha, hohoho, hehehe oder hihihi klingt es ganz natürlich *(Ewings)*, auch beim Rufen mit *he, hü, ho, hopp, hott, hallo*.
Wenn man in die Hände haucht, entsteht ein *h*. Die ausströmende Luft wird im

Winter sichtbar. An der kalten Fensterscheibe oder am kalten Spiegel schlägt sich der Hauch nieder. Auf eine zugefrorene Scheibe haucht man mit h ein Guckloch (Zacher). Ewings empfehlen bei gehörlosen Kindern, zunächst große, dann sehr kleine Flecke auf eine Fensterscheibe hauchen zu lassen, damit die Kinder lernen, h mit wenig Luft zu bilden. J. Wulff läßt flöten: huuh! huuh!, aber ohne zu sprechen, nur mit der Mundstellung des u. Leichte Gegenstände (Papierschnipsel, Watte, Federn usw. lassen sich forthauchen. Beim Hauchen wird jedoch Luft verschwendet (Walther). Das richtige h ist mit wenig Luft zu sprechen. Abgetastet wird zweckmäßig über dem Magen oder an den Flanken, weil dort der Atemstoß, der jedoch nur gering sein soll, am besten zu spüren ist.
2. Bei entsprechenden Atemübungen (durch die Nase ein-, durch den Mund ausatmen) ergibt sich das h von ganz allein (O. Stern).
3. O. Stern läßt p, t oder k zuerst stark behaucht sprechen; dann läßt er den Verschlußlaut weg.
4. Wenn dem Schüler das Hauchen nicht gelingt, so empfiehlt Liebmann, beim Einsatz eines Selbstlautes dem Kiefer seitlich einen sanften Stoß zu geben.
5. Young läßt das Kind auf dem „Sprechtisch" liegen, drückt mit einer Hand in der Gegend des Zwerchfells nach innen und oben und zieht gleichzeitig mit der anderen Hand den Unterkiefer herab. Die dabei entweichende Luft gleicht dem h.
6. Wird ch_1 statt h gesprochen (besonders in Verbindung mit i und ü), so ist die Zunge zu hoch gehoben und der Luftstrom nach den Zähnen gerichtet. Dann ist darauf hinzuwirken, daß die Zunge flacher gelegt wird, so daß sich die Luft nur im Kehlkopf zu reiben scheint.
7. Wird ch_2 statt h gesprochen, so drückt Weißweiler bei Gehörlosen die Zunge nieder.
C. und P. Martens lassen die Zunge entspannt bis an die unteren Schneidezähne vorschieben und den Mund- und Rachenraum weit denken. Damit das gelingt, werden zunächst nur Wörter geübt, bei denen ein a dem h folgt.
Klingt h gepreßt oder gar schnarchend, läßt Jussen das Kinn senken und die Zunge flach legen, notfalls auch den Neutralvokal wiederholen, das folgende h dabei mit Vokalen wie e, a, o verbindend, die den Kehlraum erweitern.
8. Haycock läßt kurze, scharfe Atemstöße in den verschiedenen Vokalstellungen durchführen (dreimal während eines Ausatmens, ohne dazwischen einzuatmen), verbindet dann das h mit dem Vokal und fügt es auch zwischen Vokale ein, indem er in bleibender Vokalstellung die Stimme aussetzt und nur haucht. Wird das h am Anfang zu stark gehaucht, so läßt Haycock es weg und ersetzt es durch einen „schwachen" Einsatz.
Jussen unterscheidet die beiden Einsätze neben Lautgebärde auch durch Lautschrift.

2.2.2.7. Engelaut f

f ist ein stimmloser Reibelaut.
Die Unterlippe ist sanft an die oberen Schneidezähne gelegt. Die Zunge liegt flach am Mundboden. Die Zungenspitze befindet sich meist in gleicher Höhe wie bei der jeweiligen s-Bildung (Froeschels-Pfefferbaum). Das Gaumensegel liegt dicht an der

Rachenwand. Der Luftstrom streicht breit zwischen dem mittleren, etwas eingekerbten Teil der Unterlippe und den Zahnschneiden hindurch, bleibt jedoch anstrengungslos leicht (Abb. 30).

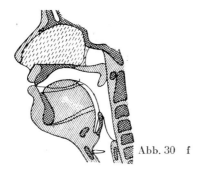

Abb. 30 f

ph ist als *f* zu sprechen. *v* wird im Anlaut deutscher und früh eingedeutschter Wörter wie *f* gesprochen: *Vater, Vers, Vesper;* im Inlaut schwankt die Auffassung zwischen *f* und *w: Trave.* Bei Fremdwörtern wird *v* im An- und Inlaut wie *w*, im Auslaut wie *f* gesprochen: *Villa, Lava, Substantiv (Siebs).*

1. *Bei f kann man an ein Ventil erinnern, das beim Öffnen faucht. Im Schmerz wird f inspiratorisch gebraucht. Man kann „Wind machen", etwas Leichtes wegblasen (Wolke), eine Kugel in eine Rinne blasen (O. Stern), Licht ausblasen, „heiße Suppe oder eine Windmühle anblasen" usw. Remmler läßt mit dem Besen kehren und dabei mit f – f – f oder f . . . t – f . . . t – das Geräusch nachahmen. J. Wulff erzielt f mit labio-dentalem Seufzen oder spricht vom strömenden Dampf. Die ausströmende Luft wird mit dem Handrücken oder mit der hohlen Hand abgetastet. Die Lippenstellung läßt sich gut absehen. Der Laut ist leicht zu bilden in viel, voll, faul, fein, fett, Vogel u. a.*
2. *Liebmann reizt das Kind zum Lachen und läßt dabei derb blasen.*
3. *Die Oberlippe zieht man hoch, indem man die Nase rümpft.*
  Dabei legt sich gewöhnlich die Unterlippe ganz leicht an die Oberzähne, und nun läßt man leicht blasen. Oder man fordert das Kind auf: „Beiß mal auf die Unterlippe und blase dabei!"
  Gutzmann jun. läßt auf ein Glasröhrchen, einen Hohlschlüssel oder ein Hohlpfeifchen blasen, das senkrecht von unten gehalten wird; dabei entsteht ein f. Das Röhrchen kann etwa einen halben Zentimeter Durchmesser haben und soll an einer Seite zugeschmolzen sein.
4. *Der Zeigefinger wird auf die Nase gelegt, und der Daumen zieht die Oberlippe hoch. Wenn der Schüler nicht selbst in der Lage ist, die Oberlippe zu heben, kann der Lehrer dies mit einem Handgriff tun.*
  Natürlich kann auch die Unterlippe, entweder vom Lehrer oder besser vom Schüler selbst, mit den Fingerspitzen oder mit einem von der Seite aufgelegten Finger (van Riper) an die obere Zahnkante gedrückt werden. Der Schüler bläst dann auf den Finger, um ihn abzukühlen. Young regt den Atem an, indem sie in der Zwerchfellgegend leicht nach innen und oben drückt.

5. *Hill* läßt leicht auf die Unterlippe beißen, Lippen nicht einraffen! Stehen die Zähne zu fest auf, oder wird die Unterlippe eingezogen, so löse ich sie, indem ich das Kinn vibrierend etwas abziehe. *O. Stern* drückt die Unterlippe eventuell seitlich zusammen.
6. Die Backen dürfen nicht aufgeblasen werden *(O. Stern)*. Geschieht dies, so drückt man sie an die Zähne oder zieht sie nach oben.
7. *Die Berührungsstellen an Lippen und Zähnen bestreicht Kerner bei Gehörlosen mit einem Stäbchen, einem nassen Wattebausch usw. und läßt dann blasen.*
8. Wenn Luft durch die Nase entweicht, so hält *Reitter* diese zu oder läßt das *f* heftig in Stößen blasen. Abtasten!
9. Manchmal wird ein *s*-ähnlicher Laut hervorgebracht. Dann drückt *Goguillot* erst die Zungenspitze hinter die unteren Schneidezähne.
10. Bei lateralem *f* lassen *F. A.* und *F. F. Rau* die Mundwinkel zuhalten, um dadurch den Luftstrom zur Mitte zu lenken.
11. Wird *f* mit beiden Lippen gebildet, drückt oder zieht man die Mundwinkel etwas nach hinten hoch, wobei die Unterlippe sich an die obere Zahnkante anlegt.

2.2.2.8. Engelaut w

Die Stellung der Sprechwerkzeuge ist beim *w* die gleiche wie beim *f*, die Enge ist jedoch nicht so schmal. *w* wird mit Stimme gesprochen. Mundartlich wird es auch mit beiden Lippen gebildet. In der Hochsprache ist das jedoch nicht zulässig.
Die Schreibung *qu* wird wie *kw* gesprochen. In Fremdwörtern spricht man *v* im An- und Inlaut wie *w* (*Vase, Klavier*). Am Ende deutscher Orts- und Personennamen wird das *w* nicht gesprochen (*Finow, Lützow*).

1. *Man bläst beim w die heiße Suppe, spielt lauten Wind (Schulze), pfeift auf dem Röhrchen oder Schlüssel oder bläst den Staub weg, aber immer unter „Brummen", immer stimmhaft.*
 Die Lippenstellung läßt sich leicht absehen. Abgetastet wird an Lippen, Wangen, Kehlkopf, Brust, Scheitel und der hohlen Hand vorm Mund.
 Leichte Wörter sind: wo, wie, wer, warum, Wanne, Wind u. a.
2. *Froeschels läßt schnell und oberflächlich ein stimmhaftes f im Anlaut sprechen, das dann zu w wird. Gutzmann sen. läßt erst afwa und dann awa sprechen. Kloster-Jensen läßt Hörrestige bei f – w – f – w . . . die Ohren zuhalten, wobei ihnen der Wechsel von stimmlos-stimmhaft deutlich wird.*
3. *a – u – a – u – a . . . wird erst langsam, dann schneller in einem Atemzug gesprochen. Dabei wird das u dem bilabialen w ähnlich.*
4. *Wird ein Verschluß zwischen den oberen Schneidezähnen und der Unterlippe herbeigeführt, so geht O. Stern auf f zurück und läßt dieses mit kräftiger Luftgebung bilden.*
5. *Bell läßt bei Gehörlosen u sprechen und drückt von oben und unten die Lippen ganz leicht zusammen, so daß gerade noch ein Spalt offen bleibt. Er geht immer wieder zum u zurück.*
6. *Seeman geht ebenfalls vom u aus, um ein stimmhaftes w zu erzielen. Er läßt das u lange tönen und drückt mit dem Zeigefinger die Unterlippe leicht an die Kante der oberen Schneidezähne.*

7. Ist der Luftstrom zu breit, so hält *Gutzmann sen.* die Fingerspitze, eine Papierkante oder ein Pfeifchen an die Mitte der Unterlippe. Die ausströmende Luft richtet sich gewöhnlich von selbst darauf hin.
8. Manchmal lasse ich *m* sprechen, halte die Nase zu und gebe die Anweisung: „weiterbrummen!" Nach Sprengung des Verschlusses ertönt ein bilabiales *w*.
9. Ich lege bei Gehörlosen auch während das *m* ertönt, Zeige- und Mittelfinger einer Hand von der Seite auf die Ober- und Unterlippe und ziehe diese vibrierend ein wenig auseinander.

2.2.2.9. Engelaut s

Die Lippen sind locker geöffnet. Die unteren Schneidezähne stehen mit geringem Zwischenraum etwas hinter oder unter den oberen. Bei großem Kieferwinkel kann das *s* nicht mehr richtig gebildet werden. Die Zungenspitze liegt bei der dorsalen Bildung am Grund der unteren Schneidezähne, und die Vorderzunge wölbt sich nach oben (Abb. 31 – 33).

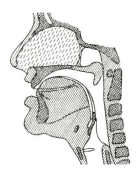
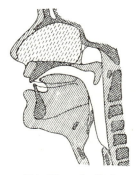
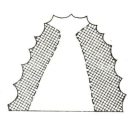

Abb. 31 s (dorsal)   Abb. 32 s (apikal)   Abb. 33 s

Bei der apikalen Bildung richtet sich die Zungenspitze nach den oberen Schneidezähnen, ohne diese zu berühren. *Putzger* stellte 1965 an 757 Jugendlichen und Erwachsenen fest, daß die apikale *s*-Bildung gegenüber der dorsalen weit überwiegt.[1] Bei einer Anzahl von Versuchspersonen fand er, daß sie zwischen apikaler und dorsaler Bildungsweise wechseln, was von Faktoren mannigfacher Art abhängt. Beide Arten sind dem Klange nach nicht voneinander zu unterscheiden, wie *Lettmayer* angibt und *Putzger* bestätigt, während *van Dongen* das apikale *s* als höher im Ton bezeichnet. Bei apikaler Bildung findet man häufiger Lispeln als bei dorsaler. *Mühlhausen* stellte fest, daß Überbiß die apikale Bildung begünstigt, während Menschen mit normalen Zahnverhältnissen oder leicht progenen Formen zu dorsaler Bildung neigen. Die Zungenränder liegen bei beiden Bildungsweisen an den

---

[1] *Wethlo* erkannte schon früher, daß einige Konsonanten sowohl apikal als auch dorsal gebildet werden können und *Harth* (1960) erweiterte auf d, t, n, c, z. *Lettmayer* berichtete 1936 von einer Statistik, die 2128 Wiener Schulkinder erfaßte, von denen nur 12,5 % apikales s sprachen, die übrigen dorsales, auch ein Beispiel für Polymorphismus (s. 1.20).

oberen Backzähnen an. Die Seiten der Zunge sind an den Gaumen angedrückt, während sich in der Mitte eine schmale Rinne einsenkt, die den Luftstrom zu einem Strahl zusammenfaßt. Das scharfe s-Geräusch entsteht nach *Meyer-Eppler* primär durch die Rauhigkeit der Wände an der engsten Stelle der Rinne etwa in Höhe der Eckzähne. Es wird nach *Meinhold* und *Reichenbach* „durch zusätzlich an den Zähnen, aber nicht an der unteren Schneidekante, auftretende Reibungen ‚ergänzt‘, sowie durch die Gestalt der beiden Räume vor der Enge modifiziert, wobei das Vestibulum oris als Resonanzraum wirkt". Dadurch wird das primäre Geräusch nur variiert, nicht grundlegend verändert, wenn nicht Störungen bzw. Schäden von Zunge oder Lippen vorliegen. Die Frage nach dem Entstehungsort des s-Geräusches ist jedoch noch umstritten. Die meisten Autoren vertreten die ältere Meinung, nach der es erst an den unteren Zähnen zustande kommt *(Trojan)*. Die Zungenoberfläche ist löffelähnlich. Das Gaumensegel hebt sich bei stimmlosem s mehr als bei anderen Lauten. Die Luft darf nicht mit zuviel Kraft ausgestoßen werden *(Walther)*. „Die sprachrechte Bildung der s-Laute verträgt keinen großen Spielraum" *(v. Essen)*. Nach *Möhring* ist s kaum leichter zu bilden als das Zungenspitzen-r.

Stimmloses s ist zu sprechen:

1. im Auslaut (auch vor Abteilungssilben wie in „Häuschen"),
2. wenn β oder ss geschrieben wird,
3. bei st und sp, außer in deutschen Wörtern im Anlaut,
4. in den Lautverbindungen ts (= z, tz) und ks (= x, chs),
5. im Inlaut nach Konsonanten, außer nach r, l, m, n

Stimmhaftes s ist zu sprechen:

1. im Anlaut vor Selbstlauten (auch nach Vorsilben),
2. in Endungen wie -sal, -sam,
3. im Inlaut zwischen Selbstlauten sowie nach r, l, m, n *(Siebs)*.

Bei Gehörlosen kann man auf das stimmhafte s verzichten, wie schon *Weißweiler* betonte.

Die Bedeutung fehlerhafter Zahnstellungen und Kieferbildungen sowie fehlender Zähne für die Bildung der s-Laute war lange Zeit umstritten. Nunmehr steht nach *Luchsinger-Arnold* auf Grund großer Statistiken fest, daß Kiefer- und Zahnstellungsanomalien zu falscher s-Bildung verleiten, wenn sie auch nicht die einzige Ursache bilden.[1]

Ausmaß und Schwere der dental bedingten Lispelfehler erklären sich oft durch zusätzliche abnorme Zustände, wie Hörschädigungen, Intelligenzrückstände, Sprachentwicklungsschädigungen, Mangel an Musikalität u. a. *(G. E. Arnold)*. Für ein richtiges s ist eine genaue, den jeweiligen Verhältnissen gut angepaßte Stellung der Zunge nötig. Leichte Veränderungen dieser Stellung ziehen schon Klangveränderungen nach sich. Tatsächlich kann sowohl bei Kiefermißbildungen als auch bei fehlerhafter Zahnstellung ein gutes s gebildet werden. *Meinhold* und *Reichenbach* weisen allerdings darauf hin, daß es doch Sigmatismen gibt, die nur durch die Kiefer- und Zahnstellungsanomalien zustande kommen und ohne deren Heilung

---

[1] Zusammenstellungen der zahlreichen Beiträge zu der Auseinandersetzung über dieses Thema sind bei *Krech* und *Kramer* zu finden.

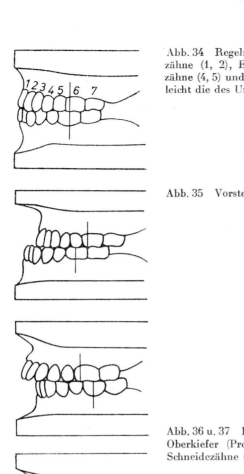

Abb. 34 Regelrechte Kiefer- und Zahnstellung: Schneidezähne (1, 2), Eckzähne (3), äußere Höcker der Backenzähne (4, 5) und Malzähne (6, 7) des Oberkiefers überragen leicht die des Unterkiefers

Abb. 35 Vorstehender Unterkiefer (Progenie)

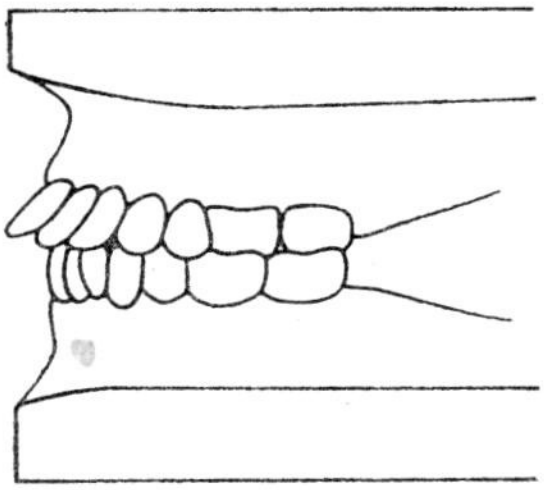

Abb. 36 u. 37 Formen oberer Spitzfront bei vorstehendem Oberkiefer (Prognathie) und Vorverlagerung der oberen Schneidezähne (Protrusion)

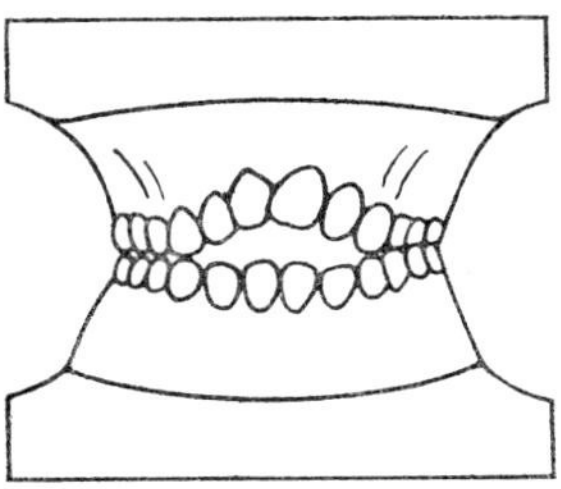

Abb. 38 Frontal offener Biß und Kieferkompression

nicht mit Erfolg behoben werden können. Es sind dies s-Fehler, die bei vorstehendem Unterkiefer, bei oberer Spitzfront und bei frontal offenem Biß auftreten, wenn der Schneidekantenabstand 2 mm und mehr beträgt (s. Abb. 34–38). Unter 2 mm Abstand kann die Zunge ausgleichen, von da an nicht mehr. Die verschiedentlich festgestellte Tatsache eines normalen s-Klanges bei vollständig fehlenden Zähnen erklärt sich daraus, daß in diesem Falle die Alveolarkämme sich wieder auf 2 mm nähern können *(Meinhold)*.
In der Mehrzahl der Fälle erschweren die genannten Fehler die richtige s-Bildung bei solchen Kindern, deren Sprechwerkzeuge nicht geschickt genug sind oder deren akustisches Unterscheidungsvermögen mangelhaft ist. Bei ihnen wird eine fehlerhafte Lautbildung durch Zahn- oder Kieferanomalien verstärkt. Haben doch sogar viele normalsprechende Erwachsene nach der Entfernung oder dem Ersatz von Zähnen anfangs oder dauernd Schwierigkeiten bei verschiedensten Lauten. Mit Sicherheit ist für Mängel der s-Bildung falsche Zungenlage, besonders falsche Rinnenbildung, verantwortlich. Diese wird durch ein Fehler-Gebiß begünstigt, wenn auch die Zunge ausgleichen kann. Deshalb sollte bei schweren Biß- und Zahnstellungsanomalien immer der Zahnarzt zu Rate gezogen werden. *G. E. Arnold* stellte bei Sigmatikern häufig Innenohrschwerhörigkeit, wenn auch leichten Grades, fest. Die Verbindung von Zahnanomalien mit Schwerhörigkeit führt in 90 % der Fälle zu Sigmatismus, worauf schon *Heidbrede* hinwies. Die Länge des Zungenbändchens ist bedeutungslos für die s-Bildung; dagegen ist der Einfluß der Nachahmung nicht zu unterschätzen. Wenn sich in der Umgebung von Lisplern noch andere Lispler befinden, ist der Erfolg der Sprachheilarbeit gefährdet. *Bloch* hat das schon 1907 festgestellt. Nach *Seeman* sind „verhältnismäßig verschiedenartige Lispelformen die Folge einer Innenohrschwerhörigkeit". Die Ursache ist darin zu suchen, daß die hohen Formanten des normalen s-Lautes nicht gehört werden und daß der Schwerhörige den Laut so bildet, wie er ihn hört, d. h., daß sich die vom Gehör gesteuerte Sprechmuskulatur auf die Erzeugung des wahrgenommenen Klangbildes einstellt. Da aber vielfache Kompensierungsmöglichkeiten bestehen, ergeben sich auch verschiedene Fehlformen.
Wie stark das Differenzierungsvermögen die genaue Bildung des s beeinflußt, zeigen die Untersuchungen an 3- bis 6jährigen Kindern der Prager Kindergärten. Von den 3- bis 4jährigen zeigten über 85 % unrichtige Zischlautbildung, und unter den 4- bis 5jährigen waren es immer noch über 50 % *(Seeman)*. Bis zur Einschulung sinkt dieser Anteil auf etwa 30 % *(A. Schilling* und *Gürlich)* und bleibt in der Schulzeit noch relativ hoch. Bei 1 685 Studenten stellte *E.-M. Krech* jedoch nur noch 15,3 % Sigmatismen fest.
Seeman fordert, daß bei lispelnden Kindern das Gehör audiometrisch untersucht wird, wobei besonders die Bereiche um c^5 und c^4 zu prüfen sind. Er stellte fest, daß bei Verminderung der Hörschärfe für c^5 Störungen der Laute der s-Reihe vorkommen, während *sch* richtig klingt. Ist auch der Bereich um c^4 gestört, wird *sch* ebenfalls falsch gebildet. Um die Zungenlage bei der s-Bildung beobachten zu können, hat *Lettmayer* eine „Mundspange" entwickelt: eine v-förmig gebogene Sonde mit Holzoliven an beiden, nach innen gerichteten Enden wird mit den Oliven auf die vorderen Backzähne gelegt, wobei man die Sonde an der Spitze faßt. So vergrößert sie den Zahnabstand, und die Zungenlage wird sichtbar.
Die Aussichten auf Heilung sind im allgemeinen nicht ungünstig, wenn sich auch die Behandlung und vor allem der Einbau des neuen Lautes in die Spontansprache

mitunter über einen längeren Zeitraum hinzieht. Durch Schwerhörigkeit verursachte Sigmatismen sind allerdings oft nur besserungsfähig, und trotz intensiver Bemühungen stellen sich häufig Rückfälle ein. Durch seelische Belastung und Spannung kommt es mitunter zu leichten Sigmatismen, die dann oft situationsgebunden sind.

G. E. Arnold unterscheidet zwei Hauptgruppen der falschen *s*-Bildung:

A. die durch falsche Zungenlage,
B. die infolge falscher Gaumenfunktion zustande kommenden Fehler.

A.

1. Lispeln an oder hinter den Zähnen (Sigmatismus addentalis oder multilocularis nach *Froeschels*): Das „Anstoßen mit der Zunge" wird hervorgerufen, wenn die Zungenspitze an die Zähne gepreßt wird. Das Reibungsgeräusch der unteren Zahnschneide fällt dadurch weg oder ist abgeschwächt. Dieser Fehler ist bei Erwachsenen häufiger anzutreffen als bei Kindern und wird vor allem verursacht durch falsche Gewohnheit, Zahnstellungsanomalien, Innenohrschwerhörigkeit und überanstrengte Sprechweise *(Luchsinger-Arnold)*.

2. Lispeln zwischen den Zähnen (Sigmatismus interdentalis) entsteht, wenn sich die Zungenspitze zwischen die Vorderzähne schiebt. Das Reibegeräusch wird dadurch weich, ähnlich dem englischen *th*. Oft werden noch andere Laute (*t, d, l, n* und sogar *r*) interdental gebildet. Schiebt sich die Zunge bis zwischen die Lippen vor (Sigmatismus interlabialis), so entsteht eine Mischung des *s*- und *f*-Geräusches *(Branco van Dantzig)*. Manchmal wird der Zungenrand nur an einer Seite zwischen die Backzähne geschoben (Sigmatismus interdentalis lateralis), wodurch die Zungenspitze an falscher Stelle liegt und ein leichtes Lispeln hörbar wird *(Luchsinger-Arnold)*. Interdentale *s*-Fehler sind bei kleinen Kindern häufiger anzutreffen als bei größeren. *A. Schilling* und *Gürlich* fanden im 4. Lebensjahr über 65 %, im 7. Lebensjahr dagegen nur etwa noch 29 % ihrer 509 untersuchten Kinder interdental lautierend.

3. Liegt die Zungenspitze so weit hinten, daß das Reibegeräusch zwischen Zungenspitze und hartem Gaumen zustande kommt (Sigmatismus palatalis), so klingt das *s* wie *ch*₁ oder *sch*. Prognathie, offener Biß oder Schwerhörigkeit begünstigen die Entstehung dieses Fehlers *(Luchsinger-Arnold)*. In manchen Gegenden, besonders in Österreich, wird der *s*-Laut gewohnheitsmäßig in dieser Art gebildet, so daß man dort eher von einer Dialektabweichung als von einem Fehler sprechen kann.

4. Seitliche *s*-Bildung (Sigmatismus lateralis), auch als Hölzeln bezeichnet, entsteht durch Andrücken der Zungenspitze an die Hinterfläche der oberen Zähne, wie beim *l*. Mitunter wird auch der Zungenrücken an den harten Gaumen gedrückt, oft an einer Seite mehr als an der anderen (Abb. 39). Als sprachrechte Bildung kommt laterales *s* im Zulu vor *(v. Essen)*. Die ausströmende Luft erzeugt auf einer oder auf beiden Seiten der Zunge ein schlürfend-reibendes Geräusch. Gewöhnlich ist nicht nur *s*, sondern auch *sch, ch*₁*, t, d* und *r* (selten) von dem Fehler betroffen; mitunter wird die Zunge dann auch bei einzelnen Vokalen (*i, e*) an den Gaumen gedrückt. *Seeman* bemerkte, daß bei *s* und *z* öfter ein laterales Lispeln vorkommt und dabei *sch* richtig oder fast richtig ausgesprochen

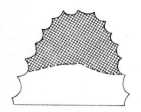 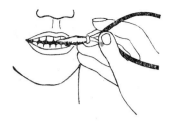

Abb. 39 Gaumenabdruck bei lateralem s   Abb. 40 Überprüfung des Luftstroms

wird, während das umgekehrte Verhalten seltener ist, daß nämlich die *sch*-Laute lateral gebildet, die Laute der *s*-Gruppe dagegen normal gesprochen werden. Um feststellen zu können, wo der Luftstrom die Zahnreihe bei der Bildung des seitlichen *s* verläßt, geht man mit dem befeuchteten Finger oder mit einem Fädchen langsam am Mund entlang. Genauere Ergebnisse erhält man, wenn man mit einem Hörschlauch, an den ein kleines Glasrohr gesteckt ist, an den Zähnen entlangstreift *(Froeschels)*. Krech benutzt ein handelsübliches Stethoskop, das aber ein für den speziellen Zweck entwickeltes, konisches Ansatzstück mit einer vorderen lichten Weite von etwa 1 mm trägt (Abb. 40). Seeman benutzt als „Phonendoskop" ein Gummiröhrchen mit zwei Oliven, deren eine in den eigenen Gehörgang eingeführt wird, während man mit der anderen an den Zähnen des Lisplers entlangfährt und dabei die Stelle des stärksten Luftaustritts feststellt. Dasselbe erzielt man mit dem Klopfversuch nach *Führing* und *Wurst*. Man läßt ein seitliches *s* lange aushalten und klopft inzwischen die Wange über dem Zahnspalt von hinten nach den Mundwinkeln zu ab. An der Austrittsstelle des Luftstromes wird das Geräusch durch das Klopfen unterbrochen oder abgeschwächt. Noch besser wirkt der Wangenversuch *G. E. Arnolds*, bei dem die Wange wiederholt leicht von den Zähnen abgezogen wird. Ob bzw. in welchem Maße kleine Zahnlücken an fehlerhafter Bildung beteiligt sind, kann man leicht mit Kaugummi feststellen *(Seeländer)*.

Seitliches *s* tritt nach *G. E. Arnold* mitunter zusammen mit gleichseitiger Schwerhörigkeit auf.

Sovák fand häufig gleiche motorische Lateralität und erklärt das seitliche *s* teilweise durch die Lateralisation der Zungenbewegungen.

5. Weicht die Zungenspitze nach einer Seite ab und richtet den Luftstrahl auf einen oberen Eckzahn, so entsteht ein Geräusch, ähnlich dem interdentalen Lispeln. Es handelt sich dabei um eine Verbindung von zwischenzahnigem und seitlichem *s*, die selten vorkommt (Sigmatismus lateroflexus, *G. E. Arnold*).

6. Pfeifendes (scharfes) *s* (Sigmatismus stridens) entsteht durch übertrieben starkes Zischen, vor allem bei Hörgeschädigten, die die Luft mit zuviel Kraft ausstoßen. Wird die Mittelrinne zu eng gebildet oder die Zungenspitze hinter den unteren Schneidezähnen zu tief gesenkt, oder besteht eine Lücke zwischen den oberen Schneidezähnen, so tritt dieselbe Wirkung ein. Im dritten Falle kann das entstehende Geräusch stumpf pfeifend sein *(Suchsinger-Arnold)*. Der Fehler ist nicht selten, fällt aber nur wenig auf.

7. *f*-ähnliches Lispeln (Sigmatismus labio-dentalis) entsteht durch Anlegen der Unterlippe an die oberen Schneidezähne, während die Zunge die normale *s*-Lage

beibehält *(Nadoleczny)*. Diese Form ist in Deutschland selten, in der ČSSR jedoch nicht, wie *Seeman* angibt.
8. Beim Sigmatismus cacuminalis steht die Zunge wie ein Wipfel (Cacumen) weit rückwärts im Mund *(Branco von Dantzig)*, wodurch die Artikulationsbasis nach hinten rückt.
9. Als aspirativen Sigmatismus bezeichnet *Sovák* eine Form, bei der alle Zischlaute durch ein schlürfendes Geräusch gebildet wurden, was durch falsche Anbildung im Erziehungsmilieu entstand.

B.
1. Bei genäseltem *s* (Sigmatismus nasalis) strömt die Luft teilweise oder ganz durch die Nase aus, weil das Gaumensegel hängt oder weil die Zunge den Weg durch den Mund abschließt. Dieses *s* klingt meist wie ein Blasen durch die Nase. *v. Essen* weist darauf hin, daß beim Sigmatismus nasalis die *s*-Laute entweder durch „exspiratorische Schnarchgeräusche oder durch stimmlose velare Sprenglaute *(pm, tn, kng)* ersetzt" werden.
2. Bei dem schnarchenden *s* (Sigmatismus velaris nach *Luchsinger-Arnold*) werden die Zischlaute zwischen hinterer Rachenwand und Gaumensegel, das nicht abschließt, gebildet. Ein häßliches Schnarchgeräusch ist zu hören. Oft verhindert die Zunge den Luftaustritt durch den Mund völlig, seltener entweicht die Luft durch Nase und Mund zugleich.
3. Das Rachen-*s* (Sigmatismus pharyngealis) kommt nicht nur bei Gaumenspalten vor, sondern auch bei inaktivem Velum. Zwischen Rachenwand und Zungengrund entsteht ein Reibegeräusch, welches rauh, heiser, überhaucht, manchmal leicht nasal klingt *(Luchsinger-Arnold)*.
5. Kehlkopf-*s* (Sigmatismus laryngealis) wird als fauchendes Geräusch im Kehlkopfeingang erzeugt *(Luchsinger-Arnold)*. Mitunter ist eine gewisse akustische Ähnlichkeit mit dem echten *s*-Laut vorhanden *(Sokolowski)*.

G. E. Arnold unterscheidet 5 Typen, je nach der Stellung des Kehldeckels. Beim Typ I ist dieser stark aufgerichtet und der Kehlkopf gesenkt; der Larynxeingang ist dadurch erweitert wie beim „Decken" im Kunstgesang. „Beim zweiten Typus ist die Epiglottis teilweise gesenkt, beim dritten Typus stärker, beim vierten tritt eine Senkung des Zungengrundes und beim fünften überdies eine Verengung des Rachens durch seitliche Vorwölbung der Gaumenbögen hinzu." Bei den letzten 3 Typen tritt der Kehlkopf stark aufwärts, wodurch sein Eingang zunehmend eingeengt erscheint (Abb. 41).
Die nasalen Sigmatismen treten, wie auch die anderen, durchaus nicht immer isoliert auf. Sie sind mitunter kombiniert, können andererseits durch äußere Umstände bedingt sein. Für die Diagnose sind zwei Versuche zu empfehlen *(G. E. Arnold)*, der Nasenversuch und der Zungenversuch:
„Der *Einfluß der Nasalität* auf die Schädigung läßt sich durch Zuhalten der Nase nachweisen. 1. Eine näselnde Komponente verschwindet bekanntlich beim Verschluß der Nase: *positiver Nasenversuch*. 2. Wenn hingegen das Zuhalten der Nase keine oder nur eine unwesentliche Klangänderung hervorruft *(negativer Nasenversuch)*, ist der Fehler gar nicht oder nur teilweise durch eine pathologische Nasenresonanz bedingt. 3. Falls die Zunge an den Zähnen oder am Gaumen den Mund abschließt und dadurch die gesamte Artikulationsluft nur durch die Nase leitet,

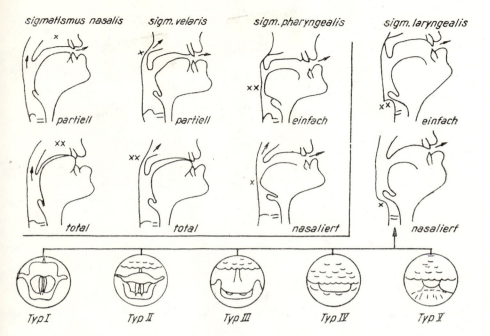

Abb. 41 Schema der 4 Typen des Sigmatismus nasalis (nach G. E. Arnold)
x Entstehungsort des partiell pathologischen Klanges
xx Entstehungsort des total pathologischen Klanges

wie für die *normalen* Nasenlaute, dann entsteht durch Zuhalten der Nase aus dem nasalen Geräusch ein *t* oder *k*. Einen solchen Ausfall bezeichnen wir als *normalen Nasenversuch*. Da jeder der 4 nasalen Sigmatismen zwei Unterarten umfaßt, benötigen wir diese Unterscheidung des vorhandenen oder fehlenden Nasendurchschlags.
Die *Bedeutung der Zungenstellung* für die Entstehung des Ersatzgeräusches macht sich bei deren Vorstrecken bemerkbar. 1. Solange die Zunge an der fehlerhaften Lautbildung unbeteiligt ist, bewirkt ihr Vorstrecken keine Klangveränderung: *negativer Zungenversuch*. Solches ist für den laryngealen Sigmatismus typisch. 2. Wenn sie hingegen wie normal mit ihrer Spitze oder in fehlerhafter Weise mit ihren hinteren Teilen an der Lautbildung mitwirkt, verändert ihr Vorstrecken deutlich den Geräuschcharakter: *positiver Zungenversuch*. Das ist normalerweise der Fall, sowie bei S. pharyngealis."
Für alle unter B zusammengefaßten *s*-Formen gilt die Tatsache, daß die Verbindung mit Konsonanten häufig erschwert ist *(Silbiger)*.
Die letzten drei Arten treten selten auf.
Von Parasigmatismus spricht man, wenn man das *s* durch andere Laute, wie ch_1, sch, d, t, f, w ersetzt wird.
Mit Sigmatismus labilis *(Trojan, G. Lindner)* bezeichnet man zeitweise auftretende

s-Formen, die durch psychische Labilität bzw. Erregungsspannung zustande kommen. Meist sind es nur leichtere Formen.[1]
Harth weist verschiedentlich auf hier nicht erwähnte Besonderheiten hin.
Nach *Böhme* gibt es über 50 Gruppen von Lispelfehlern.
Vom Standpunkt des Sprachheilpädagogen aus gesehen unterscheidet *J. Wulff* in der praktischen Arbeit drei Gruppen von Lisplern:

1. „Die leichten, funktionellen Lispler, die den Fehler durch Nachahmung oder durch den Zahnwechsel erwarben,
2. Die Lispler, bei denen organische Fehler (Mängel am Gebiß, am Kiefer, an den Lippen, der Zunge oder dem Gaumen) oder Schäden in der akustischen Auffassung, in der Konzentration, der Sprechmotorik u. a. den Sprachfehler verursachten bzw. mitbedingten,
3. die Lispler, bei denen zentrale Schäden oder auch Gehördefekte die wesentlichen Ursachen sind."

Eine reinliche Scheidung der Lispler in diese drei Gruppen ist nicht immer möglich; eine Prognose entsprechend dem zunehmenden Schweregrad dieser Gruppen trifft jedoch meist zu.
Für die Behandlung der Lispler ist der Hinweis darauf besonders wichtig, daß nicht der falsche Laut verbessert, sondern ein ganz neuer Laut angebildet wird. Da bei jedem Lispler die eigenen, falschen motorischen Vorstellungen zentral gekoppelt sind mit der richtigen Klangvorstellung des *s*, wie er es von anderen hört, kann die Forderung zur richtigen *s*-Bildung nur zur Wiederholung des bisherigen Fehlers führen.
J. Wulff läßt Hörübungen mit falschem und richtigem *s* abwechselnd auch in Wörtern machen. „Das Kind lernt schließlich falsch und richtig auch sprechend unterscheiden und wird allmählich griffsicher vom Hören her."
Lispelnde Verwandte und Erzieher von Lisplern sind am besten mitzubehandeln, da ihr Beispiel die Heilung erschwert oder gar verhindert.
Zu beachten ist auch der Hinweis von *H. Krech*, wonach die Behandlung der *s*-Fehler eine Umerziehung darstellt, die den ganzen Menschen im Sinne der Psychotherapie erfassen muß (s. 1.22.).

> 1. *s kann ausdrücken: Mißfallen, Verlangen nach Ruhe, das Summen der Biene, der Fliege, des Maikäfers, eine Katze reizen: kss! (Preu), u. ä., das Zischen einer Schlange oder eines Fahrradventils (Dahlmann), Zischen des Wassers aus einem Schlauch, an- und abschwellenden Sirenenton, die Säge (Geißler), Niesen oder Säuseln, Wind usw. Brauckmann zieht s wie einen Faden von der Zunge. J. Wulff kommt vom „Zahnhaucher", bei verkrampften Sprechern vom „Zahnseufzer" zum s, bezeichnet es auch als „mediodental geriebenen Hauch". Trenschel stellt eine ganze Bienenschule dar, in der die Bienen von Stufe zu Stufe Neues lernen. Gute Bienen summen stimmhaft, böse stechen scharf stimmlos. „Leichte" Wörter sind: weiß, heiß, Eis, Seife, Seite, Sieb, sieben, Liese, Wiese, Riese usw. Alle haben einen kleinen Kieferwinkel vor dem s (Baldrian). Die Ableitung aus i liegt nahe.*

---

[1] Die mannigfaltigen Ursachen der Sigmatismen haben *Kramer* und *Krech* zusammengestellt

2. Der Luftstrom wird auf dem Handrücken, in der hohlen Hand oder mit dem angefeuchteten Finger abgetastet. *J. Wulff* macht ihn mit Zigarettenrauch sichtbar, der in s-Stellung ausgehaucht wird. Die Stellung der Zähne kann abgesehen werden, ebenso das Ausfüllen von seitlichen Zahnlücken durch die Zunge. *F. A.* und *F. F. Rau* verwenden schematische Zeichnungen von Mundbildern und Sagittalschnitten, um Lippen- und Zungenstellung klarzumachen.
3. In leichten Fällen genügt das Nachahmen des falschen Lautes (*Nadoleczny*) oder das Vormachen der richtigen und der falschen Stellung bei der Bildung dieses Lautes. *A. Hoffmann* drückt bei lispelnden Kindern das Handgelenk mit Daumen und Zeigefinger und stellt fest: „So hast du es bis jetzt gemacht!" Dann spricht er das s richtig vor, drückt dabei nicht oder nur ganz wenig und fordert: „So mußt du es machen!"
4. Manchmal erzielte *Coën* ein gutes s bei der Anweisung: Zähne aufeinandersetzen! Auf keinen Fall darf es aber zu einer Gewohnheit solcher Art kommen. Um die natürliche Lage der Kiefer zueinander zu erreichen, nehmen *Führing-Lettmayer* Kauübungen vor, wobei das Kind den Unterkiefer locker bewegt, oder sie weisen an, es solle „das s vorsichtig beißen".
Stehen die Zahnreihen zu fest aufeinander oder verdeckt die obere die untere, so läßt *Hill* sie mit dem Fingernagel oder Spatel offenhalten. *Nickel* ließ auf ein schwaches, breites Stäbchen beißen. Nach *Lambeck* wird meist das hintere Ende eines Streichholzes genügen.
5. Ein Glasröhrchen oder ein Holzschlüssel, die Spitze eines Bleistiftes, die Kante eines Blattes Papier oder eines anderen scharfkantigen Gegenstandes, ein Grashalm oder der Nagel des kleinen Fingers, senkrecht vor die Mitte der Unterzähne gehalten, lenkt den Luftstrom so, daß eine richtige s-Bildung zustande kommt. Auch durchbohrte Plättchen aus dünnem Blei- oder Aluminiumblech, die durch ein paar Schrauben mit einem Handgriff verbunden werden (*Flatau*), oder ein Stück Papier mit einem kleinen Loch (*Papasilekas*) dienen zu solchen Übungen. Wenn man dabei „hecheln" läßt, vorher die Zungenmitte mit Menthollösung oder einem Pfefferminzbonbon bestreicht (*Führing-Lettmayer*), wird die enge Rillenbildung unterstützt (s. auch Punkt 27).
E. Freud leitet den Luftstrom durch ein Augentropfröhrchen, das sie auf die unteren Schneidezähne legt und erzielt damit s. *Hahnefeld* hält zu demselben Zweck ein etwas weites Plastetrinkröhrchen horizontal vor die aufeinanderstehenden Schneidezähne und läßt hindurchblasen auf eine Kerzenflamme, Watte o. ä. oder in ein mit Wasser gefülltes Glas.
6. Beim Pfeifen in den mittleren bis höheren Tonlagen nimmt die Zunge annähernd s-Lage ein. Ich lasse dabei die Zähne schließen und die Lippen breit ziehen, indem ich zum Weiterzischen auffordere, und erreiche bei Hörenden mitunter ein brauchbares s. *Maschka* sowie *Kasche* haben das näher beschrieben. *Böhme* zwingt Lispler, durch übertriebene Pfeifstellung mit eingezogener Wangenmuskulatur eine Rille in der Zungenmitte zu bilden. *Weiß* forderte auf, das s „mit der Zungenspitze zusammenzudrücken" und erzielt damit den gleichen Effekt wie beim Ausgehen vom Pfeifen.
7. *Seeman* läßt ein t pfeifend mit dem Zungenrücken artikulieren, wobei sich die Zungenspitze leicht an die unteren inneren Schneidezähne anlehnt.
Führing-Lettmayer veranlassen den Schüler, bei gleichzeitiger Phonation des t die Zungenspitze an die Innenfläche der unteren Schneidezähne zu legen.

Dadurch entsteht ein z-artiges t. Zunächst wird mit dem Spiegel bei leicht geöffnetem Mund geübt. Nach dem Schließen der Zahnreihen entwickelt sich sofort ein richtig klingendes z, aus dem man durch Teilung ein richtiges s erzielt.

O. Stern ging bei einer vorderen Zahnlücke vom *t* aus: Er schob einen abgeschnittenen Federkiel durch die Zahnlücke am Zahnfleisch entlang in den Mund. Dadurch wurde bei der *t*-Bildung der Verschluß wirkungslos, denn die Luft konnte dauernd ausströmen. Mit dem Röhrchen wurde dann die Zungenspitze allmählich herabgedrückt, bis sie „nach weiteren, recht zeitraubenden Übungen schließlich in der gewünschten *s*-Stellung verblieb".

Zelenka „läßt den Schüler den Laut *t* einige Male stark phonieren, führt dann eine entsprechend gebogene Sonde zwecks Rinnenbildung zwischen den beiden vorderen oberen Schneidezähnen ein und drückt nun das Zungenblatt in der Längsrichtung leicht abwärts. Bei richtiger Handhabung der Sonde entsteht augenblicklich ein *ts – z*. Auf diesen Laut kann man nun die weiteren Übungen aufbauen."

Fernau-Horn führt ihre Patienten über *d, t* zum apikalen *s,* indem sie Silben wie „*ede, ete, idi, iti*" anfangs langsam, dann immer schneller übt. Dazwischen schiebt sie Falten der Zunge in Längs- wie in Querrichtung ein und läßt dann „*z* wie zufällig finden", indem sie *th* stark überhaucht oder indem sie anweist, „*t* über die Zunge zu blasen, als hätte man einen Krümel auf der Zungenspitze". Schließlich wird über *izizi* und *izissi* das *s* abgetrennt.

Ich lasse bei Fehlbildungen des apikalen *s* die Zungenspitze leicht von den oberen Zähnen zurückziehen, wodurch sich ein richtiges *s* ergibt, jedoch meist erst nach längerer Zeit und nach vielen Hörubungen.

8. *E. P. Seidner* benutzt einen Strohhalm oder ein dünnes Röhrchen, läßt damit Milch oder ähnliches saugen, dann aufhören und mit derselben Zungenstellung ausblasen. Dabei entsteht *s*.

9. Bei der Verwendung der *s*-Flamme oder des Bunsenbrenners kommt *R. Lindner* ohne Eingriffe aus. Er läßt Leuchtgas unter starkem Druck aus einer nadelfeinen Glasspitze ausströmen, so daß eine etwa $1/2$ m lange Flamme entsteht. Diese Flamme sinkt sofort auf wenige Zentimeter zusammen, sobald ein scharfes *s* gesprochen wird. Bei ch_1 zuckt die Flamme weniger und bei *sch* fast gar nicht zusammen, während Vokalsprechen, Schreien, Blasen keinen Einfluß auf sie hat. Auch bei gewöhnlichem Gasdruck läßt sich eine solche *s*-Flamme erzeugen, die allerdings nicht so gut reagiert. *R. Lindner* benutzt dazu feine Drahtgaze, die man 4–5 cm über der Glasröhre anbringt; erst oberhalb dieses Gazestückes wird die Flamme entzündet.

K.-P. Becker u. a. (1979, S. 216) empfehlen einen *s*-Indikator (wie schon von *Martony* angegeben).

10. *Liebmann* ließ die Mundwinkel fest an die Zahnreihen andrücken, damit die Luft nur bei den Vorderzähnen ausströmen kann. Dieselbe Wirkung erzielt *E. P. Seidner,* indem er Daumen- und Zeigefingerkuppe in den Mundwinkeln auf die Zähne stellt.

11. *Froeschels läßt bei jedem Sigmatismus, gleich welcher Art, zunächst f langziehen und drängt die Lippen von den Zähnen ab, indem er beide Zeigefinger und Daumen hinter das Lippenrot setzt. Dieses Auseinanderziehen der Lippen soll der Patient dann selbst vornehmen. Später wird er darauf hingewiesen, daß*

er die *Fingerhilfe nicht braucht, weil die Lippen allein die Bewegung ausführen können. Dabei soll er immer an das f denken und wird erst nach einigen Tagen der Übung (10- bis 20mal täglich je einige Sekunden lang) darüber informiert, daß ein korrektes s entsteht, wenn er nur an f mit herabgezogener Unterlippe denkt.*

Flatau zieht die Mundwinkel herab und erzielt sogar aus dem bilabialen w auf diese Art ein richtig tönendes s. Freunthaller läßt, vom f ausgehend, in der i-Stellung weiterhauchen und dann fs verbinden, um dem s die nötige Kraft zu geben. (Fourgon benutzt das i allein, indem er isi vorspricht und dadurch das s zu erreichen versucht.)

12. Ist die Zungenspitze zu hoch oder zu fest angedrückt, so löst sie *Liebmann*, indem er das Kinn faßt und vibrierend etwas abwärts zieht. *Lettmayer-Führing* lassen in diesem Falle die Zungenspitze innerhalb des Bodens der unteren Zahnreihe hin- und herbewegen und dadurch auflockern. *Löwe* nennt es „Zähne putzen". Ist der s-Klang bei zu hoher Zungenlage nicht genügend scharf, so lassen sie die Zungenspitze an der Innenfläche der Schneidezähne bis zum Mundboden senken; oder sie lassen den Kopf zurücklegen, wodurch sich die Zunge löst. Die Zeigefingerspitze unterm Kinn dirigiert die Zungenspitze nach unten.

13. Um den Mundboden nach unten zu bekommen, wurde von *Bangert* empfohlen, während der Artikulation einen Druck von unten auf ihn auszuüben. Der Zungenmuskel stemmt sich diesem Druck entgegen, wodurch der Mittelteil der Zunge gesenkt wird.

14. Klingt das *s* wie ch_1, so drücke ich vibrierend hinter dem Kinn vom Mundboden aus die Zungenspitze mit dem Zeigefinger etwas hoch. Oft genügt es, wenn man vormacht, wie die Zunge vorgleitet, die Rinne sich verengt und die Zähne sich schließen *(Lettmayer)*.

15. Klingt das *s* wie *sch*, so lasse ich die Zungenspitze an die unteren Schneidezähne stoßen und ziehe die Lippen breit. Eventuell muß man die Zungenspitze zunächst etwas zwischen die Zähne nehmen lassen und sie später zurückdrücken.
    Seeman geht vom *tsch* aus und zieht dabei die Mundwinkel mit den Fingern stark zur Seite, wobei das Kind aber nur ganz leise sprechen darf. Aus dem entstehenden *ts(z)* wird dann durch langes, leises Aushalten das *s* gewonnen. Die früher verwendeten Lispelsonden setzt *Seeman* nicht mehr ein, sondern erzeugt die richtigen Zischlaute durch aktive Übungen.
    Fourgon läßt die Zungenspitze zunächst zur *t*-Stellung heben, danach hinter die unteren Schneidezähne senken (eventuell mit einem Holzstäbchen nachhelfen!) und den Luftstrom tasten, wenn nicht schon die Übung von *isi* genügt.

16. *Bei seitlich gezischtem s achte ich zunächst darauf, daß die Zungenränder an den Zähnen anliegen; übertrieben vormachen, Berührungsstellen betupfen, Anweisung geben: „Auf beide Zungenränder beißen!" Auch mit „Silbenkauen" erreicht man das: kikiki . . . oder inin . . ., änän . . ., einein . . . usw., dabei die Zungenspitze an den unteren Schneidezähnen liegen lassen und die Zungenränder kauen! Anschließend wird gezischt, und der richtige s-Klang ist mitunter schon da.*
    Aschenbrenner läßt hörende Stammler zunächst die Zungenquerlage (ZQL) üben. „Die Zunge wird dabei derart breitgezogen, daß ihr vorderer Rand eine

fast gerade Verbindung zwischen den linken und rechten Prämolaren quer durch die Mundhöhle bildet." Diese ZQL „wirkt antagonistisch zur pathologischen Zungen(längs)haltung, die meist zu den fehlerhaften Lautbildungen führt". Dann werden „die zwischen die Prämolaren gedrückten Zungenseitenränder unter Kaudruck genommen", und dabei wird kräftig ausgeatmet. „Schließlich wird der vordere, mittlere Zungenrand bei festgeklemmten Zungenseitenrändern „zwischen Gaumen und Mundboden gehoben und gesenkt", dazu nach genügendem Training durch den Mund aus- und eingeatmet. Diese Übung bildet für A. die Grundlage der daran anschließenden s-Übungen wie auch derjenigen von sch und Zungen-r.

Führt das nicht zum Ziel, so schlage ich einen Umweg ein, indem ich, wie Gutzmann sen. angibt, die Zungenspitze zwischen die Zähne nehmen lasse und sie später zurückdrücke. Kommt es trotzdem zu keiner Rinnenbildung, dann lasse ich die Zunge weit herausstrecken, so daß die Zungenränder die Mundwinkel berühren, wie schon Hill andeutet. Läßt man nun hauchen, so bildet sich in der Mitte der Zunge zunächst eine flache Rinne. Allmählich lasse ich die Zunge weniger herausstrecken, bis sie schließlich hinter den Zähnen bleiben kann. Entweicht die Luft trotz weit herausgestreckter Zunge noch seitlich, so läßt man zugleich die Oberlippe hochziehen (Nase rümpfen), oder man drückt die Mundwinkel mit den Fingern hoch. Dabei braucht die Zunge nicht so weit herausgestreckt zu werden. Mitunter hilft die Aufforderung: „An die Oberlippe (Nasenspitze) blasen!"

Um das zu erreichen, lassen F. F. Rau-Slesina (1969) den vorderen Zungensaum vor der Oberlippe nach oben heben, tasten die ausströmende Luft mit dem Handteller über der Nase oder blasen mit ihr einen Papierstreifen weg. Das richtige s wird durch allmähliches Zurückziehen der Zungenspitze erreicht. Trojan läßt zuerst a sprechen und die Zunge dabei lang und schmal herausstrecken. „Dann wird i gesprochen, die Zunge in den Mund zurückgezogen und so breit wie möglich gemacht. Das antagonistische Spiel führt dabei zu einer extremen Breitziehung der Zunge mit kinästhetischer Erregung ihrer Randbereiche ... Achtet man ferner noch darauf, daß die Zungenspitze und die Zähne das mediane Entweichen der Luft nicht verhindern, so wird man in den allermeisten Fällen den Erfolg ‚bei Aufmerksamkeit korrekt' erreichen."

Ich lasse auch die Zunge, wie ein Röhrchen zusammengerollt, zwischen die Lippen vorstrecken, durch dieses Röhrchen die Luft einziehen und ausblasen und allmählich wieder zurückziehen. Die Zungenmitte kühlt dabei deutlich ab.

Young steckt eventuell einen Spatel zwischen die seitlichen Zahnreihen und hebt mit ihm den Zungenrand nach oben.

17. Nach *Nickel* kann man auch vom *n* ausgehen, indem man den Zungensaum fest an die Backzähne preßt, die Zungenspitze dabei aber senkt. Dann gibt man die Anweisung: „Nicht mehr brummen, sondern blasen!" und hält dabei die Nase zu.

18. J. *Wulff* geht vom ch_1 aus – wenn dieser Laut richtig gebildet wird –, läßt den Druck der seitlichen Zungenränder an die Oberzähne führen und dann – unter Beibehaltung der Zungenlage – nur noch den Unterkiefer ein wenig vorrücken, bis die obere und untere Zahnreihe etwa einander gegenüberstehen. Dadurch reibt das ch_1 nicht mehr am Gaumen, sondern in der Mitte der unteren Zahnreihe, wodurch richtiges *s* entsteht.

19. Vom *h* ausgehend, erziele ich mitunter ein brauchbares *s*, indem ich den Unterkiefer mit Daumen und Zeigefinger hochdrücke und mit der Zeigefingerspitze die Zunge hinter dem Kinn vom Mundboden aus anhebe.
20. *Kerner bestreicht oder betupft die Berührungsstellen zwischen Zunge und Zähnen mit einer Sonde, einem Stäbchen, einem nassen Wattebäuschchen u. ä. und fordert den Schüler auf zu blasen. Auf diese Weise wird oft ein gutes s erzielt. Kramer bezeichnet mit einem Stäbchen die Stelle am Zahn, gegen die das Kind ganz zart blasen soll. Mit der Vorstellung, möglichst sanft zu blasen, verknüpft sich unbewußt eine schmale, zarte Rillenbildung. Jorich benutzt ein flach zugespitztes Streichholz, das er dem Kind zwischen untere und obere Schneidezähne steckt, so daß es etwas in die Mundhöhle hineinreicht. Damit lockt er die Zungenspitze an diese Stelle und reizt sie zugleich, eine schmale Rille zu bilden. Ewings gebrauchen manchmal einen Fidibus aus Papier, den sie dem Schüler zwischen die Zähne stecken und an den die Zunge gerade anstoßen darf.*

    Heese benutzt nach Ausfall der beiden mittleren unteren Schneidezähne des Milchgebisses die gezackten Kanten der nachwachsenden bleibenden Zähne als Fixierungsstelle für die richtige taktile Führung der Zungenspitze und läßt in dieser Stellung summen oder zischen, um eine reguläre s-Bildung mit gesenkter Zungenspitze zu erzielen.

21. Bei genäseltem *s* genügt es oft, wenn man die Nase zuhält und eine der erwähnten Übungen vornimmt. Man kann die Nase auch wie *R. Schilling* mit Wattepfropfen verschließen. Bleibt der Erfolg aus, so führe man erst Übungen gegen das offene Näseln durch (s. 2.1.3.).

    Seeman verstopft bei totalem nasalem Lispeln die Nase und bildet dann, vom t ausgehend, die einzelnen Zischlaute. Das Kind muß bald lernen, das Eindringen der Luft in die Nase bewußt zu verhindern. Eine Hilfe dazu stellt das Nasenhörrohr dar, mit dem das Kind selbst hören kann, wenn noch Luft durch seine Nase dringt.

22. Bei zu scharfem *s* läßt *Fourgon* zunächst *äsa* sprechen, dann *äs* und schließlich *s*, oder er hält die Zungenspitze mit einer Holzlamelle nieder.

    Krech behandelt den Sigmatismus stridens mit Hilfe der Kaumethode (Froeschels), durch die eine Lockerung der übermäßig gespannten Muskulatur erzielt wird. Harth wendet bei funktionellem Sigmatismus stridens die Kaumethode bei völlig entspannter Haltung im Sitzen an und gibt die Anweisung – wenn das entspannte Kauen beherrscht wird –, kurz vor jedem zweiten Mundschluß ein „müdes", schwaches s ertönen zu lassen. Den meist annähernd richtigen Laut baut er vorsichtig in entspanntes Sprechen ein, nimmt ihn, wenn er gelungen ist, auf Tonband auf und läßt diese Aufnahme als Kontrast zur ersten mit der falschen s-Bildung abhören! Ein Dauererfolg hängt von der richtigen psychischen Beeinflussung ab.

23. Bei interdentalem *s* genügt es mitunter, auf die Spitze des kleinen Fingers beißen zu lassen. *G. E. Arnold* geht eventuell von diesem *s* (= englisch *th*) aus und leitete daraus das richtige *s* ab.

    Duch weist bei multipler Interdentalität an, außer beim s auch bei d, t, g, k, n, l, z die Zungenspitze mit den unteren Schneidezähnen Kontakt nehmen zu lassen.

24. *Weißweiler* gab folgende Anweisung: „Man mache dem Taubstummen das *s*

so vor, daß dabei etwas Speichel aus dem Mund fließt, und veranlasse ihn, das gleiche zu tun."

25. Bei laryngealem *s* verwende ich einen Strohhalm oder ein Röhrchen, um damit die Konzentration des Kindes und also auch den Luftstrom nach den Lippen zu lenken. Dazu ist längere Übung nötig. Ist das Teilziel erreicht, kann man den Halm weglassen und nun mit den *s*-Übungen beginnen.

26. Stimmhaftes *s* erzielte *Hill*, indem er während des *s*-Sprechens am Kehlkopf abfühlen ließ oder aufforderte zu brummen, oder indem er *w* und *s* abwechselnd sprechen ließ. *Weithase* setzt *n* oder *m* vor *si, se* . . ., verkürzt den Nasal und verlängert *s*, so wird dieses stimmhaft. L. *Stein* läßt zu diesem Zweck auf das stimmlose *s* eine Melodie summen. *Liebmann* stellt gegenüber: *Rosse – Rose, hassen – Hase, weiße – weise* usw. Wenn sich die Stimmhaftigkeit nicht durch Abtasten erzielen läßt, wendet *Seeman* eine Vibrationsmassage des Brustkorbes an, da sich unter den Stößen des Vibrators die Stimme leichter bildet.

27. *Außerordentlich empfehlenswert ist die systematische Schulung der Zunge für die Rillenbildung nach Reinke. In hartnäckigen Fällen ist sie das sicherste Mittel zur Behebung des Fehlers:*
a) Bei offenem Mund läßt man die Zunge heben und die Zungenränder an die oberen Zähne anlegen. Dann ist langsam der Mund zu schließen.
b) Bei geschlossenem Mund läßt man die Zunge an den Gaumen drücken und dann mit dieser Zungenstellung den Mund öffnen. Darauf ist die Zungenspitze zu senken, während die Zungenränder an den oberen Zähnen angelegt bleiben und in der Zungenmitte eine Rinne entsteht. Nun läßt man hauchen und nähert allmählich den Unterkiefer dem Oberkiefer. Das Hauchen geht dabei weiter. Nicht zum s-Sprechen auffordern, sondern nur zum Hauchen oder Zischen! Ich erziele die Rillenbildung leichter, indem ich bei der ersten Übung von Anfang an, bei der zweiten nach der Senkung der Zungenspitze schnell abwechselnd aus- und einatmen lasse, wie beim „Hecheln" der Hunde, wodurch sich die von der Luft bestrichene Mitte der Zunge abkühlt. Allmählich wird bei diesem „Hecheln" der Kieferwinkel verkleinert, so daß es schließlich zum scharfen „Zischen" wird. Dabei entsteht oft ein richtiges s.
Haycock läßt zunächst die Zunge vorstrecken und die Ränder hochheben. Er macht das eventuell an einem Stück Papier klar, das die Form einer Zunge hat und in der Mittellinie gefaltet ist.

28. Von *Flatau* wird „Zungenturnen" im Spiegel empfohlen: „Eine gute Vorübung ist eine Zungenübung, die das etwas herausgestreckte Organ gegen eine median und sagittal aufgestellte, 3–4 mm hohe Schiene oder entsprechend gebogene Sonde sich umlegen läßt, worauf die Zunge in der gleichen Stellung langsam zurückgezogen wird." *Meinhold* will diese Hilfe nur für notorisch träge und ungeschickte Patienten verwendet wissen.

29. *Kube* geht von einer weiten Mundöffnung mit im vorderen Mund geballter Zunge aus, wie sie sich z. B. bei Bildung der Silben *bä – bi* ergibt. An diese Silben läßt er *ng* oder *k* anhängen, wie in *fä – fäng, ni – nik* . . . Der Endlaut ist festzuhalten, und in dieser Stellung ist etwa fünfmal schnell und locker zuzubeißen. Nach jedem Zubeißen muß der Mund wieder weit geöffnet werden. Das gleiche wird mit auslautendem *e* geübt, und danach wird der *s*-Laut angehängt. Dem suggestiven Mitsprechen des Therapeuten wird ein günstiger Einfluß zugeschrieben.

Preu empfiehlt auch die Ableitung vom k, „weil die Wölbung des Zungenrückens an der Grenze zwischen hartem und weichem Gaumen die nachfolgende s-Bildung erleichtert".

30. *Van Dongen* empfiehlt bei Gehörlosen u. a. „den eigenen s-Luftstrom mit Kraft gegen die Unterzähne des Schülers zu richten". Er bemerkt dazu: „Weniger hygienisch, aber es hat oft den gewünschten Erfolg."

31. *Harth* verwendet einen „Hauchspiegel", der in der oberen Mitte eine Vertiefung für die Nasenspitze hat. Senkrecht vor den Mund gehalten, ergeben sich bei s je nach der Störung verschieden große und verschieden geformte Hauchbilder, während normales s nur in der vorgezeichneten Mitte ein kleines Hauchbild oder gar keins erzeugt.

In schwersten Fällen verwendet man immer noch Sonden, die es ermöglichen, dem Schüler die richtige Zungenstellung zu zeigen, und mit deren Hilfe man ihn den richtigen s-Klang aus seinem Mund hören lassen kann. Gewöhnlich empfiehlt es sich jedoch, außerdem die unter Punkt 27 angegebenen Übungen auszuführen, da sie die Zunge zu selbständiger Bewegung erziehen, während Sonden die Zunge zur Passivität verurteilen oder sie sogar zum Gegendruck reizen. An Stelle der einfachen Lispelsonde kann nach *Lambeck* das hintere Ende eines Streichholzes verwendet werden.

Es sei nochmals darauf hingewiesen, daß man bei hörenden Lisplern am Anfang unbedingt vermeiden muß, während des Übens das richtige s als solches vorzumachen bzw. zu verlangen: „Sprich s!" Dann ertönt gewöhnlich wieder das falsche s, da die Klangvorstellung und das Absehbild mit der falschen Zungenstellung fest verknüpft sind *(Nadoleczny)*. *Krech* erzielt die notwendige Objektivierung der Sprechweise dadurch, daß er den Patienten während der Behandlung wiederholt mit der eigenen Stimmaufnahme konfrontiert, ihm dabei den Fortschritt zeigt und diesen mit der Erstaufnahme vergleichen läßt.

Es ist gleich, ob man von ch_1, h oder f ausgeht. Man muß zunächst immer diesen Laut vorsprechen, wenn man nicht vorzieht, nur zum Hauchen oder Zischen aufzufordern. Erst wenn der Schüler eine gewisse Übung hat, wenn er die richtige Zungenstellung mit der richtigen Klangvorstellung verbindet, kann man die Wiedergabe des s auf bloßes Vorsprechen hin verlangen. Aber Vorsicht: Bei noch nicht geheilten Lisplern können dadurch Rückfälle eintreten!

Peschl weist darauf hin, daß der Übergang zum Wortsprechen erleichtert wird, wenn man sich zunächst der Flüstersprache bedient. *Krech* rät vom Gebrauch der Flüstersprache ab, wenn eine Stimmschwäche besteht, „die durch das fast immer laryngeale Flüstern verstärkt würde".

Kramer und *van Riper* üben den neuen Laut erst in sinnlosen Silben, wodurch das Einschmelzen in ein Ganzes leichter gelingt.

Beim Einbau des neuen Lautes in Wörter ist vor ihm zunächst eine längere Pause einzuschieben oder der nachfolgende Vokal durch h anzubinden, zum Beispiel Lie – se, S – hieb, wodurch die alte Gewohnheit besser überwunden wird.

Die akustischen und kinästhetischen Übungen müssen vor allem beachtet werden.

Man übe folgende Reihen auf einem Atemzug:
$f - s - f - s - f - s \ldots$
$f - s - ch_1 - f - s - ch_1 - f - s - ch_1 - \ldots$

$s - ch_1 - s - ch_1 - s - ch_1 - \ldots$
$s - ch_1 - sch - s - ch_1 - sch - s - ch_1 - sch - \ldots$
$s - sch - s - sch - s - sch - \ldots$
$s \text{ (stimmlos)} - s \text{ (stimmhaft)} - \ldots$
$w - s - w - s - w - s - \ldots$

J. Wulff empfiehlt s-Übungen in Rhythmen und Tonfolgen, die stets lustbetont sind und gleichzeitig als Atemübungen dienen.

2.2.2.10. Engelaut sch

Die Lippen sind vorgestülpt. Der Kieferwinkel ist derselbe wie bei s und ch_1. Der vordere Zungensaum (hier ganz in den Zungenkörper zurückgezogen) schwebt hinter den Schneidezähnen im vorderen Mundraum. Er kann etwas nach oben oder unten gerichtet sein. Die Zungenränder liegen an den oberen Backenzähnen. Auf der Mittellinie bildet die Zunge eine flache Rinne. Das Gaumensegel ist angehoben. Die ausströmende Luft reibt sich unter Wirbelbildung in den Räumen hinter und vor den Schneidezähnen und erzeugt dadurch das volle Geräusch (Abb. 42 u. 43). Es ist hell, wenn der vordere Zungensaum leicht nach oben zeigt, aber tief und dunkel, wenn er nach unten zurückweicht.

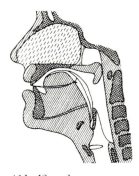
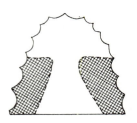

Abb. 42   sch   Abb. 43   sch

sch ist ein einheitlicher, stimmloser Reibelaut. In *Häuschen, Mäuschen* bildet das ch_1 einen Teil der Verkleinerungsform und ist deshalb vom s zu trennen. *st* und *sp* im Anlaut werden wie *scht* und *schp* gesprochen. Im In- und Auslaut entspricht ihre Aussprache der Schreibweise.
Nach G. Lindner nimmt der Laut *sch* unter den Konsonanten insofern eine Sonderstellung ein, als er eine Lautverständlichkeit von $80\,\%$ erreicht, auch in Verbindung mit anderen Konsonanten.

1. *sch drückt aus:* Die Lokomotive oder Dampfmaschine stößt den Dampf aus und zischt dabei (Dahlmann), Vögel werden verscheucht; der Wasserstrahl, der enge Bach oder der Wasserfall rauschen. Hörende Stammler reagieren gut bei der Aufforderung: „Tief und dunkel rauschen!" Auch „durch den Rüssel

blasen!" hilft mitunter, desgl. durch ein kleines Drahttor o. ä. auf dem Tisch durchpusten. Die Lippenstellung kann gut abgesehen und die ausströmende Luft getastet werden. Wild läßt das sch gegen eine dicht vor den Mund gehaltene, trockene Schiefertafel sprechen, so daß ein kreisrunder, dunkler, feuchter Fleck auf der Tafel entsteht. J. Wulff übt „Atemzielen" mit ch_1, sch, f. [1]
Am leichtesten gelingt sch beim kindlichen Eisenbahnspiel mit sch – sch – sch ... oder in Wörtern wie Schuh, schön, schlau, schlapp, schnell, schlimm, schau, Schaf, wisch ab u. a. Aschenbrenner übt zunächst die „Zungenquerlage" (s. 2.2.2.9., Punkt 16) und fügt sch-Übungen an.

2. Führing und Lettmayer lassen das Zungenspitzen-r immer schwächer rollen, „bis es in einen stumpfen, fast s-artigen Laut übergeht". Dabei muß der Schüler aber immer an r denken, damit die Zungenlage unverändert bleibt. (Mit Spiegel üben!) Wird dieses stimmlose r ohne Rollen beherrscht, sind „nur noch die Lippen vorzustülpen, und das richtige sch ist erreicht". Gelingt das nicht, so drückt F. F. Rau mit Zeige- und Mittelfinger den beiderseitig-vorderen Rand der vibrierenden Zungenspitze so von unten zurück, daß auf diese Weise die Vibrationen gehemmt werden und sch erklingt.

3. Lettmayer geht vom t aus und läßt dieses ganz leicht und zart behaucht sprechen. Er reiht solche t aneinander (ttt ...) und stülpt dabei die Lippen des Schülers vor, wodurch tsch – tsch – tsch ... entsteht. Von diesem Lautgebilde ist dann das sch leicht abzutrennen.
In ganz ähnlicher Weise verfährt Seeman. Er läßt leise üben und das sch lange ausklingen, wodurch es dem Kind klarer bewußt wird.
Auch Jaworek-Zaborsky gehen von einem t aus, bei dem jedoch die Zungenspitze bis zur Grenze des harten und weichen Gaumens zurückgebogen wird. Bildet man nun mit vorgestülpten Lippen schnell hintereinander t – t – t – ..., so entsteht gleichzeitig sch, das verlängert und schließlich abgetrennt werden kann.
Seeman geht auch vom u aus, das er flüstern läßt. Das Kind soll diese Lippenstellung beibehalten und t oder tu sprechen, dann wird das geflüsterte tu zum tschu. Aus dem lange ausgehaltenen tsch wird das sch isoliert.

4. Wenn die Zungenspitze nicht zurückgeht, macht sie Ehmert durch oszillierende Bewegungen am Mundboden frei. Ich habe in diesem Fall das Kind veranlaßt, die Daumenspitze an den Mundboden zu setzen, mit der Zungenspitze gegen die Daumenspitze zu drücken und zu „rauschen".
Jussen empfiehlt, „unter Umständen die Zunge vorstrecken zu lassen und anschließend aus der weiteren Bewegung heraus in die für die Engenbildung gewünschte Lage zu bringen".

5. Treitel geht von ch_1 aus und schiebt die Lippen vor; dann entsteht gewöhnlich ein besseres sch als nach dem s.
Führing-Lettmayer lassen auf das stimmlose „ich" ein ebensolches „öch" folgen, wobei sich das „rüsselartige Vorstülpen der Lippen von selbst ergibt, und das richtige sch ist erreicht".
Freunthaller läßt das ch_1 mit nach oben gerichteter Zungenspitze bilden. Die auf diese Weise löffelartig gestaltete Vorderzunge wird nach oben hin etwas zurückgezogen, wobei sie mit dem Vorderrand ihrer Unterseite mit den Alveolen der oberen Schneidezähne in leichte Berührung tritt (ähnlich wie beim englischen r; die Ränder der Vorderzunge sind jedoch stärker aufgebogen). Oder

er läßt die Zunge mit dem Vordersaum gegen den harten Gaumen aufbäumen, bis sie diesen fast berührt. Dann läßt er behauchen. Beide Male entsteht ein brauchbares sch.

6. Kerner drückt aus der ch_1-Lage die Zungenspitze nach unten bis zum Mundboden. Der Hohlraum entsteht über der Zunge. Liegt die Zunge weit genug zurück, ergibt sich bereits ein gutes *sch*, ohne daß die Lippen vorgestülpt werden müssen.
7. Coën benutzt ch_1 und *s* zusammen, indem er erst mit hochgestellter Zungenspitze *s* üben, dann die Lippen vorschieben und an ch_1 denken läßt.
   Haycock geht eventuell von einem langen *i* aus; er läßt es ohne Stimme sprechen und dazu die Zungenspitze zurückziehen oder mit dem Finger zurückdrücken.
8. *O. Stern* läßt ein *s* mit der Zungenspitze zwischen den Zähnen bilden. Dann schiebt er die Zungenspitze mit Hilfe der *Stern*schen Holzschere hinter die Zähne nach oben, bis ein ch_1-ähnlicher Laut ertönt, und läßt die Lippen vorstülpen oder bringt sie mit einem Handgriff nach vorn.
9. Wird *h* statt *sch* gesprochen, so ging *Hill* auf *s* oder ch_1 zurück.
10. Wird ch_2 statt *sch* gesprochen, so deuten *F. A.* und *F. F. Rau* mit Gebärden an, daß die Zunge weiter nach vorn kommen muß.
11. *Froeschels* geht auch vom *l* aus. Er läßt es stimmlos bilden und die Zungenspitze während des Sprechens etwas senken. Allerdings ist dann noch nötig, die Zungenränder anzulegen, die Lippen vorzustülpen und ohne Stimme weiterzulautieren.
12. Geschlossene Zähne öffnet *Goguillot* mit einem Spatel.
13. Gewöhnlich läßt *Goguillot s* sprechen und schiebt die Lippen nach vorn. Das *s* soll dabei nach *Brauckmann* stimmlos sein. Mitunter geht die Zungenspitze allein in die richtige Stellung zurück. Geschieht das aber nicht, so wird nur ein *s* mit vorgestülpten Lippen gesprochen. Der Stiel eines Teelöffels leistet dann gute Dienste, um die Zungenspitze zurückzuschieben. *Rakowetz* läßt zunächst bei offenem Mund die Zungenspitze zu den Alveolen der oberen Schneidezähne heben. „Wird diese Vorübung beherrscht, dann vollenden Zahnschluß und Vorstülpen der Lippen den vollen Klang des *sch*." Man kann statt dessen auch des Kindes Fingerspitze auf seine Zungenspitze setzen und diese etwas zurückschieben lassen. *Haycock* empfiehlt, das Kind mit seinem Finger die Zungenspitze des Lehrers tasten zu lassen, oder einen schmalen Kartonstreifen zwischen oberes Zahnfleisch und Zungenoberfläche zu stecken. *Fourgon* läßt die Zungenspitze von den Alveolen der oberen Schneidezähne, gegen die sie zunächst zu stützen ist, leicht nach dem Mundinnern zurückziehen, wo sie schweben soll, während das Lippenrunden und -vorstülpen zum Blasen überleitet.
14. *Zelenka* geht vom *z* aus und hebt die Zungenspitze mit dem Spatel so weit, daß ein *tsch* entsteht. Der Schüler soll aber immer nur ans *z* denken! Durch Wortübungen wie *ritsch, platsch* usw. kommt er dann zum reinen *sch*.
15. Ertönt das *sch f*-ähnlich, so ist die Unterlippe zu hoch. *Goguillot* zog dann die Mundwinkel herunter oder drückte die Unterlippe abwärts.
    F. A. und *F. F. Rau* korrigieren vor dem Spiegel die Lippenstellung, verfolgen dann weiter die bereits angegebenen Methoden und verwenden eine etwas breitere Sonde.

16. Ist zwischen den oberen Schneidezähnen eine Spalte vorhanden, wird diese von *Kramer* benutzt, um mit Hilfe eines durch sie geführten Stäbchens die Zunge zu berühren, die sich unwillkürlich vor dem Fremdkörper zurückzieht. Dann läßt *Kramer* bei geschlossenen Zahnreihen blasen. Dabei kommt der richtige Klang des *sch* zustande, der jedoch ohne Hilfe erst nach zahlreichen Übungen gelingt *(O. Stern)*. Wird das *sch* nur mit zu eng vorgestülpten Lippen gebildet, so zeigt *Fourgon* die Zungenstellung an und läßt den Schüler beim Lautieren mit zwei Fingern die Lippen breitziehen. Dadurch wird der Lippenwiderstand aufgehoben und der Schüler gezwungen, einen Widerstand mit der Zunge zu bilden. Bei zu enger Mundöffnung und gespannter Zunge läßt er *f – sch* ... oder *fa – scha* ... im Wechsel sprechen.
Ähnelt das *sch* einem ungenauen *s,* so läßt *Fourgon* auch *oscho* sprechen, woraus über *osch* ... schließlich *sch* gewonnen werden kann.
17. Werden die Backen aufgeblasen, so liegt gewöhnlich ein seitliches Lispeln vor. Es muß zunächst bei *s* behoben werden. Andrücken der Backen mit den Händen *(Fourgon)* hilft jedoch nur selten. Gewöhnlich muß man noch andere Hilfen verwenden. Bei zu lockeren Wangen läßt *Haycock* pfeifen, dann die Lippen vorstülpen und die Mundwinkel einander nähern.
18. *Kube* geht von *i* oder *u* aus. Hat er dabei keinen Erfolg, so wählt er Wörter, die mit ch_1, *n, l, t* oder *k* enden. Er läßt diese Laute halten und dabei die Lippen mehrmals zur *sch*-Bildung vorschieben, ohne die Zungen- und Kieferstellung zu verändern. Danach läßt er mit weit geöffnetem Mund Reihen üben, wie *ma – matt – Matte – Matsch* u. a., wobei der Verschluß des letzten *t* erst nach Vorschieben der Lippen zu lösen ist, so daß der explosive Luftstoß ganz in das *sch* eingeht.
19. *Weiß* verwendet ein nachfolgendes *t* als „Schleifstein" zur Schärfung und Konzentrierung des *sch*.
20. Genäseltes *sch* wird ebenso behandelt wie genäseltes *s*.
21. Wird von Hörgeschädigten bei *sch* die Stimme angegeben oder *u* dafür gesprochen, so lasse ich den richtigen Laut bei mir mit dem Handteller abtasten, indem ich ihn „hechle".
22. Zur akustischen und kinästhetischen Übung spreche man Reihen wie *s – sch – s – sch – ..., ch_1 – sch – ch_1 – sch ..., s – ch_1 – sch – s – ch_1 – sch* ... u. ä. und verbinde damit Atemübungen *(s. 1.6.1.).*

2.2.2.11. Engelaut ch_1 und j

Die Lippenöffnung ist je nach dem benachbarten Selbstlaut verschieden. Die Zahnschneiden brauchen nicht senkrecht zueinander zu stehen. Die Zungenspitze liegt breit hinter den unteren Schneidezähnen und ist ein wenig zurückgezogen oder berührt deren Innenfläche *(v. Essen)*. Die Vorderzunge ist etwa bis zur Mitte nach dem harten Gaumen zu gehoben. Die Zungenränder liegen an den Backenzähnen an. Der Gaumen wird seitlich etwas berührt. Der Zungenrücken bildet eine sagittale flache Rinne, von der das Reibegeräusch seinen Ausgang nimmt. Das Gaumensegel schließt den Rachen dicht ab (Abb. 44 u. 45). das ch_1 ist stimmlos, bei Stimmangabe entsteht *j*. Dabei ist gewöhnlich auch die Engebildung lockerer.

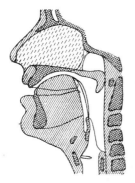 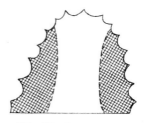

Abb. 44 ch_1 Abb. 45 ch_1

ch_1 wird gesprochen:
a) *nach ä, e, i, ö, ü, ai, ei, äu, eu, l, r, n* und in der Endung *–chen;*
b) in der Endung *–ig* im Silbenschluß und vor Konsonanten: wenig, befriedigt. Von dieser Regel ausgenommen sind Wörter mit der Endsilbe *–lich,* z. B. ewiglich = ewiklich, königlich = köniklich und das Wort Königreich = Könikreich *(Siebs).*

j darf nicht als Halbvokal gesprochen werden, also nicht *iung* statt *jung,* wobei der erste Laut an Stelle des *j* ein geriebenes *i* darstellt. Andererseits soll nicht für *i* ein *j* eingesetzt werden, z. B. soll Familie nicht wie Familje klingen.

1. Wenn *s* statt ch_1 *gesprochen wird, so genügt mitunter in die ans Kinn angesetzte hohle Hand nach unten blasen zu lassen (Süß). Man kann auch zischen lassen wie die Gans (Dahlmann) oder wie der Staubsauger. J. Wulff erzielt* ch_1 *als palatales Seufzen, als Fauchen der Katze oder als ächzenden Wind. Am leichtesten geling das* ch_1 *in Wörtern wie weich, reich, leicht, ich, mich, Milch u. a.*
2. *G. E. Arnold läßt rasch ihi – ihi – ihi sprechen, wobei ichi – ichi – ichi entsteht. Daraus kann durch Sprechen von i – ch – i – ch – i das* ch_1 *abgetrennt werden. J. Wulff läßt hch, hch gegen den Vordergaumen hauchen oder spricht vom „Gaumenseufzer".*
Wängler läßt hia, hio, hie bilden, wobei der erste Teil recht kurz, der vokalisch reine Schluß dagegen lange ausgehalten werden soll, um j zu erhalten.
3. *Kerner erzielte oft* ch_1*, wenn er die Berührungsstellen von Zunge, Zähnen und Mundboden mit Stäbchen, Sonde oder nassem Wattebäuschchen bestrich oder betupfte und dann blasen ließ.*
4. *Drückt man bei i oder ü die Vorderzunge nach den oberen Zahnflächen zu, so entsteht zunächst ein j (Moll), beim Weglassen der Stimme das* ch_1*. Mitunter genügt es, i vorzusprechen, die Stimme wegzulassen und weiter Luft ausströmen zu lassen, während man am Kehlkopf abtasten läßt (Reitter) und dabei mit dem Handrücken am Kinn den Luftstrom wahrnimmt (Seeländer). Hilft das nicht, so drückt H. Hoffmann vom Kieferhalswinkel leicht nach vorn oben.*
5. *Froeschels läßt h sprechen und drückt die Zungenspitze nach unten hinter die Schneidezähne. Dadurch steigt der vordere Zungenkörper von selbst hoch.*

6. Manchmal lasse ich *h* sprechen, hebe den Unterkiefer an und drücke zugleich vom Mundboden aus die Zunge vorn hoch (vibrieren!).
7. Oder ich lasse die Zungenspitze herausstrecken, die Spitze des kleinen Fingers daraufsetzen, damit die Zunge zurückschieben und blasen.
8. Mitunter lasse ich ein *sch* sprechen, ziehe die Mundwinkel breit und klopfe mit der Zeigefingerspitze leicht dicht hinter das Kinn (*sch* weiter vorsprechen). Wird *sch* statt ch_1 gesprochen, so senkt *Fiukowski* anfangs den Unterkiefer bis daumenbreit und kontrolliert den Zungenkontakt. Führt das nicht zum Erfolg, geht er von der Laufkombination kch_1 in Verbindung mit *i, ü, e, ö* aus, um den *k*-Verschluß vorzuverlagern. „Der *k*-Verschluß wird ohne Behauchung auf die Reibelaute geöffnet. *Zickchen, Mückchen, Säckchen, Söckchen* usw." (s. auch Punkt 11).
9. *Hill* drückt die Zungenspitze nach unten zurück, entweder mit dem Finger des Kindes (*Gutzmann sen.*) oder mit einer Sonde.
10. Bei seitlich gezischtem ch_1 drücke ich die Mundwinkel fest an. Man muß genau die Stelle beachten, wo der Luftstrom die Zahnreihen verläßt und dort verschließen. Bleibt diese Maßnahme ohne Erfolg, so bilde ich zuerst das *s* richtig, welches mit ziemlicher Sicherheit auch seitlich gezischt wird. Dann entwickle ich vom *s* aus das ch_1.
11. Aus zurückliegendem *t* oder vorderem *k* (nach *ä, e, i*) kann ch_1 gewonnen werden, wenn man wie *Bangert* angibt, nach der *t*-Explosion die Luft weiter ausströmen läßt.
12. *j* erhält man, wenn man *i* in *ia, io, iu* usw. spricht und immer mehr verkürzt.
13. Aus stimmhaftem *s* erhält *O. Stern j* durch Zurückschieben oder Niederdrücken der Zungenspitze. Hörrestige können die Stimme bei *j* selbst beobachten, wenn sie die Ohren zuhalten und $ch_1 - j - ch_1 - j$ . . . aneinanderreihen (*Kloster-Jensen*).

2.2.2.12. Engelaut ch_2

Lippen und Kiefer sind den Nachbarlauten entsprechend geöffnet. Die Zungenspitze soll an die unteren Schneidezähne stoßen. Die Hinterzunge ist nach dem weichen Gaumen zu gehoben und berührt sowohl ihn als auch die hinteren, oberen Backenzähne mit beiden Rändern, während sie sich ihm in der Mitte nur nähert (je kleiner der Kieferwinkel ist, desto größer ist die Annäherung). Die Luft findet einen Engpaß vor, in dem sie ein reibendes Geräusch erzeugt. Das Gaumensegel ist gehoben (Abb. 46).

ch_2 wird nach *a, o, u, au* gesprochen. *chs* klingt wie *ks*: der *Dachs, sechs, wichsen, Weichsel*, außer wenn *ch* und *s* durch den Ausfall eines Selbstlautes zusammentreten: du *wachst* für *wachest* (*Siebs*) oder des *Dachs* für des *Daches*.

1. ch_2 *kann ausdrücken: Schnarchen, Schaben, Kratzen oder ähnliches. J. Wulff läßt nicht „kratzen", sondern nur „hauchend reiben", bezeichnet den Laut aber auch als „Fauchen der kratzenden Katze". Abtasten lassen an Kehlkopf, Brustkorb, in der hohlen Hand usw. Leicht zu bilden ist es in ach, Bach, Dach, Loch, Buch, auch, Bauch, Rauch u. a.*

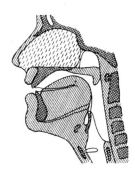
Abb. 46 ch_2

2. Wenn man das Kind zum Gähnen reizt und dabei stark aushauchen läßt, entsteht oft schon ch_2.
3. Liebmann läßt ch_1 sprechen und öffnet dabei den Mund sehr weit.
4. E. P. Seidner läßt Zäpfchen-r sprechen und deutet Hauchen an.
5. k mit Geräusch und nachdrängendem Hauch gesprochen, ergibt nach Reitter ch_2. Weißweiler erzielte es, indem er den Luftstrom ruhig über den nicht plötzlich gelösten Zungenrücken streichen ließ.
Van Dongen läßt in schwierigen Fällen k sprechen, legt den Zeigefinger auf den Zungenrücken und bewegt ihn von links nach rechts, während der Schüler lautiert.
6. Haycock geht eventuell vom ng aus, läßt die Stimme weg und treibt einen starken Atemstoß zwischen Zunge und Gaumen durch. Die Zunge soll dabei den Gaumen nicht zu weit hinten berühren.
7. Haycock geht von einem starken sch aus, läßt die Zunge in h-Stellung zurückziehen – aber ohne den Gaumen zu berühren – und läßt dann stark atmen.
8. Lachs bildete s oder ch_1 und legte zwei Finger auf die Zungenspitze; Heil schob die Zunge etwas zurück.
9. Ich lasse bei Gehörlosen h sprechen und drücke dabei mit dem waagerecht gehaltenen Zeigefinger vom Mundboden aus nach oben und hinten, bis ch_2 entsteht. Just drückt mit Daumen und Zeigefingerkuppe beiderseits des Zungenbeins nach oben. Gutzmann sen. wendet die gleichen Hilfen an, läßt aber dabei a sprechen. J. Wulff „geht aus vom Lachen wie in ha und verweilt in der weiten Kehl- und Mundöffnungsspannung, um dabei durch einen zarten Reibehauch den Laut anzudeuten".
10. Manchmal ergab sich ch_2, wenn ich bei ng die Nase zuhielt und „weiterbrummen" ließ. Gewöhnlich entsteht aber dabei g oder k und anschließend h oder ein Vokal.
11. Wird h gesprochen für ch_2, so entwickelt Nadoleczny ch_2 aus einem Räuspern.
12. Kerner erzielte das ch_2 nach Betupfen oder Bestreichen der Reibungsstellen.
13. Zur Übung der akustischen und kinästhetischen Unterscheidungsfähigkeit dienen Reihen wie:
$ch_2 - r - ch_2 - r \ldots$,
$ch_2 - ng - ch_2 - ng \ldots$
$ch_1 - ch_2 - ch_1 - ch_2 \ldots$ u. ä., mit denen Atemübungen verbunden werden können.

2.2.2.13. Verschlußlaute p und b

Die Lippen werden aufeinandergelegt. Der Kieferwinkel befindet sich in leichter Öffnungsstellung, da die Bildung des p mit geschlossenen Zähnen nur schwer möglich ist. Die Zunge liegt flach im Mund. Das Gaumensegel liegt der Rachenwand an. Bei p sind die Lippen stärker als bei b gespannt. p wird stimmlos und mit starkem Hauch, b dagegen stimmhaft und wenig behaucht gesprochen. Der Unterschied ist gut wahrzunehmen, wenn man sich die Ohren zuhält und die Backen aufbläst. Der Lippenverschluß wird bei p mit, bei b fast ohne Behauchung gelöst (Abb. 47).

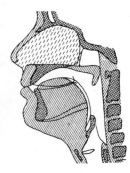

Abb. 47 p, b

p im Inlaut wird in der Praxis häufig auch von besten Sprechern nur wenig oder nicht behaucht. (Krech).
b „im Auslaut eines Wortes oder Zusammensetzungsgliedes oder wo es im Wortinnern mit einem stimmlosen Verschlußlaut eine Lautgruppe bildet", ist stimmlos und behaucht zusprechen, wie p: ab, Obmann, gibt.
b im Silbenanlaut ist stimmhaft zu sprechen: Bär, Liebe, Ebbe. Vor stimmhaft anlautenden Endungen wie –lich, –lein, –ling, –nis, –bar, –sam, –sal, –sel ist b nicht behaucht zu sprechen, wie sonst im Anlaut, verliert aber den Stimmton: Knäb–lein, Lieb–ling (Siebs).

1. p mit wegwerfender Gebärde ist Ausdruck der Geringschätzung. Es entsteht, wenn der Dampfkessel pufft (Drach), wenn das Licht ausgeblasen wird, wenn man auf die Pusteblume pustet (Reuß) oder eine kleine Schaukel mit Teddy in Bewegung setzt u. a. Man kann auch einen Ball in einem flachen Kästchen hin- und zurückblasen (Rau). J. Wulff läßt vor dem p ebenso wie hinterher hauchen, um den Laut plastisch zu erzielen. Notfalls macht er Spuckübungen. Trenschel geht von der Vorstellung des Steinrammens aus. Mit m wird die Ramme gehoben, mit starkem p herabgestoßen: m – p, m – p . . . Oder er erzeugt den „Knalleffekt" mit bilabialer Explosion bei Auseinanderreißen der Arme.
2. Das Aufplatzen der Lippen kann man sehen. Papierschnipsel, Fäden, Sand, Kreide, Wattepfropfen usw. lassen sich mit p und b verschieden weit pusten (Nickel). Das Licht geht aus oder flackert hin und her. Im Winter ist der Hauch zu sehen.

Man empfindet die entweichende Luft mit dem Handrücken oder in der hohlen Hand. Bei stimmhaftem b tastet man die Stimme mit der Hand am Kehlkopf. Man bemerkt sie auch, wenn man sich bei Bildung des b die Ohren zuhält (J. Wagner).
F. A. und F. F. Rau warnen vor übertriebenem Vorsprechen des p bei Gehörlosen, da jede Übertreibung zu Fehlern führen kann.

3. Zur Kräftigung der Lippenmuskeln läßt Gutzmann sen. einen Bleistift mit den Lippen an einem Ende halten; Drach läßt ihn zwischen Oberlippe und Nase nehmen. Man lasse einen Schlüssel, Bleistift, Kork usw. mit den Lippen erfassen und aufheben.

4. Wird p inspiratorisch gebildet, sind Blasübungen gut: Aufblasen von Gummiballons, Tierblasen, Papiertüten usw.: ins Wasser, durch Schilfrohr, Stroh, Federpose, Holz- oder Glasröhrchen usw. blasen. Bei einem hartnäckigen Fall erzielte ich p oder b über ein Lippen-r, das ich so lange verkürzen ließ, bis der Schüler nur noch einen einzigen Lippenschlag ausführte.

5. Ich lasse in manchen Fällen die Backen aufblasen und leicht mit den Fäusten oder Fingern daran schlagen. Keinesfalls darf jedoch daraus ein gewohnheitsmäßiges Backenaufblasen werden!

6. Gutzmann sen. läßt die Lippen schließen und die Backen aufblasen, während er die Nase zuhält; beim Öffnen des Mundes entsteht dann ein p.

7. Liebmann läßt blasen, drückt dabei die Lippen leicht zusammen und läßt sie dann plötzlich los. Young drückt den Unterkiefer und die Unterlippe mit Daumen und Zeigefinger an die Oberlippe (ohne diese jedoch zu berühren) und zieht beide dann schnell und fest wieder nach unten. Entsteht dabei noch nicht der benötigte Luftstoß, so drückt sie dem liegenden Schüler mit der anderen Hand sanft und schnell die Bauchdecke unterhalb des Zwerchfells nach innen, gleichzeitig zieht sie Kiefer und Lippe nach unten.
Rau-Slesina (1969) erzielen b durch schnelle Auf- und Abbewegung des waagerecht unter die Unterlippe gehaltenen Zeigefingers. Dabei wird die ausströmende Luft unterbrochen und bbb . . . erklingt. Bewegt man den Finger langsamer, entsteht bebebe oder bübübü, woraus b isoliert wird.

8. Wird das Aufblasen der Backen zur Gewohnheit, so sind diese nach Walther durch Anziehen der Backenmuskeln festzuhalten.

9. Hill erzielte p, indem er m sprechen ließ und dem Kind die Nase zuhielt. Auch wenn fälschlich mp oder me statt p gesprochen wurde, wandte er dieses Mittel an. Ich fand, daß dieser Fehler bei Gehörgeschädigten häufig durch zweckmäßiges Vorsprechen gebessert wird. Beispielsweise wird bei Papa das zweite p meist mit zu lange dauerndem Lippenschluß vorgesprochen. Das nichthörende Kind denkt dabei – besonders bei neuen Wörtern – an m, während es kurzen Lippenschluß als p oder b abliest.
Van Uden macht den Unterschied zwischen Mama und Papa deutlich, indem er bei Papa mit den Fingerspitzen in die Hand klopft, während er bei Mama sanft über die Hand streicht.

10. Wird b stapp p gesprochen, so fügt Vatter h an: bh. Die Stimme muß aber wegbleiben. Haycock demonstriert bei p den richtigen Lippendruck zunächst an der Hand des Kindes. F. A. und F. F. Rau lassen tasten und dadurch das Fehlen der Stimme bei p feststellen. Hörrestige unterscheiden stimmhaft und stimmlos selbst gut, wenn sie dabei die Ohren zuhalten (Kloster-Jensen).

Seeländer unterscheidet bei gehörlosen Kindern b und p nur nach der Stärke des Druckes und verzichtet auf Stimmhaftigkeit.

11. Wird *p* statt *b* gesprochen, so läßt man den Hauch weg, oder man übt *pu – wu – bu* ... *(Goguillot)*. *Huschens* läßt *bbbb* ... leicht und rasch mit Stimme sprechen. *Haycock* will das stimmhafte *b* auf keinen Fall als isolierten Laut gelehrt wissen, sondern nur in Silben oder Worten, und zwar mit Lallsilben beginnend.
12. Wird *pt* oder *ps* an Stelle von *p* gesprochen, so fordert *Fourgon* den gehörlosen Schüler zunächst auf, die Zunge während des Lippenschlusses flach und unbeweglich auf dem Mundboden liegenzulassen und läßt dann *papapa*... sprechen. Führt das nicht zum Erfolg, so hält er die Zunge mit einer Holzlamelle nieder.
13. Wenn die Zähne zu dicht geschlossen werden, so steckt *O. Stern* einen Spatel oder den kleinen Finger dazwischen.
14. Werden die Lippen zu sehr aufeinandergepreßt, so schafft nach *Goguillot* ein vibrierendes Berühren der Lippen mit dem Finger Abhilfe.
15. Entweicht die Luft ganz oder teilweise durch die Nase, läßt *Haycock* diese vom Kind mit Daumen und Zeigefinger verschließen.
16. Werden *p, b* nasaliert, so macht *van Dongen* u. a. Gähn- und Stoßübungen oder tippt notfalls das Zäpfchen mit dem Spatel an.

2.2.2.14. Verschlußlaute t und d

Die Lippen sind beliebig geöffnet. Der Unterkiefer ist mäßig gesenkt und leicht bewegt. Der vordere Zungensaum berührt die oberen Schneidezähne oder die dahinter befindlichen Zahnfächer (apikal). Die Zungenränder liegen an den Oberzähnen. Das Gaumensegel schließt den Nasenraum dicht ab. *t* wird mit kräftig gespannter, *d* mit weniger gespannter Zunge gebildet. Der vordere Zungensaum läßt den Verschluß bei *t* mit, bei *d* ohne Behauchung (Abb. 48 u. 49).

Abb. 48 t, d

Abb. 49 t, d

Die dorsale Bildungsform, bei der die Zungenspitze an den unteren Schneidezähnen liegt, ist für Sprachheilzwecke günstig. Der Verschluß wird zwischen der stark nach

oben gewölbten Vorderzunge und dem Gaumen gebildet. Vordergaumen und Gaumenseiten werden in breiten Streifen berührt.
t ist stimmlos, *d* im Silbenanlaut stimmhaft zu sprechen: *da, drei, Rede, Widder*.
d im Silben- oder Wortauslaut oder mit stimmlosem Verschlußlaut in derselben Lautgruppe ist stimmlos und behaucht: *Rad, ward, bald, Pfand*.
Vor stimmhaft anlautenden Endungen wie *–lich, –lein, –ling, –nis, –bar, –sam, –sal, –sel* ist *d* stimmlos und nicht unbedingt behaucht zu sprechen: *kindlich, Rädlein (Siebs)*.
t im Inlaut wird in der Praxis häufig auch von besten Sprechern nur wenig oder nicht behaucht *(Krech)*.

1. *Am leichtesten lassen sich d und t in den Verbindungen da, dudu, tätä, tut oder Auto erzielen. Remmler spielt mit den Kindern „Traktor fahren" und erzielt dabei t – t – t.*
2. *d und t sind leicht abzusehen. Mit der ausströmenden Luft, die man mit der Hand wahrnehmen kann, bläst man leichte Gegenstände fort (Watte, Papier, Feder u. a.), oder man bläst eine Kerze aus. J. Wulff läßt vor dem t wie hinterher hauchen, um den Laut zu erzielen. Notfalls macht er Spuckübungen mit der Zungenspitze wie van Dongen. Trenschel geht von der Vorstellung eines Klopf- oder Hammergeräusches aus und schlägt beim Artikulieren mit der Hand auf einen Gegenstand. Bei d tastet man die Stimmhaftigkeit am Kehlkopf und an den unteren Zähnen (Kerner).*
3. *Nimmt man nach O. Stern und Gutzmann sen. die Zungenspitze zwischen die Lippen, so läßt sich ein p-ähnlicher Laut hervorbringen. Drängt man die Lippen weg, so treten die Oberzähne an die Stelle der Oberlippe, und der Verschluß öffnet sich zum t. Nach Freunthaller hilft diese interdentale Bildung, wenn der d-Verschluß seitlich geöffnet wird und dadurch ein gl-ähnlicher Laut entsteht. Setzt man dabei p voraus, gelingt t häufig leichter.*
   Ich lasse erst b und p sprechen, dann die Zungenspitze zwischen die Lippen nehmen und weiter b, p üben. Wängler läßt plötzlich die Zunge zwischen die Lippen schnellen, nachdem der Übende b oder p vorbereitet hat. Auch F. A. und F. F. Rau gehen bei vielen Fehlern auf p und b zurück, lassen die Zungenspitze zwischen die Zähne nehmen und allmählich zurückziehen.
4. *H. Stern geht vom s aus, drückt dicht hinter dem Kinn mit der Zeigefingerspitze die Zungenspitze hoch und unterbricht dadurch den Luftstrom.*
5. *Wird das s noch nicht gesprochen, so bringe man den Unterkiefer bis auf 1–2 mm an den Oberkiefer heran, lasse blasen oder hauchen und drücke die Zungenspitze vom Mundboden aus kurz hoch. Man kann auch die Zahnreihen ganz schließen lassen und dann die Zungenspitze nach den oberen Schneidezähnen drücken, wie Liebmann empfahl. Wird statt t ein Laut zwischen h und s gesprochen, so hilft nach Freunthaller seitlicher Druck auf die Backen.*
6. *Goguillot läßt n sprechen, faßt das Kinn und reißt es leicht nach unten.*
7. *Einige Male ließ ich die Zungenspitze zwischen die Zähne nehmen und zog das Kinn kurz herunter, wodurch ein d entstand. Später ließ ich die Zungenspitze hinter die Zähne nehmen. Bei Anwendung dieses Kunstgriffes ist jedoch darauf zu achten, daß daraus keine große Kieferbewegung bei der Bildung des d wird.*
8. *Young hebt die Zungenspitze mit dem Spatel in t-Stellung und nimmt ihn*

dann schnell wieder heraus, so daß die Zunge von der ausströmenden Luft herabgedrückt wird. Wenn der Lehrer mit dem Finger auf die Mitte der Oberlippe tippt und ihn dann schnell abwärts führt, wird die Zungenspitze oft schon dadurch zur richtigen *t*-Bewegung veranlaßt.

9. *Wie Kerner schon andeutete, lasse man n sprechen, halte die Nase zu und spreche weiter n vor, worauf sich t bzw. d ergibt.*
10. Wird *l* statt *t* gesprochen, so drückte *Goguillot* die Backen an, um ein seitliches Entweichen der Luft zu verhindern. Ich halte gleichzeitig die Nase zu, um auch diesen Ausweg zu versperren.
11. Wird *k* bereits gesprochen, *t* jedoch nicht, so lasse ich die Zunge weit herausstrecken und *k* lautieren. Der Mund darf aber nur so weit offen sein, daß die oberen Schneidezähne den Zungenrücken berühren. Allmählich wird die Zunge zurückgenommen.
12. Atmet man bei geschlossenem Mund, so liegt die Zunge etwa in *t*-Stellung. *O. Stern* läßt bei geschlossenem Mund kräftig aus- und einatmen, zieht dabei die Unterlippe herab, bedeutet dem Schüler, den Luftstrom nicht mehr durch die Nase, sondern, unter Lösung eines Verschlusses wie beim *p*, zum Mund hinauszuschicken und erhält bisweilen ein *t*.
13. Wird ein Schnalzlaut an Stelle von *t* oder *d* gebraucht, so muß der Luftstoß der richtigen Bildung abgetastet und geübt werden *(Freunthaller)*.
14. Wird bei *t* der Unterkiefer zurückgezogen, so daß ein Nachlaut entsteht, so lassen *F. A.* und *F. F. Rau* das Kinn abtasten und weisen auf das Fehlen der Stimme hin.
15. Wird *d* statt *t* gesprochen, so übt *Vatter dh*. Wenn der Hauch zu stark wird, so muß man ihn durch ständiges Üben zum Verschwinden bringen. Wird umgekehrt *t* statt *d* gesprochen, so übe ich *nd* im Inlaut und weise darauf hin, daß die Stimme weitertönen soll. Hörreste empfinden den Unterschied von stimmhaft-stimmlos selbst gut, wenn sie dabei die Ohren zuhalten *(Kloster-Jensen)*. *Seeländer* unterscheidet bei gehörlosen Kindern *t* und *d* nur nach der Stärke des Druckes und verzichtet auf Stimmhaftigkeit.

Wird *nt* statt *t* gesprochen, so läßt *Fourgon* die *t*-Stellung zunächst länger aushalten, die Explosion nur auf ein bestimmtes Zeichen ausführen und verkürzt allmählich die Dauer der *t*-Stellung. Auch läßt er *pa – ta – pa . . .* sprechen und schließlich noch mit Hilfe einer Flaumfeder feststellen, daß keine Luft durch die Nase entweicht.
16. Macht sich zwischen *t* und dem folgenden Laut ein *s*-artiges Geräusch bemerkbar, so wird meist der Verschluß mit dem vorderen Zungenrücken gebildet statt mit dem vorderen Zungensaum. *C.* und *P. Martens* lassen dann nach Hinweis auf die richtige Bildung Wörter mit *t* im Auslaut und folgendem *a* sprechen und üben Wortpaare zum Unterscheiden von *ts* und *t* wie *Tal – Zahl, Tante – tanzen, satt – Satz*.
17. *Grunewald* läßt locker „ausruhend" sprechen, wodurch eine Verkrampfung vermieden wird. Dabei macht er ohne jede Spannung eine Pause in der *t*-Stellung und artikuliert dann mit kräftigem Hauch weiter. Auf diese Weise tritt offenbar ein Bewußtwerden des Sprechvorgangs ein.
18. Ist der Druck der Zungenspitze an den Alveolen ungenügend, so demonstriert ihn *Haycock* mit dem Finger auf der Hand des Kindes.

2.2.2.15. Verschlußlaute k und g

Lippen und Kiefer sind den Nachbarlauten entsprechend geöffnet. Die Zunge berührt mit dem Rücken den harten Gaumen oder die Grenze zwischen hartem und weichem Gaumen je nach angrenzendem Vokal. Der Verschluß wird durch aktive Innervation ausgelöst und nicht nur durch die sich stauende Luft gesprengt. Der vordere Zungensaum soll an den unteren Schneidezähnen liegenbleiben. Das Gaumensegel ist gehoben (Abb. 50 u. 51). Durch Übung kann man die Verschlußstelle für alle Verbindungen von *k* mit Selbstlauten bis zu der des *ki* vorbringen *(Drach)*. Beim *k* ist die Zunge etwas mehr gespannt als beim *g*; sie berührt bei *g* einen größeren Teil der Gaumenfläche als bei *k*. Der *k*-Verschluß ist stimmlos und mit Hauch zu lösen. Im Inlaut wird *k* sehr häufig auch von besten Sprechern nur wenig oder nicht behaucht *(Krech)*. *g* ist stimmhaft und wenig behaucht.

Abb. 50 k, g

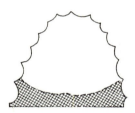

Abb. 51 k, g

g „im Auslaut eines Wortes oder Zusammensetzungsgliedes, oder wo es im Wortinneren mit einem stimmlosen Verschlußlaut zusammenstößt", ist wie stimmloses, behauchtes *k* zu sprechen: *Schlag, Balg, Magd, legt*. Vor stimmhaft anlautenden Endungen wie *–lich, –lein, –ling, –nis, –bar, –sam* ist *g* stimmlos, aber nicht behaucht zu bilden und nur mäßig zu verhärten: *Feig – ling, sag – bar, bieg – sam (Siebs)*. *g* in der Silbe *ig* wird meist *ich* gesprochen. (s. ch_1 2.2.2.11.). Die Verhärtung zu *ik* nimmt jedoch zu.

1. *Man spielt „Verstecken" mit der Zunge oder gibt die Anweisung: „Mach hinten die Tür zu! Laß mal aufplatzen!" u. ä. J. Wulff läßt vorweg und hinterher hauchen und kommt schließlich über den Schluckauf zum Ziel (hi – chi – ki, hikhi, hickho), bezeichnet k auch als Axt- oder Boxhieb oder als „Knallschuß päng-k". Leicht gelingen k und g in Kakao, Käse, Käte, Käfer, Kamm, kaputt, kauf, Kaffee, kikeriki, Kuckuck, gaga, gib, gut, gegen, usw.*
2. *Absehen kann man k und g nur bei weit geöffnetem Mund. Leuchtet man in die Mundhöhle hinein, dann wird die Zungenbewegung noch besser sichtbar. Ewings deuten mit Lautgebärde an, wo die Explosion stattfinden soll.*
   Getastet wird an Hals und Mundboden, mit dem Handrücken oder mit der hohlen Hand. Haycock erlaubt dem Kind, seinen Finger auf des Lehrers Zunge zu legen, damit es Aufwärtsbewegung und Druck bei k fühlt.

3. Mitunter erhält man schon ein brauchbares *k* oder *g*, wenn man *p, t, k* oder *b, d, g* langsam nacheinander vorspricht und dabei eine Feder oder eine brennende Kerze vor den Mund hält.
4. *Houdelet* erzielt relativ leicht und sicher ein *k*, indem sie dem Kind ein Bonbon auf die Zungenspitze legt und *t, d* vorspricht. *Onishi* benutzt zum gleichen Zweck ein Kunststoffplättchen.
5. Nach *Freunthaller* nähern sich *t* und *d* in Klang und Artikulation dem *k* und *g*, wenn man die Kiefer weit voneinander entfernt. *Haycock* warnt jedoch davor, bei Gehörlosen ein isoliertes *k* mit weit geöffnetem Mund zu üben, weil dadurch die Artikulationsstelle zurückgezogen wird und ein dumpfkehliger Laut entsteht.
6. *Bei kleinen Gehörlosen spreche ich einen t-ähnlichen Verschlußlaut vor, bei dem die Zungenspitze an den unteren Schneidezähnen liegt und der Verschluß mit hochgewölbter Vorderzunge gebildet wird. Dabei ergibt sich beim Kind manchmal k und g.*
Mitunter erreichte ich ein *k* dadurch, daß ich während des *t*-Vorsprechens mit der Faust eine leichte Abwärtsbewegung machte, anschließend aber mit dem Spatel die Knöchel an der Aufwärtsbewegung wie zum *t*-Verschluß hinderte und dagegen das Handgelenk hochgehen ließ. Die ähnliche Zungenbewegung sieht das Kind bei mir im Mund. Dann probiert das Kind selbst mit seinem Finger.
Die Daumenhilfe ist im allgemeinen noch einfacher: Das Kind wird veranlaßt, seinen eigenen Daumen wie zum Lutschen hinter den oberen Schneidezähnen an die Alveolen zu legen. Dabei spreche ich t vor und fordere diesen Laut vom Kind. Die Zungenspitze wird jedoch durch den Daumen daran gehindert, sich an die Zähne anzulegen, während sich der Zungenrücken meistens zum erwünschten k-Verschluß hochwölbt und das k oder g vom Kind angegeben wird.
7. *Schon Amman erzeugte aus dem t ein k, indem er die Zungenspitze mit dem Finger oder einem Spatel niederhielt. Baldrian warnt davor, in diesem Falle einen Spiegel zu verwenden, weil er irreführen kann. Ich nehme meist den Zeigefinger des Kindes und drücke damit seine Zungenspitze nieder, lasse aber das Kind sobald wie möglich diese Hilfe selbst ausführen. Dabei kommt es vor, daß das Kind die Zungenspitze kurz vor der Sprengung des Verschlusses unter der Fingerspitze vorzieht und dann doch den Verschlußlaut über ihr, also ein t bildet. Dem begegnet man am besten, indem man zwei oder drei Finger auf die Zungenspitze legt, oder wenn man das Kind durch Zählen mit den Fingern von dem Artikulationsvorgang ablenkt.*
Nach einiger Übung gelingt das k, wenn man bloß die Fingerspitze in den Mund einführt bzw. an die unteren Schneidezähne legt (Seeman).
8. *Schiebt das Kind den Finger des Therapeuten aus dem Mund, so legt es Seeman auf den Rücken, mit dem Kopf etwas nach hinten geneigt. „Die Zunge fällt durch ihr Eigengewicht zurück, und indem wir sie mit dem Finger zurückdrücken, entsteht ein Abwehrreflex, bei dem der Zungenrücken den weichen Gaumen berührt." Dabei entsteht ein k.*
9. Läßt man nach *Kerner* ng sprechen und hält dabei die Nase zu, so entsteht *k* oder *g*. *Seeman* läßt na sprechen, schiebt die Zungenspitze des Kindes zurück und verstopft dessen Nase, wodurch ga entsteht.
10. Das Einführen des Fingers in den Mund ruft oft eine Zungenbewegung hervor,

die der bei der Bildung des k entspricht. Noch besser wirkt, einen Löffelstiel o. ä. mit Zungenrücken und Gaumen festhalten zu lassen. Allmählich wird der Verschluß ohne diese Hilfe gebildet *(Jorich)*.

11. *Liebmann* läßt den Mund weit öffnen, fixiert die Zungenspitze mit Hilfe der Backenhaut, drückt vom Mundboden aus den Zungenrücken zum Gaumen hoch und hält dem Schüler dabei die Nase zu.
12. Ich lasse ab und zu u, o, i. h oder ch_2 lange aushalten und hebe den Mundboden kurz zum Gaumen hoch, wodurch der g- oder k-Verschluß hergestellt wird. *Seeman* dagegen läßt ch_2 kurz und stoßend sprechen, drückt dabei mit Daumen und Zeigefinger der rechten Hand den Mundboden vor dem Unterkieferwinkel hinauf und erhält so den Explosivlaut.
13. *Rapp* legte den Kopf des Schülers zurück, goß ihm Wasser in den Mund und forderte: „Nicht schlucken!" Dabei entsteht ebenfalls ein k-Verschluß, der später auch ohne Wasser gebildet wird.
14. Die Bildung des k- oder g-Verschlusses an der Rachenwand – spontan bei Gaumenspalten oder angebildet durch Zurückschieben der Zunge – hat eine nachteilige stimmliche Wirkung und ist auch in Ausnahmefällen abzulehnen
15. Die Unterscheidung von k und g läßt sich bei Hörenden meist durch den Hinweis auf die verschiedene Behauchung und Stimmhaftigkeit bzw. Stimmlosigkeit erzielen. Hörgeschädigte erfassen den Unterschied durch Abtasten der abwechselnd gesprochenen Laute und durch Lautgebärden von verschiedener Weite oder wenn sie dabei die Ohren zuhalten *(Kloster-Jensen)*. Seeländer unterscheidet bei gehörlosen Kindern g und k nur nach der Stärke des Druckes und verzichtet auf Stimmhaftigkeit.

Seemann erzielt ka aus ga dadurch, daß er flüsternd üben läßt. Die Stimmhaftigkeit des g erreicht er, indem er *enke* oder *inki* sprechen läßt und dabei die Nasenflügel zusammendrückt. Dabei ergibt sich leichter ein stimmhaftes g als mit dem Vokal a zusammen.
16. Um den k-Verschluß zu sichern, empfehlen *Jaworek-Zaborsky*, k auch einatmend bilden zu lassen.

2.2.2.16. Affrikaten

Die Buchstaben x und z (c) werden sehr ähnlich den Schreibweisen ks und ts gesprochen, sind aber als einheitliche Laute zu betrachten. In beiden Verbindungen wird das s mit Hilfe der den Verschluß sprengenden Luft gebildet und erhält dadurch anfangs einen anderen Klangcharakter. *Vlaxos* hat nachgewiesen, daß bei ihnen der Verschlußlautanteil deutlich kürzer ist als der entsprechende einfache Verschlußlaut, während die Dauer des Engelautes der Affrikaten derjenigen des einfachen Engelautes nahekommt. Ob die Affrikaten mono- oder biphonematisch zu deuten sind, ist noch nicht restlos geklärt. Auch die Schreibweise pf, ps, $psch$ und $tsch$ sind zu den Affrikaten zu zählen. In der Praxis erweist es sich bei Hörgeschädigten häufig als notwendig, zumindest eine gewisse Übungszeit hindurch, sie als aus zwei Lauten bestehend anzusehen und beide nacheinander zu üben, bis sie gesichert sind. *J. Wulff* weist dagegen auf die Verwandtschaft von s mit z hin, „da beide Reibelaute sind, die sich nur graduell im Luftdruckeinsatz unterscheiden". Er läßt hörende Stammler „mit flacher, unterliegender Zunge" t bilden „und

Vokale

I	Fisch, Biß		
i:	Kiel, wie		
ɛ:	ähnlich		
ɛ	Leck		
e:	Steg, Beet		
ə	-te, ge- u. ä.		
a	Stadt, Ball		
a:	Staat		
ɔ	hoffen		
o:	oben		
ʊ	Mutter		
u:	Mut		
œ	können		
ø:	Öl		
Y	Hütte		
y:	Hüte		
æ	Meister		
ao	Laube		
ɔø	Feuer		

Konsonanten

ŋ	ng
r	Zungenspitzen-r
ʀ	Zäpfchen-r
r	Reibe-r
v	w dentilabial
w	w bilabial
s	stimmlos
z	s stimmhaft
ʃ	sch stimmlos
ʒ	sch stimmhaft
ç	ich
x	ach

Die Buchstaben m, n, l, f, j, h, p, b, t, d, k, g stehen für die entsprechenden Laute

Zusätzliche Zeichen

Φ	bilabiales f	ʔ	fester Einsatz
ã	nasaliertes a	‿zo	Tiefton
s̃	laterales s	‾zo	Hochton
s̈	addentales s	–zo	Mittelton
Θ	interdentales s	∕zo	Steigton

t, d, n, l interdental gebildet

ç̞ gerundetes ch₁   \zo Fallton

ʃ̞ nicht gerundetes sch

Bücher
Broschüren
Zeitschriften

der Gebiete
Medizin, Pharmazie, Hygiene
Sonderschulpädagogik

VEB Verlag
Volk und Gesundheit
Berlin

schnell lallen, dann entsteht z", z. B. $t - t - t - z - z - z/t - z - t - z - t - z$. *Putzger* fand, daß bei z sowohl apikale wie dorsale Bildung vorkommt (wie schon *Harth* feststellte), die erste aber eindeutig häufiger als die zweite. Doch ist bei der Therapie die dorsale Art vorteilhafter für die Erzeugung des richtigen z-Geräusches.

2.2.3. Die Einzellaute in Verbindung miteinander

Beim Zusammenziehen von Lauten zu Silben werden alle Bewegungen mit der größtmöglichen Ökonomie ausgeführt. Alle überflüssigen Bewegungen sind zu vermeiden. Gleiche Bewegungen für zwei Laute werden nur einmal ausgeführt. Während der erste Laut ertönt, wird der nächste schon vorbereitet. Bei „Hand, Lampe, Bank" wird der Verschluß des Nasallautes nach Hebung des Gaumensegels gesprengt. Umgekehrt öffnet sich in der Umgangssprache bei „abmachen, mitnehmen, wegnehmen" der Verschluß mit der Senkung des Gaumensegels. Bei „rötlich" wird die Zungenspitze in der t-Stellung gelassen; nur die Zungenränder öffnen sich zur Explosion und zugleich zum l. in „wie üblich" werden nur die Lippen zum $ü$ gerundet, während Zungenlage und Kieferstellung des i beibehalten werden. In „Rohöl" verändert sich vom o zum $ö$ allein die Zungenlage. Gleiche Konsonanten, die in aufeinanderfolgenden oder zusammengesetzten Worten nebeneinander stehen, werden nicht wiederholt, z. B. *am Meer, einnehmen, abputzen*. Bei gleichen Vokalen wird in diesen Fällen jedoch der zweite neu eingesetzt: so ohne, wie immer. Doppellaute innerhalb des Wortes haben überhaupt keine Bedeutung für die Aussprache des Lautes. In *Moos-Hose* werden die beiden o und in *Hummel-Krume* die beiden m gleich lang gesprochen.
Einzelne Konsonanten werden besonders stark von den Vokalen beeinflußt, vor allem k, g und ng. Ihre Artikulationsstelle am Gaumen rückt mit der Reihe u, o, a, e, i von hinten nach vorn. Nicht so stark, aber noch deutlich spürbar ist die Beeinflussung bei t. In „*Bach, Buch*" wird das ch_2 durch den vorhergehenden Vokal beeinflußt; im allgemeinen wirkt aber der nachfolgende Laut stärker. Man versuche *Kilo – Ikon*. Durch Übung kann man die Berührungsstellen für die verschiedensten Verbindungen vorverlegen. Man setze zu ki an, spreche aber nicht i, sondern füge e, a, o oder u an (Abb. 52–55).
Ein weiteres Beispiel für die Beeinflussung der Konsonanten durch die Vokale bringt der Satz: „Ich möchte Bücher." Hier wird das ch_1 mit drei verschiedenen Überlängen der Lippen vom vorhergehenden zum nachfolgenden Laut gebildet.
Die Vokale werden ebenso durch die Konsonanten beeinflußt wie umgekehrt. Am stärksten wirken wohl die Nasallaute. Sie verändern den Klang sowohl des folgenden, wie auch des vorangehenden Vokals.
Starken Einfluß übt auch das r aus. Zäpfchen-r zieht den Vokalklang nach hinten, Zungen-r nach vorn. Im Kunstgesang wird deshalb nur Zungen-r angewendet.
Bei Konsonanten ist zu beachten, daß die dem Vokal am nächsten stehenden deutlicher gebildet werden. Beispielsweise wird bei „spielen" das sch nicht so kräftig gebildet wie das p. Deshalb hört man von kleinen Kindern und von Falschsprechern häufig nur das p und nicht das sch. In „Ranzen" wird aus demselben Grunde das t oft weggelassen, während n und s gut klingen.
Eine Ausnahme bildet das l, besonders nach b: blau, Blume wird von kleinen

Abb. 52 ki

Abb. 53 ku

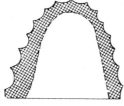

Abb. 54 ti

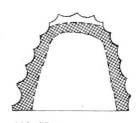

Abb. 55 tu

Kindern und Dyslalikern meist wie *bau, bume* gesprochen. Man achte beim Üben darauf, daß das *l* nicht zu lang gesprochen wird und daß – besonders von Hörgeschädigten – die Stimmhaftigkeit nicht durch ein eingeschobenes, gemurmeltes *e* hervorgerufen wird. Also nicht: *belau*. Diesen Fehler kann man verhindern, wenn die Zungenspitze des Kindes bereits während der *b*-Artikulation die *l*-Stellung einnimmt. Auch ein vokalischer Übergangslaut zwischen dem *l* und einem nachfolgenden Konsonanten ist zu vermeiden *(Siebs)*. Also nicht *alet*, sondern *alt* sprechen!
Eine weitere Ausnahme bildet das *r*. In *Warze, Marke* klingt das *r* undeutlich oder bleibt fast ganz weg, während der folgende Konsonant deutlich zu hören ist. Das ist denselben Gründen zuzuschreiben, die zur Auflösung des *r* bei der Endsilbe *–er* führt (s. 2.2.4.).
Bei der Übung von Lautverbindungen muß man sehr darauf achten, daß sich keine falschen Laute einschleichen. Besonders häufig findet man diese Erscheinung bei Hörgeschädigten; sie kann aber auch bei hörenden Sprachgeschädigten beobachtet werden. So wird beispielsweise *essde* statt *esse* gesprochen, *feroh* statt *froh*, *Haned* statt *Hand*, *Schemidte* statt *Schmidt*, wobei am Ende noch ein kurzes *e* angehängt wird, wie dies auch bei *blaue* oder *blauwe* der Fall ist. Diese Einschiebung oder Anhängung fremder Laute entsteht oft dadurch, daß die Bewegungen, welche den Lautübergang hervorbringen, zu langsam aufeinander folgen, oder daß die Stimme nach dem letzten Laut noch weitertönt. Bei *Schemidt* oder *feroh* setzt die Stimme bereits vor der Lippen- bzw. Zungenbewegung ein. Bei *Haned* wird der *n*-Verschluß gelöst, während die Stimme weitertönt; dann erst wird das *d* gebildet.
Beltjukow stellte bei Hörgeschädigten fest, daß bei der Entstehung solcher falschen Laute neben Art und Stelle der Artikulation besonders die Stimmhaftigkeit oder Stimmlosigkeit der Konsonanten eine Rolle spielt. Was die Artikulationsstelle angeht, so finden sich zwischen *m* und *k* fast doppelt soviel Zwischenlaute wie zwi-

schen *m* und *p*. In Hinsicht auf Stimmhaftigkeit fand er z. B. zwischen stimmhaftem *w* und *s* fast die Hälfte mehr Zwischenlaute als beim stimmlosen *f* und *s*. Schüler mit Hörresten hatten weniger Zwischenlaute. *Beltjukow* stellte einen systematischen Lehrgang zur Beseitigung der Zwischenlaute auf. Nach diesem werden zunächst stimmlose Konsonanten am Wortanfang, dann am Wortende geübt. Danach geht *Beltjukow* zu stimmlosen Konsonantenverbindungen über. Weiter wurden stimmhafte Konsonanten am Wortanfang geübt und anschließend Verbindungen von stimmlosen mit stimmhaften Konsonanten. Darauf folgen stimmhafte Konsonanten am Wortende, wie sie in der russischen Sprache vorkommen, Verbindungen von stimmhaften und stimmlosen Konsonanten und endlich Verbindungen stimmhafter mit stimmhaften Konsonanten. Es wird mit Wörtern und kleinen Sätzen geübt, dabei von Volltauben die tastende Hand, von Resthörigen das Mikrofon benutzt.

Leongard läßt bei Nachlauten tasten und zeigt vor dem Spiegel die Unbeweglichkeit des Unterkiefers. Nachlaut nach *p* korrigiert sie durch Vorsatz von *h*.

Jussen stellt für Hörgeschädigte die Bildung der Sprechgefüge in der deutschen Sprache ausführlich dar.

Ewings vermeiden Sproßlaute durch Vorübungen, die den gehörlosen Kindern zuerst die Bedeutung der Begriffe „zusammen" und „dicht zusammen" nahebringen. Sie zeigen mit Postkarten oder ähnlichem, daß man zwei Kinderbilder dicht und dichter zusammenstellen kann. Dann wird eine Karte mit *k*, die andere mit *s* bezeichnet und damit nun das Dichtaneinander-Lautieren geübt. Es ist wichtig, daß dabei der Unterkiefer nicht gesenkt wird. *Hahnefeld* verwendet die aufrecht stehenden Hände (oder die klopfenden Hände): Jede wird mit einem Laut benannt, z. B. links *p*, rechts *f* (etwa 20 cm voneinander entfernt). Die beiden Laute nacheinander bildend, rückt man die Hände einander näher, bis sie zusammenklappen und dabei die Lautverbindung ertönt. Im Artikulationsunterricht der Gehörlosen lassen sich solche Fehler oft durch zweckmäßiges Vorsprechen abstellen, wenn sie in einem zu langsamen oder überdeutlichen Sprechen des Lehrers begründet sind. Auch anlautende *e*, das Gehörlose vor *w* oder *n* (*eweinen*, *eName*) bilden, geht oft auf falsches Vorsprechen zurück. Übt man solche Wörter mit den Schülern, so muß der erste Laut gleichzeitig mit dem Öffnen des Mundes beginnen und nicht danach. *F. A.* und *F. F. Rau* zeigen in solchen Fällen dem Schüler zuerst das Schriftbild und streichen dann den überflüssigen Buchstaben aus.

Wolkowa übt das Zusammenziehen von Silben mit Unterstützung einer „Labyrinth"zeichnung. In deren Mitte steht ein Buchstabe, der durch verschlungene Linien mit 4 anderen in den Ecken befindlichen verbunden ist. Der Schüler geht langsam mit einem Zeigestock der Linie nach und tönt dabei den Ausgangslaut, bis er den nächsten Buchstaben erreicht und dessen Laut anschließt. So lassen sich verschiedenste Silben und kurze Wörter zusammenstellen. Auch Chorübungen sind möglich. Für ältere Schüler stellt sie auch die Profile (= Sagittalschnitte) der Laute zu Wörtern zusammen, läßt daran die Laute erkennen, charakterisieren und dann zum ganzen Wort zusammenziehen.

Bei hörenden Stammlern wendet *Lettmayer* – im Gegensatz zu dem Vorgehen bei Gehörlosen – bewußt Hilfslaute an, wenn sie in Konsonantenverbindungen nur einen der beiden Laute aussprechen, z. B. *bau* statt *blau*, *goß* statt *groß*, *lug* statt *Pflug*. Er läßt ein kurz und leise gesprochenes *e* zwischen die beiden Konsonanten schieben, so daß jetzt *geroß*, *belau*, *Pfelug* gesprochen wird. Die Betonung soll auf

den zweiten Selbstlaut liegen. Das angedeutete *e* wird später wieder weggelassen. (Bei hörgeschädigten Kindern nicht verwenden!)
Geißler benutzt bei hörenden Stammlern für schwierige Konsonantenfolgen Lautgebärden und verteilt die Konsonanten auf verschiedene Kinder oder ganze Kindergruppen, mit denen dann spielend geübt wird.
Stimmlose Konsonanten werden mit den folgenden Vokalen durch *h* verbunden, das sich allmählich abschleift; wird also *Tassde* statt *Tasse* gesprochen, so kommt man über *Tass – he* zur richtigen Aussprache. Zwischen stimmhaften Konsonanten schiebt man eine kurze Pause ein, die sich später verliert; man kann aber auch die gemeinsamen Bewegungen zusammenziehen, wie in „Hand". Die Zungenspitze muß dabei in *n*-Stellung bleiben und darf vor dem *d* nicht gesenkt werden. In „froh" macht man bei dem erwähnten Fehler nach dem *f* eine Pause und läßt dann erst *r* ohne Stimme sprechen. *Maeße* wählt den „Rückwärtsaufbau": *roh, roh roh – froh, froh froh; roh, roh, roh – troh, troh, troh – Stroh, Stroh, Stroh*. Bei „blau" ist die Endstellung des *u* einzuhalten, bis die Stimme zu tönen aufhört: Dann erst dürfen die Lippen zurückgenommen werden, da es sonst zur Bildung des Urlautes in der Grundstellung kommt, der mit einem *w*-ähnlichen Übergangslaut an das *u* gebunden wird. Bei „Schemidte" ist zwischen *sch* und *m* eine Pause einzuschieben, bzw. das *sch* auf Kosten des *m* zu dehnen. Die Stimme darf erst erklingen, wenn die Lippen zum *m* geschlossen sind, und die tönende Kraft ist auf den Vokal abzuleiten, wie *Wiedner* fordert. An das *t* wird ein *h* angehängt, das den kurzen *e*-Laut verhindert. Bei diesem Fehler sind nach *Wild* auch Unterscheidungsreihen, verbunden mit Abtasten, von guter Wirkung, z. B. *hat – hatte, matt – Matte, lind – Linde, Grad – Gerade*. Von *Bangert* wird folgende Übung angegeben: *t, t, t . . ., kommt, geht*.
Wiedner geht nach folgender Methode vor: Er läßt den das Wort beschließenden Explosivlaut nicht sprechen, sondern beendet das Wort mit der Verschlußstellung. Dadurch erreicht er, daß die Stimme nicht weiterklingt und die sich ganz natürlich ergebende Lösung ohne Nachlaut eintritt. In ähnlicher Weise veranlaßt *Haycock* das Kind, bei Wörtern, die auf *m* enden, die Stimme wegzunehmen, noch bevor sich die Lippen trennen.
Eine gegenseitige Beeinflussung zeigt sich auch bei der Stimmtätigkeit, indem an sich stimmlos zu sprechende Laute durch ihre Umgebung mehr oder weniger stimmhaft werden, z. B. in „deines Auges" *(Siebs)*. Das *s* von „deines" kann in diesem Falle stimmhaft werden. Dagegen verliert *l* häufig die Stimmhaftigkeit nach stimmlosen Lauten: *Platz, Kleid, Fleisch, Schloß, ich lebe*.

2.2.4. Lautverschmelzung

Die Endsilbe *–er* wird gewöhnlich in folgender Weise gesprochen: Kurzes, offenes, *a, o* oder *ä* wird mit dem halbvokalischen Hinterzungen-*r* verschmolzen. Diese Verschmelzung war in der deutschen Hochsprache nicht zulässig; in der Umgangssprache hört man sie regelmäßig. Ulbrich hat sie auch bei qualifizierten Sprechern von Bühne, Film, Funk und Fernsehen beobachtet. Die Reduktion des *r* zum „halboffenen Mittelzungenvokal mit koartikulatorisch bedingter Klangfärbung" fand er außerdem nach Langvokalen (außer *a*) in Wörtern wie „*ihr, führt, Erde*". Es überrascht daher nicht, daß das *r* als sterbender Laut bezeichnet wird *(Möhring)*. Bei unseren Dyslalikern erleichtert die Verschmelzung mitunter ganz wesentlich die Arbeit.

2.2.5. Lautgebärden

Früher waren Lautgebärden oder Handzeichen vielgebrauchte Hilfsmittel beim Artikulationsunterricht. Sie entstanden aus dem Bestreben, das gehör- oder sprachgeschädigte Kind bei dem schwierigen Erlernen der Laute sichtbar zu unterstützen. Oft schuf sie jeder Lehrer für sich selbst, und sie waren deshalb sehr verschieden. Mit einer Hand oder auch mit beiden Händen unter dem Gesicht oder an ihm deuteten sie die Bildung des jeweiligen Lautes durch gewisse Stellungen oder Bewegungen an. So ahmt man die Formung der Lippen auf verschiedenste Art nach. Ähnlich wird die Kieferstellung verdeutlicht. Für die Zungenstellung und -bewegung braucht man oft beide Hände. Mit der einen Hand wird der Mundboden oder der Gaumen dargestellt, mit der anderen die Zungenlage und ihre Bewegung. Auch die Stärke des Verschlusses, die Länge oder Kürze eines Lautes, sein Einsatz, die Stimmhaftigkeit oder Stimmlosigkeit, die Stelle der deutlichsten Vibration, die Stärke des Luftstroms usw. wird auf solche Weise angegeben. In den bisherigen Auflagen wurden 36 von diese Zeichen bildlich dargestellt, denen noch 32 Beschreibungen aus der Literatur angefügt waren. Sie bleiben jetzt weg.

Im Grunde ist die Zahl solcher Lautgebärden unbegrenzt. Das Bestreben, ihre Vielfalt einzuschränken, zeigte sich schon im Anfang dieses Jahrhunderts mit zwei sogenannten „Mund-Hand-Systemen" *(Forchhammer* u. *Schubeck)*. Sie konnten sich jedoch nicht auf die Dauer durchsetzen. In der letzten Zeit hat man durch Verwendung des Finger-Alphabets (Daktylologie), des Graphembestimmten Manualsystems *(Jussen)* und des Phonembestimmten Manualsystems *(Schulte)* die Lautgebärden in den Hintergrund gedrängt. Aber ganz verschwunden aus dem Artikulationsunterricht sind sie nicht. Für bestimmte Zwecke, besonders für schwerste Fälle werden sie immer wieder verwendet, wie auch *Schulte* berichtet.

Im folgenden einige Beispiele für die oben angegebenen Richtlinien:
Die waagerechte Spreizstellung von Daumen- und Zeigefinger verdeutlicht die Lippenstellung bei e, i, während ihre senkrechte, verschieden hohe Spreizstellung die Kieferstellung bei a, e, i *(Rösler)* sichtbar macht. Für die Zungenstellung und -bewegung nimmt man beide Hände: die eine bildet Mundboden, Unterzähne oder auch Gaumen nach, die andere gibt darüber oder darunter die Zungenstellung des Lautes an. Solche Lautgebärden sind für viele Laute verwendbar *(F. F. Rau-Wolkowa)*. Der Zeigefinger weist auf die Verschlußstelle bei t oder k hin *(Rösler)*, zugleich auf die stärkere Behauchung gegenüber d und g durch schnelle und weite Auswärtsbewegung des Fingers. Länge und Kürze eines Lautes werden gekennzeichnet durch langziehende oder kurze Handbewegungen. Auch der harte oder weiche Einsatz läßt sich durch ruckartige oder weich gleitende Bewegungen andeuten. Stimmhaftigkeit und Stimmlosigkeit sind wie beim Abtasten mit Handanlegen an den Kehlkopf kenntlich zu machen. Die Stelle der stärksten Vibration gibt man mit der Handfläche auf dem Scheitel oder an der Brust usw. an. Die Stärke des Luftstroms zeigt die Hand vor dem Mund, langsam oder schnell nach außen führend.

In der DDR werden zusätzlich zu den Daktylzeichen des Finger-Alphabets, besonders bei den Lauten für ng, ch_1 und ch_2, noch individuelle Lautgebärden benutzt. Empfehlenswert bei der Anbildung oder Verbesserung dieser Laute sind die folgenden Gebärden: Für *ng* oder auch die von *Ewings* beschriebene Gebärde: mit den

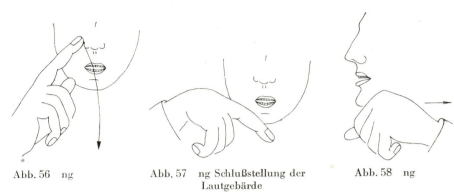

Abb. 56   ng   Abb. 57   ng Schlußstellung der Lautgebärde   Abb. 58   ng

Knöcheln der linken Hand an die Unterseite des rechten Handtellers drücken, um damit die Vorstellung eines festen Druckes und eines vollen hinteren Anschlusses hervorzurufen.
Für ch_1

Abb. 59 ch_1, nach unten in die Hand blasen

oder auch *Seeländers* Beschreibung: die flache Hand ans Kinn halten. Die Luft ist auf dem Handrücken zu spüren.
Für ch_2

 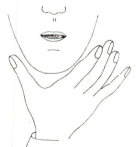

Abb. 60 ch_2 Abb. 61 ch_2

Diese Lautgebärden würden also neben den Daktylzeichen die Anbildung oder Verbesserung der drei Laute erleichtern. Sie fallen natürlich weg, sobald die Laute richtig klingen.

In der BRD haben *Jussen* und Mitarbeiter ein „Graphembestimmtes Manualsystem" unter Verwendung des amerikanischen Finger-Alphabets mit zusätzlichen Zeichen für ä, ö, ü und ß entwickelt. *Schulte* und Mitarbeiter stellten ein „Phonembestimmtes Manualsystem" auf. Ausführliche Bilddarstellungen liegen in *Jussen-Krüger* und *Gielen-Thöne* vor.

2.2.6. Apparate

In der Zeit von 1900–1950 ist eine ganze Anzahl von Apparaten gebaut worden, die den Hörgeschädigten beim schwierigen Erlernen der Lautsprache helfen sollen. Die meisten von ihnen haben nur noch historischen Wert. In *P. Schumanns* „Geschichte des Taubstummenwesens" findet sich eine Aufstellung der bis 1940 konstruierten elektroakustischen und elektro-taktilen Geräte. Seitdem sind in verschiedenen Ländern zahlreiche Geräte zum Sichtbarmachen des Sprechens entwickelt worden. Für den allgemeinen Artikulationsunterricht waren sie jedoch schon der hohen Kosten wegen nicht brauchbar. Aber selbst, wenn die Kosten gesenkt werden (z. B. bei *Laptjew-Zukerman* oder bei *Thomas-Snell*) ist der Erfolg durch grundsätzliche Schwierigkeiten begrenzt. „Der Höranalysator ist von ausschlaggebender Bedeutung für Entstehen und Entwicklung der Sprache und damit für die gesamte Persönlichkeit des Menschen" (*Becker-Sovák*). Das menschliche Ohr ist für die Umformung der komplexen Sprachsignale bestens geeignet, das Auge aber nicht, auch wenn die optischen Sprachdarstellungen noch so gut sind. Sie sind selbst bei langer Übung schwierig zu lesen (*Liberman u. a.*). *Schulte*, der mit seinen Mitarbeitern drei Jahre lang verschiedene Geräte dieser Art überprüfte, teilt die „optimistischen Aussagen" aus 4 Ländern nicht, „weil entweder zu wenig phonologische Kriterien der einzelnen Phoneme verdeutlicht werden konnten oder aber Phonemfolgen in der Sprechzeit nur ungenügend auffaßbar und dann zu wenig inhaltsdeutsam waren".

Besser wirken die taktilen Geräte, unter denen der von *Schulte* und Mitarbeitern entwickelte Fonator bzw. Vibrationstrainer im Vordergrund steht. Er gestattet, die Vibrationen des Sprechens an verschiedenen Stellen des Körpers aufzunehmen, ist eine gute Sprechgliederungshilfe und reizt schon Kleinkinder zu stimmlicher Äußerung (*Ding*). Sprechstimmlage und Sprechmelodie bessern sich bei seinem Gebrauch, und Fehler bei Einzellauten werden zufriedenstellend korrigiert. Das wird erreicht „durch die Kategorisierung der Phoneme nach erkennbaren Oppositionen von lang oder kurz, stimmhaft oder stimmlos, stark oder schwach gesprochenen Phonemen mit hoher oder geringer Intensität, fließendem oder intermittierendem Charakter (z. B. beim „r"), hoher oder tiefer Stimmlage und gliedert durch diese Oppositionen die Phonemfolge in Wörtern und Sätzen".[1] Das Gerät hat sich bereits vielfach bewährt, wurde auch von *F. F. Rau* (1973) abgebildet.

---

[1] Da hier phonologische Begriffe auftauchen, sei in Kürze etwas zur Phonologie gesagt: Gegenstand der Phonetik ist der Laut mit seinem physiologisch-akustischen Charakter. Gegenstand der Phonologie sind Phonem und Phonemverband. Das Phonem wird in der Regel als kleinste bedeutungsdifferenzierende (Fortsetzung der Fußnote S. 146)

Nach *Sievers* müssen die Artikulationsinstruktionen noch durch Geräte unterstützt werden, „welche die Seitenansicht des Artikulationstraktes optisch darstellen können".
Ausführliche Übersichten über moderne technische Unterrichts- und Rehabilitationshilfen für Hör- und Sprachgeschädigte finden sich in den Handbüchern von *Löwe* und *Zuckrigl-Rechner.*

2.3. Sprache, Rechtschreibung und Lese-Rechtschreib-Schwäche

In der Schriftsprache wird versucht, die Laute durch bestimmte Zeichen zu fixieren. Die Zahl dieser Zeichen ist in allen Sprachen begrenzt. Dadurch entsteht ein mehr oder weniger großes Mißverhältnis zwischen Buchstaben und Lautwerten. Nur drei Beispiele seien hier angeführt: Im Deutschen gebrauchen wir die Buchstabenverbindung *ch* für drei verschiedene Laute: *dich, Dach, Dachs*. Andererseits bezeichnen wir mit den drei Buchstaben *sch* einen einheitlichen Laut. Eine Affrikate hat 5 verschiedene Schreibweisen: *Max, Wachs, stracks, flugs, Koks*.
Da die Erlernung der Rechtschreibung unseren hör- und sprachgeschädigten Kindern (außer den von Geburt an Gehörlosen) erhebliche Schwierigkeiten bereitet, erscheint es angebracht, für den Unterricht einem Vorschlag von *Zetzsche* zu folgen, der sich in den unteren Klassen von hör- und sprachgeschädigten Kindern gut verwirklichen läßt. *Zetzsche* verwendet die üblichen Schriftzeichen und kennzeichnet ihre verschiedene Aussprache durch kleine Zusätze. Die Zusätze waren seinerzeit für die deutsche Kurrentschrift gedacht. Da diese an den Schulen nicht mehr gelehrt wird, sollen hier die Zeichen angeführt werden, die ich seither verwendet habe.

Die unterschiedliche Aussprache des *ch* wird in folgender Weise verdeutlicht:

ich, ach, Fuchs

Auf die Lautierung des *sch* weist ein Kreis hin,
der beliebig groß sein kann:

schön, Stall, stumm

ng und *nk* werden einheitlich umrandet:
Das *k* wurde dabei ohne besonderen Hinweis richtig behaucht.

lange, Onkel

Einheit des Lautsystems einer Sprache definiert. Gegensätze der Qualität, der Quantität, der Intensität, der Tonhöhe, der Betonung bilden — unter anderen — sogenannte „distinktive Oppositionen" und sind Forschungsgegenstand. Einige Beispiele: die s in „weise — weiße", die a in „las — laß", die Betonung in „August — August". Dagegen ist die Aussprache des r eine phonetische Angelegenheit, weil damit kein Bedeutungsunterschied verbunden ist. Man kann „dieselbe lautliche Erscheinung als ‚Laut' oder als ‚Phonem' auffassen" (*Siebs*). Es gibt „Hunderte von Versuchen, das Phonem zu definieren" (*Meinhold-Stock*), was darauf hindeutet, daß diese Wissenschaft noch immer im Werden ist. Sie ist eine linguistische Disziplin, die von *Baudouin de Courtenaye* vor etwa hundert Jahren begründet und von *Trubetzkoy* vor fast fünfzig Jahren weiterentwickelt wurde. Von zahlreichen phonologischen Schulen wird sie heute bearbeitet, wobei auch Streitfragen zu erörtern sind. Eine Übersicht der „Phonologie der deutchen Gegenwartssprache" geben *Meinhold* und *Stock*. Wer weitere Informationen sucht, sei verwiesen unter vielen anderen Forschern auf *v. Essen, G. Lindner, Martinet, Schulte, Trubetzkoy, Ungeheuer, Zacher.*

Die gleiche Aussprache von *eu* und *äu* deutet ein Kreis mit einem Punkt an:

heute, Bäume

Bei gehörlosen Kindern des ersten und zweiten Schuljahres schreibe ich *oi* über den Kreis, der dann zum liegenden Oval wird.[1]

heute

Der Diphtong *ei* wird durch ein schrägstehendes Oval wirkungsvoll gegen *ie* abgehoben:

weiß, Mai

Dieses wird mit einem spitzen Winkel charakterisiert, dessen einer Schenkel das Dehnungs-*e* durchstreicht:

lieb

Mit einem Strich wird das Dehnungs-*h* als stumm gekennzeichnet:

lahm

Das geschlossene *e*, welches für das ungeübte Ohr mit einem *i*-ähnlichen Klang endet, wird mit einem Punkt bezeichnet im Gegensatz zu dem *e* in „sehen", das nicht besonders bezeichnet wird.

stehen

Das *r* wird dort, wo es als Halbvokal erklingt oval eingefaßt:

hier, hört, wer

Bei der Endsilbe —*er* wird diese als Ganzes gekennzeichnet:

Räder, Lehrer

Auf das Rollen des anlautenden *r* wird durch Punkte hingewiesen. Damit wird ein deutlicher Unterschied in der Aussprache des *r* sinnfällig gemacht.
Für Kürze und Länge verwende ich nur noch ‿ unter den Buchstaben.
Später können die angeführten Zeichen leicht weggelassen werden, ohne daß eine Umstellung notwendig ist. Es werden zwar nur die gröbsten Fehler verbessert, aber für den Anfang genügt das. Auch Feinheiten, wie Stimmhaftigkeit und Stimmlosigkeit, lassen sich leicht bezeichnen.
Diese Zeichen sind auch ein gutes Hilfsmittel für die sogenannten „Legastheniker", die zwar erst in der Schulzeit durch Lese-Rechtschreib-Schwäche (LRS), in der Vorschulzeit jedoch oft schon durch hartnäckiges Stammeln mit Agrammatismus u. a., verbunden mit herabgeminderter Leistungsenergie *(Kölbel)*, auffallen. Auch *Spirowa* berichtet von Methoden, mit denen man LRS „lange vor ihrer Manifestation ermitteln" kann. Etwa 3 % der Schulanfänger sind davon betroffen. Je eher bei ihnen die phonematische Differenzierungsfähigkeit neben der Artikulation geübt wird, desto besser wird den schulischen Schwierigkeiten vorgebeugt.
R. Becker sieht „das Wesen der LRS vorwiegend in einer ungenügenden Entwicklung der phonematisch-kinästhetischen (ungenügende Trennschärfe) und sprechmotorischen Funktionen".
Die LRS ist entweder organisch oder funktionell begründet. Auch neurotische Reaktionsformen oder Verwahrlosungsfolgen werden beobachtet. Unter Linkshändern ist häufiger LRS als unter Rechtshändern, unter Knaben dreimal bis viermal häufiger als unter Mädchen *(Kirchhoff)*.

---

[1] In der UdSSR setzt man in ähnlicher Weise über die Buchstaben, deren Aussprache nicht dem Schriftbild entspricht, die richtigeren Schriftzeichen *(Wolkowa)*

Über eine Vielzahl von Behandlungsmethoden wird in der Literatur berichtet (*R. Becker, Falkenhagen, Kobi, Kossakowski, Schenk-Danziger* u. a.). Alle gehen darauf hinaus, den sprechakustischen und sprechmotorischen wie auch den optischen und den allgemeinmotorischen Analysator des Kindes auszubilden *(Ananjew)*, oder wie *Seeländer-Beulig* formulieren: „Neben den Klangbildvorstellungen sind die kinästhetischen Empfindungen, die Schriftbildvorstellungen und die Schreibbewegungsvorstellungen wichtige Stützen beim Erlernen und Festigen der Rechtschreibung." Für genauere Information über Probleme der LRS sei auf die umfassende Darstellung von *R. Becker* (1977) hingewiesen.

Fürs Lesenlernen habe ich die obigen Zeichen zur Lautunterscheidung mit Erfolg benutzt und sie den Eltern für ihre häuslichen Übungen empfohlen.

Für die Übung der Rechtschreibung erwies sich mir ein anderes Mittel als wirkungsvoll. Ich verpflichte die Eltern, mit den Kindern täglich drei Wörter in folgender Weise zu üben: In ein Heft wird zunächst ein Wort geschrieben, von dem Kind gelesen, nochmals deutlich ausgesprochen, als Ganzes erfaßt und danach lautierend mehrfach untereinander geschrieben. Dadurch ist das Kind genötigt, Buchstaben für Buchstaben herunterzuziehen, den Lautwert damit zu verbinden, gleichzeitig aber die Abfolge der Buchstaben zu beachten. Nach jeder Zeile wird das Wort wieder deutlich gelesen und damit auch die Ganzerfassung nochmals geübt. So werden ebenfalls Konzentrations- und Merkfähigkeit trainiert. Ist das Kind damit fertig, darf es auf der letzten Seite des Heftes das geübte Wort aus dem Gedächtnis schreiben. Gewöhnlich gelingt das ohne Fehler, wodurch sich ein Erfolgserlebnis einstellt, was diesen Kindern besonders nottut. Erst danach ist das nächste Wort vorzuschreiben. Anfangs ist die Übung nur mit leichten Wörtern und nur kurze Zeit täglich vorzunehmen. Auf leserliches Schreiben ist zu achten. Die Kontrolle von Eltern und Lehrern ist unerläßlich. Meist ist diese Behandlung viele Monate und länger nötig.

Quellenverzeichnis der Literatur

Aderhold, E.: Körpermotorik und Sprechmotorik – ein Beitrag zur Sprecherziehung des Schauspielers. Wiss. Z. Univ. Halle, Ges.-Sprachw. XL/12, S. 1529–1536, 1962.
–: siehe *Wolf, E.*
Aikin, W. A.: zit. bei *M. C. L. Greene.*
Albrecht, G., und *H. Lisewski:* Ein Versuch zur Behandlung therapieresistenter lispelnder Kinder. Die Sonderschule 13/2, S. 119–121, 1968.
Amman, J. C.: Abhandlung von der Sprache und wie Taubstumme zu unterrichten sind. Übersetzung: *L. Grasshoff,* Berlin 1828.
Ananjew, B. G.: zit bei *R. Becker* 1967, S. 123.
Annuß, E.: Zur Artikulation mit gehörlosen zerebralparetischen Kindern. Hörgeschädigtenpädagogik 25/2, S. 13–25, 1971.
Arnold, G. E.: Audiometrische Untersuchungen bei Stammelfehlern mit besonderer Berücksichtigung der Sigmatismen. Arch. Sprach- usw. Heilk. 3/III, S. 151, 1939.
–: Die traumatischen und konstitutionellen Störungen der Stimme und Sprache. Wien 1948.
–: Die Gaumenspaltensprache. In *Pichler-Trauner:* Mund- und Kieferchirurgie. II. Teil/ 2. Hälfte. Wien 1948.
–: Die nasalen Sigmatismen. Arch. Ohr- usw. Heilk. Bd. 153, H. 1–2, S. 57. Berlin 1943.
–: Sigmatismos Nasales. Anales de Adiologia y Fonologia-Revista Latinoamericana Bd. I, 1. Buenos Aires 1955.
–: Besonderheiten und neue Erkenntnisse der phoniatrischen Praxis in New York. Arch. Ohr- usw. Heilk. u. Z. Hals- usw. Heilk. Bd. 169 (Kongreßbericht 1956), S. 182.
–, und *R. Luchsinger:* Lehrbuch der Stimm- und Sprachheilkunde, 3. Aufl., Wien 1970
–: siehe *Heaver*
Aschenbrenner, H.: Aus der Praxis der Rhotazismusbehandlung. Die Sprachheilarbeit 4/4, S. 107–111. Berlin 1959.
–: Die Behandlung von Sigmatismus und Rhotazismus mit einer physiologischen Methode im Gruppenunterricht. De Therapia Vocis et Loquela. 13. Kongr. Int. Ges. f. Log. u. Phon. Wien 1965, S. 209 bis 211.
Atzesberger, M.: Erfahrungen bei psychodiagnostischer Mithilfe in einer Lebenshilfe-Bildungsstätte. Vierteljahresschrift der Bundesvereinigung »Lebenshilfe für das geistig behinderte Kind« e. V. Marburg/Lahn 1966, H. 4, S. 189–193.

Baar, E.: Psychologische Untersuchung von tauben, schwerhörigen und sprachgestörten Kindern. In *Luchsinger-Arnold:* Lehrbuch der Stimm- und Sprachheilkunde, 3. Aufl., Bd. 2, S. 346–357, Wien 1970.
Baldrian, K.: Zur Hygiene des Artikulationsunterrichts Mschr. ges. Sprachheilkunde. 15. Jg., 1905.
Baldrian, K.: Spiegel, Spatel und Sonde. Eos 1905.
–: Zur Methodik des Artikulations-Unterrichtes. 25. Jahresbericht, Wien-Döbling 1906.

–: Über künstliche Ausbildung der Sprechtechnik an Gehörlose. Blätter für Taubstummenbildung 1926, S. 103.
Bangert, O.: Exakte Artikulation. Neue Blätter für Taubstummenbildung 2/9, S. 272, 1948.
Barczi, G.: Hör-Erwecken und Hör-Erziehen. Deutsch von J. Rehrl. Salzburg 1936.
Barth, K., und Ch. Houdelet: Sprachfördernde Übungen und Spiele. Berlin 1963.
Becker, K.-P.: Vorschläge zur Reorganisation des Sprachheilwesens in der DDR unter dem Aspekt der Früherfassung und Frühbehandlung. Ber. üb. d. II. Int. Kongr. üb. Rehabilitation. Dresden 1962.
–, und H. Suhrweier: Sprachstörungen im Kindesalter – ihre Verteilung und ihr Einfluß auf die Schulleistungen. Fol. phon. Vol. 14, S. 288 ff., 1962.
–: Pädagogik der Sprachgeschädigten. Die Sonderschule 9. Jhg., S. 288–293, 1964.
–, und G. Mühler: Zur schulischen Entwicklung behandelter Spaltträger. Z. f. d. ges. Hygiene... 18/5, 1972, S. 389–391.
–, und M. Sovák: Lehrbuch der Logopädie, 2. Aufl., Berlin 1975.
–: Komplexe Sprachstörungen, ihre Differentialdiagnose und sprachheilpädagogische Beeinflussung. In: Komplexe Sprachstörungen/Legasthenie. Hrsg. E. Kaiser, J. Kramer, Verlag H. Huber, Bern, S. 30–40, 1974.
–: u. a. Rehabilitationspädagogik, Berlin 1979.
Becker, R.: Untersuchungen der Motorik nach Oseretzky/Göllnitz an sprachgestörten Vorschulkindern. Arch. Ohr- usw. Heilk. u. Z. Hals- usw. Heilk., 169, S. 550–555, 1956.
–, Ch. Wuttke und I. Brockel: Lautprüfmittel in Bildern. Pößneck 1965.
–: Die Entwicklung der Schriftsprache bei frühbehandelten Sprachgestörten. Die Sonderschule 14/1, S. 32–34, 1969.
Becker, R.: Die Lese-Rechtschreib-Schwäche aus logopädischer Sicht. Berlin 1977.
–: Pädagogische Probleme bei der Rehabilitation der Spaltträger. Die Sonderschule 14/3, S. 151–154, 1969.
–: Schrift und geschriebene Sprache-Schriftsprache. In: Becker-Sovák, Lehrbuch der Logopädie, S. 64–82.
–: Zur Diagnostik und Therapie der LRS aus logopädischer Sicht. In: Komplexe Sprachstörungen/Legasthenie. Hrs. E. Kaiser, J. Kramer. Verlag H. Huber, Bern, S. 142–162, 1974.
–, u. a.: Früherziehung geschädigter Kinder. Berlin 1978.
Beckmann, G.: Erfahrungen über die Verbesserung des Lautsprachverständnisses durch Lautunterscheidungsübungen. Arch. Ohr- usw. Heilk. und Z. Hals- usw. Heilk., 173, S. 515–519, 1958.
–, und A. Schilling: Hörtraining. Stuttgart 1959.
Beger, A.: Eine Stunde logopädische Rhythmik. Die Sonderschule, 6. Jg., H. 6, S. 378, Berlin 1961.
–: Bedeutung und Möglichkeiten der motorischen Überprüfung sprachgestörter Vorschulkinder. Die Sonderschule 22/1, S. 44–49, 1977.
–: Entwicklung der Bewegungsgrundformen für das Alter vom 2. bis 36. Lebensmonat. In: R. Becker 1978, S. 39.
Bell, A. M.: The Sounds of R. Washington 1896.
Belova-David, R. A. (Herausg.): Sprachfehler bei Vorschulkindern. Moskau 1972 (russ.).
Beltjukow, W. I.: Die Beseitigung von Zwischenlauten im Sprechen taubstummer Kinder. In: Djatschkowa-Tarassowa, Utschebno-Wospitatjelnaja Rabota, Teil 1, S. 60–82, Moskau 1956 (russ.).
–: Artikulationsmängel und ihre Beseitigung bei gehörlosen und schwerhörigen Schülern. Moskau 1956 (russ.).
Bentzen, O., und A. Bloch: Zwölfjährige Erfahrungen mit Obturatorprothesen bei Säuglingen mit Gaumendefekten. Aus: Stottern-Poltern. Hamburg 1975.
Berendes, K.: Einführung in die Sprachheilkunde, 7. Auflage, Leipzig 1965.

Berg, J. W. van den: Röntgenfilm über die Oesophagussprache: Arch. Ohr- usw. Heilk. und Z. Hals- usw. Heilk. 169, S. 481–483, 1956.

Berger: zit. bei *Luchsinger-Arnold,* 3. Aufl., 1. Bd., S. 408–409.

Berndorfer, A.: Die psycho-pädagogischen Grundlagen des Erfolges der Lippen-Gaumenspaltenoperationen. Kinderärztl. Prax. 22/11, 1954.

Bethmann, W.: zit. bei *Wendler-Seidner,* S. 284.

Berlig, H.: siehe *Seeländer.*

Beuthner: siehe *Daskalow.*

Bezold: zit. bei *Gutzmann sen.*

Biagioni, K.: Besinnung auf das Wesentliche. Neue Blätter für Taubstummenbildung 2/12, S. 353, 1948

–: Der entlarvte Stimmverderber. Neue Blätter für Taubstummenbildung 3/12, S. 363, 1949.

Biebendt, A.: Über die Kraft des Gaumensegelverschlusses. Mschr. ges. Sprachheilk. 19. Jg., 1909.

Bieri, E.: Hörerziehung mit Hörschlauch und elektrischer Höranlage. Pro Infirmis Nr. 11, 1948.

Biesalski, P., und *G. Stange:* Risiken der Hörgeräteversorgung im frühen Kindesalter. Fol. phon. 27, S. 225–233, (1975).

Blaha, H.: Die Asthmafibel. Schriftenreihe des DHM Dresden H. 43. Berlin 1957.

Blanke, J.: zit. bei *K. Biagioni.*

Blaum, R.: Die sichtbare Sprache. Jahrbuch 1953 des Inst. f. Jugendkunde. Bremen.

Bloch: zit. bei *Seeman.*

Bloomer: zit. bei *Morley.*

Boenninghaus, H.-G.: zit. bei *H. Gutzmann jun.*

Böhme, G.: Störungen der Sprache, der Stimme und des Gehörs durch frühkindliche Hirnschädigungen. Jena 1966.

–: Rezension über 5. Aufl. „Die Bekämpfung von Sprachfehlern." Kinderärztliche Praxis 35/1. Leipzig 1967.

–: Stimm-, Sprach- und Hörstörungen. Jena 1969.

–: Untersuchungsmethoden der Stimme und Sprache. Leipzig 1972.

–: Das hörgeschädigte Kind. Stuttgart 1980.

Bonet, J. P.: Vereinfachung der Buchstaben und die Kunst, Stumme sprechen zu lehren. Madrid 1620. Übersetzung: *F. Werner,* Stade 1895.

Boskis, R. M.: Über die anomale Entwicklung der Kinder mit Gehörsmängeln. In: Das Restgehör schwerhöriger und gehörloser Kinder. Herausg. *L. W. Neumann,* Moskau 1957 (russ.).

Brandt, H.: Spracherziehung gehörloser Kinder vom 1. Lebensjahr an. Dtsch. Gehörlosen-Z. 4/1964.

Brankel, O.: Patho-Physiologie der Pseudosprache Laryngektomierter. Arch. Ohr- usw. Heilk. und Z. Hals- usw. Heilk. Bd. 165. Kongreßbericht 1954, S. 570.

–: Fehlatmung bei Sprachstörungen. In: „Die Sprachheilarbeit" 4/3, S. 67–68, Berlin 1959.

Brauckmann, K.: Das gehörleidende Kind. Jena 1931.

–: Behinderung der Nasenatmung und die durch sie gestellten pädagogischen Aufgaben. In: „Beiträge zur pädagogischen Pathologie", 3. Heft, Gütersloh 1897.

–, und *M. Limpricht:* Das Silben- und Formenspiel. Jena 1933.

Breiner, H.: Die mechano-kutane Sprachvermittlung. Neue Blätter für Taubstummenbildung Bd. 16/1–2, S. 25–39, 1962.

–: Zur apparativ-kutanen Sprachvermittlung. Bericht über die Bodenseeländertagung. Würzburg 1969. S. 79–82.

Breuer, H., und *M. Weuffen:* Gut vorbereitet auf das Lesen- und Schreibenlernen? Berlin 1975.

Brinnhäuser, H.: Überlegungen und Vorschläge zur Verbesserung der Sprechtechnik tauber Kinder. Neue Blätter für Taubstummenbildung 5/14, S. 429, 1951.

Brockel, I.: siehe *Becker, R.*

Brücke, E.: zit. bei E.-M. Krech 1968, S. 9.

Carhart: siehe *Jerger.*

Carell, J. A.: Disorders of Articulation. Englewood Cliffs, N. J. 1968.

Cerwenka, M.: Phonetisches Bilder- und Wörterbuch. Wien 1960.

Coën, R.: Pathologie und Therapie der Sprachanomalien. Wien – Leipzig 1886.

–: Spezielle Therapie des Stammelns. Stuttgart 1889.

Croatto, L., und *C. Croatto-Martinolli*: Physiopathologie du voile de palais, Fol. phon. Vol. 11, S. 124–166, 1959.

Czech, F. H.: Versinnlichte Denk- und Sprachlehre. Wien 1836.

Czermak, J.: Über das Verhalten des weichen Gaumens beim Hervorbringen der reinen Vokale 1857.

Czermak, J. N.: zit. bei *Luchsinger-Arnold*, 3. Aufl., S. 624.

Dahlmann, R.: Berlin. Briefliche und mündliche Mitteilungen.

Damsté, P. H.: Clubs for the Laryngectomised. Fol. phon. Vol. 17, S. 76–79, 1965.

Daniel, W. F.: Allgemeine Taubstummen- und Blindenbildung besonders in Familien und Volksschulen. Stuttgart 1825.

Dantzig, Br. van: zur Frage des Zungenspitzen-R. In: Mitt. über Sprach- und Stimmheilk. Wien 1934.

–: Referat auf der Lokalkonferenz der Sonderlehrer für sprachgestörte Kinder in Wien am 3. 4. 1936.

–: Die Sigmatismen. Fol. phon. Vol. 2, No. 1, S. 33, 1949.

Daskalow, D., und *K. Beuthner*: Untersuchungen von 200 Kindern der Hilfsschule Weißensee auf sprachliche und neurologische Besonderheiten. Wiss. Z. Humboldt-Univ. Berlin. Ges.-Sprachw. R. XII, S. 947–951, 1963.

Dieckmann, O., und *S. Wagener*: Die Rehabilitation des Spaltträgers aus logopädischer Sicht. Komplexe Rehabilitation der Spaltträger. Uni. Rostock 1970, S. 71–78.

Dieth, E.: Vademecum der Phonetik. Bern 1950, S. 320.

Ding, H.: Ein möglicher Weg im Artikulationsunterricht. Neue Blätter für Taubstummenbildung 24/4, 1970.

Dirks: siehe *Jerger.*

Dirr, H. R.: Zum Artikulationsunterricht in Hilfs- und Sprachheilklassen. Kifo 39, 2. Berlin 1931.

Dongen, Br. A. van: Tussen aa en p. St. Michielsgestel 1964.

Doubek, F. A.: Sprachergebnisse nach chirurgischen und prothetischen Gaumenplastiken. Langenbecks Arch. und Dtsch. Z. Chir. 274, S. 293–303, 1953.

–: Die Prüfung der Sprechfunktion bei Gaumenspaltoperationen. Fortschr. Kiefer- und Gesichtschir. Bd. I, S. 104–111. Stuttgart 1955.

Drach, E.: Sprecherziehung. Frankfurt/M. 1926.

Duch, E.: Cottbus, Schriftliche Mitteilung.

Eden, H.: Vom Artikulationsunterricht in Taubstummenanstalt und Schwerhörigenschule. Hamburger Lehrerzeitung 6. Jg. 23/24, 1927.

Ehmert, K.: Ökonomie im ersten Sprachunterricht. Blätter für Taubstummenbildung 1928, S. 245.

Elstner, W.: Blindheit und Sprachstörungen. Der Sprachheilpädagoge 3/3, 1971. 50 Jahre Wiener Sprachheilschule.

Engel, E.: Prof. E. Engels Stimmbildungslehre. Dresden 1927.

Engel, G.: Die Konsonanten der deutschen Sprache. Berlin 1874.

Entres, L.: Zum ersten Sprechunterricht. Blätter für Taubstummenbildung 1926. Enzyklopädisches Handbuch der Sonderpädagogik. 3. Aufl., Berlin 1969.
Essen, O. v.: Über das Wesen der Assimilation. Vox 1935.
–: Allgemeine und angewandte Phonetik. 5. Aufl. Berlin 1979.
–: Über die Dauer der Laute in der Sprechweise von Gehörlosen. Neue Blätter für Taubstummenbildung 3/2–3, S. 82, 1948.
–: Psychophonetik. Arch. Ohr- usw. Heilk. und Z. Hals- usw. Heilk. Bd. 165 (Kongreßbericht 1954), S. 595.
–: Die phonetische Dokumentation der Nasalität und des offenen Näselns. Fol. phon. Vol. 13, S. 269–275, 1961.
–: Grundbegriffe der Phonetik. Berlin 1962.
–: Lautlehre und Lautfehlbildungskorrektur des Dr. med. Rudolf Schulthess. Heilpäd. Forschung IV/2, S. 260–267, 1972.
–: Grundsätzliches zur Physiologie der Atmung. Der Sprachheilpädagoge 6/1, S. 2–7. Wien 1974.
Ewing, I. R., and *A. W. G. Ewing*: Speech and the Deaf Child. Manchester 1954.

Falkenhagen, H., und *H. Wissmann*: Zur Therapie der Lese-Rechtschreib-Schwäche durch gezieltes Training. In: Probleme und Ergebnisse der Psychologie, Nr. 12, S. 7–29, 1964.
Faust, J.: Aktive Entspannungsbehandlung. 5. Aufl. Stuttgart 1954.
Fengler, F. A.: Leistungs- und Gesundheitssteigerung durch Atmungs-, Entspannungs-, Resonanz- und Konzentrationstraining. Halle/Saale 1955.
Fernau-Horn, H.: Zur Übungsbehandlung funktioneller Stimmstörungen. Int. Kongr. f. Log. und Phon. Zürich 1953.
–: zit. bei *Führing-Lettmayer.*
Filitschewa, T. B.: siehe *Shukowa.*
Fischer, F.: So artikulieren wie auf der Oberstufe. Blätter für Taubstummenbildung 1931, S. 231, 333.
Fiukowski, H.: Sprecherzieherisches Elementarbuch. Leipzig 1967.
Flatau, Th. S.: Sprachgebrechen des jugendlichen Alters. Halle/Saale 1896.
–: Sprach- und Stimmstörungen. Neue Deutsche Klinik 1932.
–: Zum Studium der sichtbaren Sprachbewegungen. Die Stimme. Jg. 1933.
Forchhammer, E.: zit. bei *Luchsinger-Arnold*, 2. Aufl.
Forchhammer, G.: Absehen und Mundhandsystem. Übersetzt von *H. Hansen* und *R. Lindner*. Blätter für Taubstummenbildung 1923, S. 281.
Forchhammer, J.: Stimmbildung. Bd. 1. München 1923.
–: Die Sprachlaute in Wort und Bild. Heidelberg 1942.
Fourgon, F.: Précis de démutisation et d'orthophonie. Revue générale de l'enseignement des sourds-muets (Numéro hors-série). Paris 1955.
Fournier, F. T.: zit. bei *O. Guttmann.*
Fränkel, B.: zit. bei *Luchsinger-Arnoldt.*
Frenzel, F.: Die Sprachpflege in der Hilfsschule. Handbuch des Hilfsschulwissens 4. Teil. Halle/Saale 1922.
Freud, E.: Petit appareil pour la thérapie de la dyslalie du son „Ch". Practica oto-rhinolaryngologica Vol. I, Fasc. I, 1938.
Freunthaller, A.: Beiträge zur Artikulationspflege auf der Oberstufe der Taubstummenschule. Blätter für Taubstummenbildung 1932, S. 66.
–: Die Praxis des Artikulationsunterrichtes. Kifo 1936.
–: Sprachunterricht in der Gehörlosenschule. Neue Blätter für Taubstummenbildung 1956.
Friedländer, M.: Aus meiner Arbeit in einer Anfängerklasse für sprachgestörte Kinder. In: „Das sprachkranke Kind". Halle 1930.
Froeschels, E.: Einige einfache Behandlungsmethoden wichtiger Sprach- und Stimmstörungen. Eos 18/3. 1926.

–: Weitere Beiträge zur Sigmatismusfrage. Z. Hals- usw. Heilk. 25, 5, 1930.
–: Lehrbuch der Sprachheilkunde. Leipzig – Wien 1930.
–: Über den heutigen Stand der Sprach- und Stimmheilkunde (Logopädie). Kifo 1935.
–, und M. *Pfefferbaum*: X-Ray Findings in F and S with Regard to the F-Method for Treatment of Lisping. 10. Kongr. Int. Ges. f. Log. u. Phon., Barcelona 1956. Aus: Logopaedie et phoniatrie. 29/1. 1957.
–: Briefliche Mitteilung.
Führing, M., und *F. Wurst:* Ein Beitrag zur Diagnose der Sigmatismus lateralis. Eos. Wien 1930.
–, und *O. Lettmeyer:* Die Sprachfehler des Kindes. 7. Aufl., Wien 1978.
–: zit. bei *Lettmayer, O.*

Garcia, M.: zit. bei *Trenschel.*
Gault, R. G.: Referate über *Gaults* Versuche mit Tastapparaten. Vox Hamburg 1927. 1–3, 6–9.
Geißler, G.: Bericht über die Erziehung und den Unterricht eines sprachgelähmten epileptischen Kindes. Kifo 40/2. Berlin 1932.
Geißler, G.: siehe *Rösler.*
Gentzen: zit. bei *Trenschel.*
Gericke, I.: Elektromyographische Aufzeichnung von Atmungsmuskelkoordination bei der Produktion der Sängerstimme. Z. f. Phonetik, Spr. w. u. K. f. 20/4, S. 292, 1967.
Gielen, K., und *M. Thöne*: Artikulation mit PMS. Marburg 1974.
Gilse, P. H. van: zit. bei *Luchsinger-Arnold*, 3. Aufl., 2. Bd., S. 418.
Glatzel, X.: zit. bei *Luchsinger-Arnold*, 3. Aufl., S. 625.
Goda, S.: Vocal utterances of young moderately and severely retarded nonspeaking children. Amer. J. ment. def. 65, 2 269–273 (1960).
Goguillot, L.: Comment on fait parler les sourds-muets. Paris 1889.
Göllnitz, G.: Eine motorische Behandlung zur Förderung entwicklungsrückständiger Kinder. Kinderärztl. Prax. 20, 362, 1952.
–: Störungen der Sprachentwicklung, des Lesens und des Schreibens im Kindesalter. 2. Aufl., Potsdam 1966.
Gottstein, G.: zit. bei *Wendler-Seidner*, S. 242.
Goetze, R.: Früherziehung hochgradig sprachentwicklungsrückständiger Kinder in sonderpädagogischen Beratungsstellen. Die Sonderschule 18/3, S. 156, 1973.
Graser, J. B.: Der durch Gesichts- und Tonsprache der Menschheit wiedergegebene Taubstumme. Bayreuth 1834.
Green-Kopp, A.: Detroit, Briefliche Mitteilung.
Greene, J. S.: zit. bei *Luchsinger-Arnold*, 3. Aufl., S. 630.
Greene, M. C. L.: The Cleft Palate Patient with Incompetent Palatopharyngeal Closure. Fol. phon. Vol. 5, 1953.
–, and *A. Canning*: The Incidence of Nasal and Lateral Defects of Articulation in Cleft Palate. Fol. phon. Vol. 11, 208–216, 1959.
–: The Voice and its Disorders. New York 1959.
Griffiths, C.: zit. bei *A. Löwe*, N. Bl. f. Tstb. 23/5, S. 298, 1969.
Große, K.-D.: Zur erkenntnistheoretisch-methodologischen Bestimmung ausgewählter pädagogischer Termini des Begriffskomplexes „Prinzip-Methode" für die Rehabilitationspädagogik. Diss. Berlin 1979.
Grunewald, E.: Dresden. Mündliche Mitteilung.
Grützner, P.: Physiologie der Stimme und Sprache. In: L. Hermann, Handbuch der Physiologie. Bd. II, Leipzig 1879.
Gude, W.: Die Gesetze der Physiologie und Psychologie über Entstehung der Bewegungen und der Artikulationsunterricht der Taubstummen. Leipzig 1880.
Gutzmann, A.: Über das Näseln. Mschr. ges. Sprachheilk. 1891.

–: Die Gesundheitspflege der Sprache. Breslau 1895.
Gutzmann, H., sen.: Stimmbildung und Stimmpflege. Wiesbaden 1906.
–: Die dysartischen Sprachstörungen. Leipzig und Wien 1911.
–: Sprachheilkunde. Berlin 1924.
–: Des Kindes Sprache und Sprachfehler. Leipzig 1931.
Gutzmann, H., jun.: Röntgenaufnahmen von Zunge und Gaumensegel bei Vokalen und Dauerkonsonanten. In: Fortschr. Gebiete der Röntgenstrahlen 41/3. Leipzig 1930.
–: Die sprachliche Nachbehandlung operierter Gaumenspalten. In: Der Chirurg, 1930, H. 22.
–: Sprache ohne Kehlkopf. Leipzig 1936, 1953.
–: Erfahrungen über die Therapie der Sprach- und Stimmstörungen. Arch. Ohr- usw. Heilk., Bd. 165 (Kongreßbericht 1954), S. 626.
Gutzmann, H., jun.: Die Aufgaben des Stimm- und Spracharztes bei der Behandlung von Gaumenspalten vor und nach der Operation. Fortschr. der Kiefer- und Gesichtschir., Bd. 4, S. 173–181, Stuttgart 1958.
Gwinner, K.: Über Aussprachefehler der R-Laute. Arch. Sprach- u. Heilk. 1, 193, 1937.

Habermann, G.: Offenes Näseln nach Adenotomie und Tonsillektomie. HNO-Wegweiser für die fachärztliche Praxis 12/5, S. 150–152, 1964.
Hammer, L.: Bericht über die VIII. Wissenschaftliche Session für Defektologie der Akademie der Päd. Wissenschaften d. UdSSR. Die Sonderschule 24/4, S. 248–249, 1979.
Hahnefeld, K.: Dresden: Mündliche Mitteilung.
Hanselmann, H.: Einführung in die Heilpädagogik. S. 205, Zürich 1953.
Harper, Ph.: A. Visible Speech Aid. The Volta Review 72/6. 1970.
Harth, K.-L.: Beiträge zur Therapie oraler Sigmatismen funktioneller Art, I.–VIII., Wiss. Z. PH Potsdam 1955–1969.
–: Einige bisher noch nicht beschriebene sprachpathologische Besonderheiten. Wiss. Z. PH Potsdam 1960, H. 2, S. 159–161. Sprechwissenschaftliche Beiträge zur Beschreibung der deutschen Sprache der Gegenwart. II. Stenolalie, 1960, H. 2, S. 163–166.
–: Über Autogenes Sigmatiker-Training. Z. Deutsche Stomatologie, 1964, H. 1, S. 44–65.
–: Zur Realisierung der S-Laute nach (p), (t), (k), untersucht an der deutschen Hochlautung Berliner Rundfunksprecher. Diss. PH Potsdam, 1964.
–: Rationalisierungen bei der Therapie hyperkinetischer Stimmstörungen. Fol. phon. 19, S. 313–319, 1967.
–: Halbautogene Stimmtherapie mit dem Stimmrelaxator. Wiss. Ztschr. d. Päd. Hochschule Potsdam, Jg. 15/1971, H. 4, S. 631.
Härtel, H.: Leipzig. Briefliche Mitteilungen.
Hartmann, A.: zit. bei *Trenschel.*
Hasse, H.: Wie bringe ich die Taubstummen mit Lust zum verständlichen Sprechen? Deutsche Sonderschule 6/1, S. 9, 1939.
–: Froher Sprachunterricht. In: Festschrift 125 Jahre Niedersächsische Landestaubstummenanstalt Hildesheim 1954, S. 24.
Haycock, G. S.: The Teaching of Speech. 8. Aufl. Washington 1957.
Heaver, L.: Psychologische Teste zur Diagnose und Behandlung von Sprach- und Stimmstörungen. In: *Luchsinger-Arnold*, 3. Aufl., 2. Bd., S. 378–385.
–, and *G. E. Arnold*: Rehabilitation of Alaryngeal Aphonia. Postgraduate Medicine, Vol. 32/1, S. 11–17, 1962.
Heese, G., und *G. Lindner*: Ergebnisse eines Hörübungsversuches von relativ kurzer Dauer. In: Z. Laryng. usw. 36/11, S. 661, 1957.
–: Zur Problematik der mechanisch bedingten Dyslalien. In: Z. Laryng. usw. 37/10, S. 622–625, 1958.
Heese, G.: Sigmatismus-Behandlung während der zweiten Dentition. Fol. phon. Jg. 13, S. 219–221, 1961.

Heidbrede, G.: Zahn- und Kieferanomalien und falsche s-Bildung. Zahnärztliche Rundschau Nr. 3, 1934.
Heil, J. D.: Der Taubstumme und seine Bildung, 3. Aufl., Hildburghausen 1880.
Hennig, G. R.: Lerne gesundheitsgemäß sprechen. Wiesbaden 1899.
Heß, M.: Die Sprachprüfung in der logopädischen Praxis. Fribourg/Schweiz, 1959.
Hill, M.: Vollständige Anleitung zum Unterricht taubstummer Kinder im mechanischen Sprechen, Absehen, Schreiben und Lesen. Essen 1839, 1872.
–, und *F. Koebrich*: Vollständige Anleitung . . . 1886.
Hirsch, A. P.: Wesensart und Zusammenspiel der Vibrationsempfindung. 1950.
–: Ganzerfassung des Artikulationskindes. Neue Blätter für Taubstummenbildung 5/15, S. 462, 1951.
Hirsch, K. H.: Zu Besuch in Ungarn. Dtsch. Gehörl.-Z. 10/1963, S. 5.
–, und *Neumann, E.*: Mein Kind ist hörgeschädigt. 2. Aufl., Berlin 1979.
Hochmuth, M.: Kleinkinder mit Lippen-, Kiefer-, Gaumenspalten. In: *Becker, R.*: Früherziehung geschädigter Kinder. Berlin 1978, S. 73–76, 264–269.
Hofbauer, L.: Atemregelung als Heilmittel. Wien 1948.
Hoffmann, A.: Der S-Laut, der schwierigste Konsonant unserer Muttersprache. Die Stimme, 21. Jg., 1926/27.
Hoffmann, H.: Der erste Sprech- und Sprachunterricht in der Taubstummenschule. Marburg 1890.
Holthoff, R.: Der Rhythmus und seine Bedeutung für das hörgeschädigte Kind. In: Körperertüchtigung für hörgeschädigte Kinder, Sonderheft 9, Heidelberg 1976.
Huth, H.: Sorge der Kehlkopflosen: Es fehlt an Logopäden. In: Wohlfahrtsparität aktuell Nr. 1/80, Bremen 1980.

Iliew, D.: Aus den Arbeitserfahrungen über die Aussprache. Defektologia. Moskau 1969, Nr. 1, S. 62–64 (russ.).
Ippolitowa, M. W., und *E. M. Mastjukowa*: Sprachstörungen und ihre Überwindung bei zerebralparetischen Kindern. Die Sonderschule 24/3, S. 171–176, 1970.
Irwin, J. V.: siehe *Riper, Ch.*

Jäger, V. A., und *G. A. Riecke*: Anleitung zum Unterricht taubstummer Kinder in der Sprache. Stuttgart 1832.
Jakobson, R.: Kindersprache, Aphasie und allgemeine Lautgesetze. FaM 1972, S. 11.
Jarisch, H. A.: Methode für den Unterricht der Taubstummen. Regensburg 1851.
Jaworek, F., und *E. Zaborsky*: Die Behandlung von Stammelfehlern. Berlin-Ch. 1971.
Jerger, Carhart und *Dirks*: zit. bei *Luchsinger-Arnold*.
Jorich, K., Dresden: Mündliche und briefliche Mitteilungen.
Jussen, H., und *M. Kloster-Jensen*: Lautbildung bei Hörgeschädigten. 2. Aufl., Berlin-Charlottenburg 1974.
–, und *M. Krüger*: Manuelle Kommunikationshilfen bei Gehörlosen. Das Fingeralphabet. Berlin 1975.
Just, R., Dresden: Mündliche Mitteilungen.

Kahma, U.: Eine neue Methode zur Erzeugung des Zungenspitzen-R. Blätter für Taubstummenbildung 1921, S. 258.
Kainz, F.: Psychologie der Sprache, 2. und 3. Bd., Stuttgart 1954.
Kaiser, E.: Die Artikulationsklasse. Halle/Saale 1955.
Kasche, G. A.: Korrektur von Sprachstörungen bei Vorschulkindern. Moskau 1971 (russ).
Kern, E.: Ein Reisebericht von Martin Stein. Neue Blätter für Taubstummenbildung 12/3–4, S. 84, 1958.
–: Theorie und Praxis eines ganzheitlichen Sprachunterrichtes für das gehörgeschädigte Kind. Herder-Freiburg 1958.

Kerner, J.: Die Artikulationsstufe. Berlin 1899.
Kindlmann, J.: Zur Hygiene des Artikulationsunterrichtes. Blätter für Taubstummenbildung 1909, S. 355.
Kirchhoff, H.: Lese- und Rechtschreibschwäche. Enz. Handbuch der Sonderpädagogik. 3. Aufl., Sp. 2046–2051. Berlin 1969.
Klein, H.: zit. bei *Jussen.*
Klinghardt, H.: Artikulations- und Hörübungen. Köthen 1897.
Kloster-Jensen, M., und *H. Jussen*: Lautbildung bei Hörgeschädigten. Berlin-Charlottenburg, 2. Aufl., 1974.
Kluge, E., und *G. Kluge*: Ein Lautprüfmittel zur Prüfung der Spontansprache bei sprachgestörten Kindern. Z. Heilpäd. 11/1960, S. 541–550.
Kluge, G.: Einige Bemerkungen zu Fragen der Sprachheilbehandlung bildungsfähiger schwachsinniger Kinder. Die Sonderschule, 6. Jg., H. 6, S. 340–345. Berlin 1961.
Kobi, E. F.: Das legasthenische Kind. Luzern 1965.
Kockelmann, P.: Das Sprechenlernen der Taubstummen. Blätter für Taubstummenbildung 1918, S. 66.
Köhl, S., Dresden: Mündliche Mitteilung.
Kölbel, I.: Früherkennbare Merkmale der Lese-Rechtschreib-Schwäche. In.-Diss., Berlin 1968.
Kollak, B.: Einsatz des Logophons in der Sprachheilschule. Die Sonderschule 23/2–3, S. 113–120, 150–157, 1978.
Köster, D.: „Visible Speech" – Sichtbare Sprache. Neue Blätter f. Taubstummenbildung 8/11–12, S. 346, 1954.
Korsunskaja, B. D.: zit. bei *Morkovin.*
–: Sprachunterricht bei gehörlosen Vorschulkindern. Moskau 1960 (russ.).
–: siehe *Wygodskaja, G. L.*
–: Methodik des Sprachunterrichts bei gehörlosen Vorschülern, Moskau 1969 (russ.).
Kossakowski, A.: Wie überwinden wir die Schwierigkeiten beim Lesen- und Schreibenlernen, insbesondere bei Lese-Rechtschreibe-Schwäche? Berlin 1961.
Kossel, I.: zit. bei *G. Lindner*, 1975.
Kossow, H.-J.: Zur Therapie der LRS. Diss. KMU Leipzig 1969.
Kramer, J.: Der Sigmatismus. 2. Aufl., Solothurn 1968.
–: Wenn Kinder stammeln. Stuttgart 1945.
Krech, E. M.: Sprechwissenschaftlich-phonetische Untersuchungen zum Gebrauch des Glottisschlageinsatzes in der allgemeinen deutschen Hochlautung. Basel (Schweiz)–New York 1968.
Krech, H.: Die Therapie eines schweren Falles von Sigmatismus lateralis. Z. Phonetik u. allg. Sprachw., 6. Jg., 1–2, 1952.
–: Sprechkundliche Beiträge zur Therapie der Sigmatismen. Wiss. Z. Univ. Halle, Jg. 3, H. 5, S. 833–886, 1954.
–: Zur Artikulationsbasis der deutschen Hochlautung. Z. Phonetik u. allg. Sprachw., 8. Jg., 1/2, S. 107, 1954.
–: Kurze Mitteilung zur Behauchung der deutschen Explosivae im Inlaut. Wiss. Z. Univ. Halle, Jg. 4, 5, S. 625, 1955.
–: Sprecherziehung I. In: Didaktik der Unterstufe. Methodische Anleitungen für die Zirkelleiter der Lehrerweiterbildung. Berlin 1956.
–: Hochlautung und Kunstgesang. Wiss. Z. Univ. Halle VI/5, S. 883, 1957.
–: Die kombiniert-psychologische Übungstherapie. Wiss. Z. Univ. Halle Ges.-Sprachw. VIII/3, S. 397–430, 1959.
–: Erziehung zur richtigen Atmung. Die Sonderschule, 5. Jg., H. 1, S. 50–58, H. 2, S. 110–118, Berlin 1960.
–, und *E.-M. Krech*: Die Behandlung gestörter S-Laute. 2. Aufl., Berlin 1969.

Kriens, O., und *J. Wulff:* Die submuköse Gaumenspalte. Ein Beitrag zu Diagnose, Anatomie, operativer und sprechpädagogischer Behandlung. Chirurgia Plastica et Reconstructiva. 6, 1969.
Krug, A.: zit. bei *Jäger* und *Riecke.*
Kube, A.: Ein Beitrag zur systematischen Behandlung des Sigmatismus. Pädagogik 4/5, S. 293, 1954.
Kurka, E., und *G. Meinhold:* Die Artikulation einer zungenlosen Patientin. Wiss. Z. d. Univ. Halle-Wittenberg, Math.-Nat. Reihe XIV./1. 1965.
–: Einige Hinweise zur Früherkennung und -erfassung von Sprachstörungen. Die Sonderschule 12/3, S. 179–181. Berlin 1967.
Kußmaul, A.: Die Störungen der Sprache. Leipzig 1910.

Lachs, J. S.: Andeutung des Verfahrens beim Unterricht taubstummer Kinder im Sprechen für Volksschullehrer. Berlin 1863.
Lambeck, A.: Die Sprachbehandlung bei angeborenen Gaumenspalten vor der Operation. Blätter für Taubstummenbildung 1929, S. 193.
Lambeck, A.: Die Sprachbehandlung der Kinder mit angeborenen Lippen- und Gaumenspalten. Blätter für Taubstummenbildung 1931, S. 163.
–: Ein Beitrag zur Frage der Sprachverbesserung bei Wolfsrachen. Z. Kinderforsch. 43/2. Berlin 1933.
–: Die Gaumenverschlußlaute in der Sprachbehandlung der Gaumenspaltler. Neue Blätter für Taubstummenbildung 5/1–2, S. 45, 1950.
Laptjew, W. D., und *W. A. Zukerman:* Geräte zum Sichtbarmachen der Lautsprache. Die Sonderschule 12/2, S. 109–111. Berlin 1967.
Lebrun, Y.: The artificial Larynx. Amsterdam 1973.
Lehmann, L.: Meine Gesangskunst. Berlin 1922.
Leischner, A.: Aufgaben der ärztlichen Sprachheilbehandlung. Der Öffentliche Gesundheitsdienst 24/3, S. 96–101, 1962.
Leongard, E. J.: Anbildung der Lautsprache und Entwicklung der Gehörwahrnehmung bei gehörlosen Vorschulkindern. Moskau 1971, (russ.).
Leongard, E. I.: zit. bei *Hammer.*
Lettmayer, O.: Ein eigenartiger Fall von Rhotazismus nasalis. Eos 1927.
–: Die Abnormitäten in der Zahnstellung und ihre Bedeutung für das richtige S. Dtsch. Zahn- usw. Heilk., Bd. 4, S. 720, 1937.
–: Die Ableitungsmethoden bei der Behandlung des Stammelns im Bereich der zweiten Artikulationszone. In: „Festschrift zum 25jährigen Bestand der Heilkurse und Sonderklassen..." Wien 1947, S. 20.
–: Rat und Hilfe bei Sprachstörungen. Wien 1965.
–: Entstehen und Werden der logopädisch-didaktischen Methoden bei der Behandlung des Stammelns. Heilpädagogik, Wien 1964, H. 3, S. 35–39.
–: Die medizinischen Grundlagen für eine Methodik der Sigmatismusbehandlung. Die Sprachheilarbeit 11/3, S. 215–217, 1966.
–: siehe *Frühring, M.*
Lewina, R. E., u. a.: Grundlagen der logopädischen Theorie und Praxis. Moskau 1968 (russ.). Rezension von *M. Heckeroth* in „Die Sonderschule" 14/3, S. 184–188, Berlin 1969.
Liberman, A. M., et al.: Why are speech spectrograms hard to read? American Annals of the Deaf. 113/2, S. 127–133, 1968.
Lieb, G.: Gebißform und Sprachanomalien. Fortschr. Kieferorthopädie 23/1–2. Leipzig 1962.
–, und *G. Mühlhausen:* Vorkommen von Gebißanomalien und Sprechfehlern. Befunderhebung von 3086 Hamburger Schulkindern. In: Gebißanomalien und Sprechfehler. Herausg. *J. Wulff.* München/Basel 1964.

Liebmann, A.: Untersuchung und Behandlung geistig zurückgebliebener Kinder. Berlin 1920.

Lindner, G., und *F. Thieme:* Das Oszilloskop in der Taubstummenschule. Neue Blätter für Taubstummenbildung 3/5-6, S. 149, 1949.

–: Die Tonhöhenbewegung in der Sprechweise gehörloser Schulkinder der letzten Grundschuljahre. Diss. Berlin 1955.

–: Beeinflussung der Sprechmelodie resthöriger Kinder. Die Sonderschule 1, S. 39-43, Berlin 1958.

Lindner, G.: Frequenz und Luftverbrauch beim Kehlkopf-R. Z. Phonetik u. allg. Sprachw. 11/4, S. 344, 1958.

–: Ökonomische Verwendung der Unterrichtszeit bei sprechtechnischen Übungen. Die Sonderschule 4/2, S. 77, 1959.

–: Über die Auffassung experimentell veränderter Sprache. Die Sonderschule 5/3, S. 169, 1960.

–: Grundlagen der pädagogischen Audiologie. 2. Aufl., Berlin 1975.

–, und *E. Brand:* Sprachperzeption durch Absehen mit Tastunterstützung. Die Sonderschule 14/1, S. 6-21, 1969.

–: Einführung in die experimentelle Phonetik. Berlin 1969.

–: Rezension über J. Kramer: Der Sigmatismus... In: Ztschr. f. Phonetik 22, 1969, S. 617.

–: Artikulationsunterricht nach dem Bewegungsprinzip. Die Sonderschule 15/6, S. 321 bis 334, Berlin 1970.

–: Phonetik. In: Becker-Sovák, Lehrbuch der Logopädie, S. 45-64, Berlin 1971.

–, und *I. Kossel:* Optische Analysen der Koartikulation durch Röntgenkinematographie T-HF 719; und: Schematische Darstellung des Bewegungsablaufs der Koartikulation in Einzelphasen HR 274. Dtsch. Inst. f. Film, Bild u. Ton, Berlin 1974.

–: Rehabilitationspädagogische Probleme der Forschungsgruppe Phonetik. Wiss. Z. d. Humboldt-Uni Berlin, Ges. Sprachw. R. XXIII (1974) 5, S. 591-593. (b)

–: Stellung der Sprechbewegungsabläufe innerhalb der suprasegmentalen Struktur, s. o. S. 595-596. (c)

–: Analyse der Sprechbewegungen – Ansatzpunkt für die kontrastive Phonetik. M.-L.-Uni. Halle-Wittenberg, Sektion Sprach- u. Lit. w. Manuskript 1974. (d)

–: Der Sprechbewegungsablauf. Berlin 1975.

–: Leit- und Funktionsschemata des Sprech- und Hörprozesses. In: Einführung in die Sprechwissenschaft. Leipzig 1976.

–: Hören und Verstehen. Berlin 1977.

–: Frühkindliche Lautnachahmung als Invariantenbildung. Die Sonderschule 26/3, S. 162 bis 167, Berlin 1981.

Lindner, G.: Entwicklung von Sprechfertigkeiten. Berlin 1984.

Lindner, R.: Zur Artikulation des S-Lautes. Vox Hamburg 1914.

–: Untersuchungen über die Lautsprache. Leipzig 1916.

–: Visuelle und taktile Sprachauffassung. In: Int. Zbl. Ohrenheilk. 1931.

Loebell-Nadoleczny: Stammeln. In: Misch, „Die Fortschritte der Zahnheilkunde". Leipzig 1933.

Lötsch: zit. bei *Krech, H.,* und *E.-M. Krech,* 2. A., S. 73.

Lotzmann, G.: Die Bedeutung der Artikulationsbasis für die normale Lautbildung, Sprache u. Sprechen, Bd. 4. Ratingen 1973, 127.

Löwe, A.: Haus-Spracherziehung für hörgeschädigte Kleinkinder. Berlin-Ch. 1965.

–: Sprachfördernde Spiele für hörgeschädigte Kleinkinder. Berlin-Ch. 1964.

–: Hörenlernen im Spiel. Berlin-Ch. 1966.

–: Hörgeräteversorgung beim Kleinkind aus fachpädagogischer Sicht. Electromedica 3/1967.

—: Hörmessungen bei Kleinkindern. Neue Blätter für Taubstummenbildung 23/5, S. 297 bis 300, 1969.
—: Moderne technische Unterrichts- und Rehabilitationshilfen für Gehörlose und Schwerhörige. München 1972.
—: Probleme der Rehabilitation gehörloser und schwerhöriger Kinder. Sonderpädagogik 8, 1–2, S. 24–36, 81–86, 1978.
Luchsinger-Arnold: Lehrbuch der Stimm- und Sprachheilkunde. 3. Auflage, Wien–New York 1970.
Luchsinger, R.: Über die Beziehungen der Sprache und Sprachstörungen zur sogenannten Feinmotorik. Fol. phon. Vol. I, Fasc. 3/4, S. 222, 1948.
—: Der Mechanismus der Sprech- und Stimmbildung bei Laryngektomierten und die Übungsbehandlung. Practica oto-rhinolaryngologica Bd. XIV, S. 304, Basel–New York. 1952.
Luchsinger, R.: Physiologie der Stimme. Fol. phon. Vol. 5, S. 93, 1953.
Luthardt, W.: Das Zungen-R. Sprechen und Singen. 15/1. Chemnitz 1927.

Madebrink, R.: The Duration of the Stops in the Speech of the Deaf-Mutes. Fol. phon. Vol. 7, S. 44, 1955.
Männich, G.: Mündliche Mitteilung.
Maeße, H.: Briefliche Mitteilungen.
Martens, C., und *P.:* Phonetik der deutschen Sprache. München 1961.
Martinet, A.: Synchronische Sprachwissenschaft. Berlin 1968.
Maschka, Fr.: zit. bei *Führing-Lettmayer.*
Masjunin, A. M.: Die Verwendung von Gehörresten für die Verbesserung der Aussprache taubstummer Schüler. In: Die Unterrichts- und Erziehungsarbeit in den Sonderschulen, Moskau 1956, H. 2. (russ.) Referat aus: Die Sonderschule 2/5. Berlin 1957.
Mastjukowa, J. M.: siehe *Shukowa, N. S.*
Mastjukowa, E. M.: siehe *Ippolitowa, M. W.*
Meier, E.: Rhythmische Pädagogik mit gehörlosen Kindern. In: Körperertüchtigung für hörgeschädigte Kinder, Sonderheft 9, Heidelberg 1976.
Meinhold, G., und *E. Reichenbach:* Organische Sigmatismen und Kieferorthopädie. Wiss. Z. Univ. Halle. Ges.-Sprachw. XI/12, S. 1623–1632, 1952.
Meinhold, G.: Phonetik der Gaumenspaltensprache. Wiss. Z. Univ. Halle, Ges.-Sprachw. XII/8, S. 593–612, 1963.
Meinhold, G.: Zur Objektivierung der postoperativen Sprachfunktion bei Patienten mit Gaumenspalten. Fol. phon. Vol. 16, S. 81–96, 1964.
—, und *E. Stock:* Phonologie der deutschen Gegenwartssprache. Leipzig 1980.
Meyer-Eppler, W.: Zum Erzeugnismechanismus der Geräuschlaute. Z. Phonetik u. allg. Sprachw. 7, S. 96, 1953.
Meyer-Wiemann, S.: zit. bei *Wolf-Aderhold.*
Mical, S.: Etwas von phonetischen Übungen. Z. Behdlg. Schwachsinn., 45. Jg., 1925.
Miklas: Wie man die Sprechlust bei Kindern fördern kann. Eos 1927.
Möhring, H.: Lautbildungsschwierigkeiten i. Deutschen. Z. Kinderforsch. 47/4, 1938.
Moll, A.: Über Stellungen und Bewegungen des Kehlkopfes. Die Stimme, 20. Jg., 1925/26.
Moolenaar-Bijl, A.: Connection between Consonant Articulation and the Intake of Air in Oesophageal Speech. Fol. phon. Vol. 5, S. 212, 1953.
Moolenaar-Bijl, van den Berg, Damsté: Oesophageal Speech. Fol. phon. Vol. 10/2, 65–84, 1958.
Morkovin, B. V.: Experiment in Teaching Deaf Pre-School Children in the Soviet-Union. The Teacher of the Deaf, Vol. LVIII, No. 374, S. 348–355, 1960.
Morley, M. E.: Defects of Articulation. Fol. phon. Vol. 11, S. 104, 1959.
Morosova, N. G.: zit. bei *Morkovin.*
Moses, P.: zit. bei *G. Böhme.*

Mücke, J.: Anleitung zum Unterricht der Taubstummen in der Lautsprache. Prag 1834.
Mühler, G.: Probleme der Gaumenspalt-Operation. Die Sonderschule 10/3, S. 155–159. Berlin 1965.
Mühler, G.: Vortrag in Thallwitz am 18. 10. 65.
–: Die chirurgische Behandlung der angeborenen Gaumenspalten. Die Sonderschule 11/4, S. 221–227, Berlin 1966.
–: Einschulungsprobleme beim Spaltträger. Pädiatrie und Grenzgebiete 5/10, S. 375–380, 1972.
Mühlhausen, G.: zit. bei *G. Lieb.*
Müller, E.: Zur Physiologie der Gaumensegelbewegungen beim Schlucken und Sprechen. Referat in: Zbl. Hals- usw. Heilk. Bd. 53, H. 6/7, 1955.
–: Die Bewegungen des Gaumensegels beim Schlucken und Sprechen. Arch. Ohr- usw. Heilk. und Z. Hals- usw. Heilk. Bd. 169, S. 495, 1956.

Nadoleczny, M.: Lehrbuch der Sprach- und Stimmheilkunde. Leipzig 1926.
–: Entstehung und Behandlung von Sprachstörungen. Klin. Wschr. 1927.
–: Die Sprach- und Stimmheilkunde der Gegenwart. Kifo Bd. 44, H. 4, 1935.
Neuberger, F.: zit. bei *Luchsinger-Arnold.*
Neumann, L. W., und Mitarbeiter: Das Restgehör bei schwerhörigen und gehörlosen Kindern. APN d. RSFSR. Moskau 1957 (russ.).
Nickel, K.: Zur Artikulation am Sprachganzen. Blätter für Taubstummenbildung 1921, S. 295, 305.
Nikolajewa, L. W.: Die Präzisierung der angenäherten Artikulation gehörloser Schüler. Verl. Pedagogika Moskau 1975, 142 S. (russ.).

Ondráčková, J.: Rentgenologický výzkum artikulace českých vokálu. Verlag der Tschechoslowakischen Akademie der Wissenschaften. Prag 1964.
Ondráčková, J.: The movement of the tongue and the soft palate in the singing of vowels. Fol. phon. Vol. 13, S. 99–106, 1961.
Onishi, M.: Filmvortrag beim 6. Int. Kongreß für Phonetische Wissenschaften, Prag 1967.
Orthmann, W.: Sprechkundliche Behandlung funktioneller Stimmstörungen. Halle 1956.
–: Atmungsprobleme bei gehörlosen Schulkindern. Neue Blätter für Taubstummenbildung 1961, 8/9, 1–15.
–: Sinn und Grenzen der Atmungstherapie. Ztschr. f. Heilpädagogik 1966, H. 7, S. 313 bis 325.

Pahn, J.: Stimmübungen für Sprechen und Singen. Berlin 1968.
Panconcelli-Calzia, G.: Die experimentelle Phonetik in ihrer Anwendung auf die Sprachwissenschaft, 2. Aufl., Berlin 1924.
Panconcelli-Calzia, G.: Das Als-ob in der Phonetik. Eine erkenntniskritische Studie. Hamburg 1947.
–: Die Taschenbandstimme. Berlin 1953.
Panconcelli-Calzia, G.: Die Stimmatmung. Nova Acta Leopoldina Bd. 18. Nr. 123. Leipzig 1956.
Papasilekas, A., Hamburg: Mündliche Mitteilung.
Parow, J.: Funktionelle Atmungstherapie. Stuttgart 1953.
Passavant, G.: Über die Beseitigung der näselnden Sprache bei Gaumenspalten. Langenbecks Arch. u. Dtsch. Z. Chir. Bd. 6, S. 333, 1865.
Paul, W.: Der Vokal a. Ein Beitrag zur Methodik des Artikulationsunterrichtes der Taubstummen. Straßburg 1885.
–: Die Silbenmechanik als Grundlage des Artikulationsunterrichtes der Taubstummen. Metz 1908.

−: Die Anwendung von Resonatoren im Artikulationsunterricht der Taubstummen. Blätter für Taubstummenbildung 1916, S. 114.
Peschl, J.: Die Anwendung der Flüstersprache in der Therapie der Sigmatismen. Eos 1936.
Pfau, E.-M.: Psychologische Gesichtspunkte bei Erwerb der Ersatzstimme nach Laryngektomie. In.-Diss. Halle/Saale 1968.
−: Ersatzstimme nach Laryngektomie. Manuskript 1980.
−: Lehrmaterial zur Ausbildung der Ersatzstimme nach Kehlkopfentfernung. Uni.-HNO-Klinik Halle/Saale, o. J.
Pfeifer, G., und A.-H. Schlote: Sprachverbessernde Operationen bei Patienten mit voroperierten Gaumenspaltformen. In: Stottern-Poltern, Hamburg 1975, S. 133–155.
Polster, E., Dresden: Mündliche Mitteilung.
Portmann, F.: Die Entwicklung des R-Lautes. Luzern 1938.
Preu, O.: Störungen im Sprechprozeß. In: Einführung in die Sprechwissenschaft S. 269 bis 299. Leipzig 1976.
Purkinje, J. E.: zit. bei G. Böhme.
Putzger, R.: Zur Häufigkeit der apikalen und dorsalen Lautbildung von S, D, T, N und L bei deutschen Sprechern im Alter von 16–25 Jahren. Dipl.-Arbeit Martin-Luther-Uni. Halle/Saale 1965.

Radomski, J.: Die Sprachgebrechen und deren Heilung. Graudenz 1886.
Räfler, Fr.: Eine kleine Handreichung zu frohen Sprechübungen auf der Unterstufe. Neue Blätter für Taubstummenbildung 7/1–2, S. 55, 1953.
Rakowetz, P.: zit. bei O. Lettmayer.
Raphael, M.: Die Kunst, Taube und Stumme reden zu lehren. Lüneburg 1718.
Rammel, G.: Beiträge zur Frage der Förderung taubstummer Jugendlicher. Neue Blätter für Taubstumoenbilrung 18/1–2, 1964.
Ranschburg, P.: Die Lese- und Schreibstörungen des Kindesalters. Halle/Saale 1928.
Rapp, J. G.: Zur Lautentwicklung. Organ der Taubstummenanstalten 1863, S. 13.
Rau, E. F., und W. A. Sinjak: Logopädie. Moskau 1969 (russ.).
−, und *W. I. Roschdestwenskaja:* Lautwechslungen bei Kindern, Moskau 1972 (russ.).
Rau, F. A., und F. F. Rau: Methodische Unterweisung Taubstummer in der Aussprache, 4. Aufl. Moskau 1959 (russ.).
Rau, F. F.: Das Problem der Entwicklung und Ausnutzung der Gehörwahrnehmung bei schwerhörigen und tauben Kindern. In: Das Restgehör schwerhöriger und gehörloser Kinder. Herausg. *L. Neumann.* Moskau 1957 (russ.).
−: Leitfaden für den Artikulationsunterricht Gehörloser. Moskau 1960 (russ.).
−: Unterricht der Gehörlosen in der Aussprache. Moskau (1960) (russ.).
−, und *N. Slesina:* Der Apparat WIR als Hilfsmittel zur Artikulation Gehörloser. Die Sonderschule 12/2, S. 112–115, 1967.
−, und *N. F. Slesina:* Organisation der Arbeit an der Sprechtechnik in Gehörlosenschulen. Moskau 1967 (russ.).
Rau, F. F., und N. F. Slesina: Leitfaden zu den Lehrbüchern über Artikulation für den Vorschulunterricht und für den Unterricht in der 1. und 2. Klasse in Gehörlosenschulen. Moskau 1969 (russ.).
−: Die Lautsprache Gehörloser. Moskau 1973 (russ.).
Rechner, A.: siege Zuckrigl.
Rees, E.: Für Kehlkopfektomierte, 13. Folge der Übungsblätter zur Sprachbehandlung. Hamburg 1963.
−: Hilfe für den Kehlkopflosen. Neue Blätter für Taubstummenbildung 1967, 1–2.
Reich, C. G.: Der erste Unterricht des Taubstummen. Leipzig 1834.
Reinke, E.: Aus der Praxis der Behandlung des Sigmatismus lateralis. Kifo 38, 4. 1931.
Reitter, M.: Methodenbuch zum Unterricht für Taubstumme. Wien 1828.
Remmler, S.: Mündliche Mitteilung.

Reuß, E.-M., Berlin: Mündliche Mitteilung.
–: siehe *G. Lindner* 1974.
Richter, E.: Lautbildungskunde. Leipzig 1922.
–: Das psychische Geschehen und die Artikulation. Archives néerlandaises de phonétique experimentale. Tome XIII. Amsterdam 1937.
Riper, Ch. van: Speech Correction. 4. Aufl. Englewood Cliffs, N. J. 1963.
–, und *J. V. Irwin:* Artikulationsstörungen. Bearbeitung: W. *Orthmann,* Übersetzung: B. Neumann und H. J. Scholz. Berlin-Ch. 1970.
Roschdestwenskaja, W. I.: siehe *Rau, E. F.*
Rösler, A.: Der praktische Sprachheillehrer. Theorie und Praxis der heilpädagogischen Behandlung der Sprachstörungen. Halle/Saale 1933.
–, und *H. Scheibel:* Die fröhliche Sprechschule. Halle/Saale 1949.
–, und *G. Geißler:* Die fröhliche Sprechschule. Berlin-Charlottenburg 1964.
Rosse, E.: zit. bei *Böhme* 1969, S. 163.
Rossier-Bühlmann-Wiesinger: Physiologie und Pathophysiologie der Atmung. Berlin–Göttingen–Heidelberg 1956.
Rothe, K. C.: Die Sprachheilkunde. Wien 1923.
Rötzer, F.: Leichtes Ablesen und leichtes Sprechen. Blätter für Taubstummenbildung 1912, S. 282.

Schär, A.: Über den Tastsinn und seine Beziehungen zur Lautsprache. Vox Hamburg 1922.
–: Die Bedeutung der experimentellen Phonetik für den Taubstummenunterricht. Blätter für Taubstummenbildung 1922, S. 325.
Schenk-Danziger, L.: Probleme der Legasthenie. Schweiz. Z. Psychol. 20, 29 (1961).
Schilling, A., und *H. Schäfer:* Beitrag zur Prüfung der partiellen akustischen Lautagnosie bei stammelnden Kindern mit einem Agnosieprüfverfahren. Arch. Ohr- usw. Heilk. u. Z. Hals- usw. Heilk. Bd. 180/2, S. 823–827. 1962.
–, und *H. Gürlich:* Neue Untersuchungen zur Interdentalität im Kleinkindalter. Wiss. Z. Univ. Halle Ges.-Sprachw. XL/12, 1661–1667, 1962.
Schilling, A.: Akustische Faktoren bei der Entstehung von Sprachstörungen. Akustische und motorische Probleme bei der Sprach- und Stimmbehandlung. S. 35–56. Hamburg 1963.
–: Näseln. In: Enzyklopädisches Handbuch der Sonderpädagogik, 2. Bd., Sp. 2301 ff. Berlin 1969.
Schilling, R.: Über Stimmeinsätze. Proceedings of the third international congress of phonetic sciences. S. 183. Ghent 1938.
–: Zur Ätiologie der Fistelstimme. Arch. f. Sprach- und Stimmphysiol. und Sprach- und Stimmheilk. III/3 1939, S. 168.
Schleißner, F.: Sigmatismus nasalis. Mschr. ges. Sprachheilk. 1905.
Schlesinger: zit. bei *Luchsinger-Arnold,* 2. Aufl. S. 563.
Schleuß, W.: Über Gaumenspalten, insbesondere die sprachliche Behandlung der Kinder mit Gaumenspalten. Eos 1929.
Schmidt, M.: zit. bei *Luchsinger-Arnold* und *Trenschel.*
Schmidt, R.: „Vorsicht mit Hörapparaten bei Kindern!" Neue Blätter für Taubstummenbildung 21/6–7, 1967.
Schmieder, W.: Freude am Sprechenlernen. 2. Aufl., Berlin 1989.
Schmitt, J. L.: Atemheilkunst. 2. Aufl. München–Berlin 1956.
Schneider, M.: Ein Jahr Artikulation. Blätter für Taubstummenbildung 1929, S. 125.
Schubeck, A.: Mundhandsprechen und Mundhandabsehen... München 1908.
Schulte, K., *H. Roesler* und *H. Ding:* Akusto-vibratorische Vibrationshilfe. Kettwig/Ruhr 1969.
Schulte, K.: Thesen zur Verbesserung der Kommunikationsfähigkeit Gehörloser. Hörgeschädigtenpädagogik 25/1, S. 17–27, 1971.

—: Das phonologische Prinzip bei der Lautkorrektur. Die Sprachheilarbeit 16/6, S. 161 bis 172, 1971.
—: Zum praktischen Einsatz des PMS bei Gehörlosen und Schwerhörigen – eine Antwort an die Praxis. Hörgeschädigtenpädagogik 32. Jhg., S. 203–208, 1978. Heidelberg.
Schulz, J. H.: zit. bei *Krech.*
Schulze, A.: Sprachanbildung und Hörsprecherziehung bei Geistigbehinderten. Bonn–Bad Godesberg 1972.
Schumann, P.: Über den Ausgang von der Sprechsilbe im Artikulationsunterricht der Taubstummen. Blätter für Taubstummenbildung 21. Jg., S. 321, 338, 1908.
—: Geschichte des Taubstummenwesens. Frankfurt/M. 1940.
—: Mündliche und schriftliche Mitteilungen.
Schwarz, C.: Die Zunge. Ihre Funktion und Bedeutung in sprachheilpädagogischer Hinsicht. Winterthur 1955.
Seeländer, H.: Schriftliche und mündliche Mitteilungen.
—: Aus den Tagebuchaufzeichnungen eines Aphasikers. Psychiatrie, Neurologie und medizinische Psychologie. 21/9. S. 351–354, 1969.
—: Zum Problem der LRS am Beispiel eines gehörlosen Schülers. Die Sonderschule 6/5. S. 282–287, 1961.
—, und *H. Beulig:* Eine Schule ohne Rechtschreibsorgen. Sprachpflege 15/10. S. 204–205. 1966.
Seeman, M.: Phoniatrische Bemerkungen zur Laryngektomie. Arch. klin. Chir. 140, S. 285 bis 298, 1926.
—: Diskussionsbemerkungen zu L. Stein. 4. Kongr. Int. Ges. f. Log. u. Phon. 1930
—: Zur Pathologie der Ösophagusstimme Fol. phon. Vol. 10, S. 44–50, 1958.
—: Sprachstörungen bei Kindern. 4. Aufl., Berlin 1974.
Seidel, Chr.: Psychodiagnostik kindlicher Hör- und Sprachstörungen. In: Luchsinger-Arnold, 3. Aufl., 2. Bd., S. 358–378.
Seidner, E. P.: Vorträge 1932–1933. Dresden.
Seidner, W.: siehe *Wendler, J.*
Seifert, U.: Stimmheilpädagogik im Kindesalter – ein Spezialgebiet der Logopädie. Die Sonderschule 10/1, S. 18–20, 1965.
—: Musikpäd. Elemente in der Stimmbehandlung bei Vorschulkindern. Bericht ü. III. Int. Kongreß d. Ges. f. Rehab. Erfurt 1967. Leipzig 1969, S. 222–225.
—: Logopädische Anleitung für den Stimmheilunterricht bei Vorschulkindern mit entwicklungs- und umweltbedingten phonatorischen Kommunikationsstörungen. Mschr., Inst. f. Sonderschulwesen, Humboldt-Universität, Berlin 1968.
Seiferth, L. B.: Röntgenologische Untersuchungen über den Abschluß des Mundrachens vom Nasenrachen und das Verhalten der Zunge während des Backenaufblasens bei Normalen und Kranken mit Gaumenspalten. Zugleich ein Beitrag zur Funktionsprüfung des Gaumensegels. Klin. Wschr. 14/25, 1935.
Shetty, D.: siehe *Hochmuth, M.*
Shukowa, N. S., Mastjukowa, J. M., und T. B. Filitschewa: Die Überwindung der verzögerten Sprachentwicklung bei Vorschulkindern. Berlin 1978, S. 53–63.
Siebs, Th.: Deutsche Aussprache. 19. Aufl., Berlin 1969.
Siek, K., und G. Jäger: Zur Entwicklungsförderung junger Kinder in der Familie. Berlin 1979.
Sievers, Fr. H.: Vergleichende Untersuchungen zur Artikulation hörender und gehörloser Sprecher mit Hilfe der Röntgenkinematographie. In.-Diss. Univ. Bonn 1976.
Silbiger, B.: zit. bei *Dantzig* und *Luchsinger-Arnold.*
Sinnenberg, M. S.: Über die Untersuchung und Hörerziehung bei stark schwerhörigen Kindern, hrg. von L. W. Neumann, Moskau 1957 (russ.).
Slesina, N. F.: Über zeitweilige Ausnutzung des Systems der Sprachlaute bei dem Anfangsunterricht der taubstummen Kinder. . . . Mitt. der APN, Moskau 1959 (russ.).

−: Individuelle Stunden in der Gehörlosenschule. Die Sonderschule 26/1, S. 27–34, 1981.
Snell, R. C.: siehe *Thomas.*
Sokolowski, R.: Eine noch nicht beschriebene Form des Sigmatismus. Mschr. Ohrenheilk. 55. Jg., 1921.
Sovak, M.: Lateralität und Sprache. Wiss. Z. Univ. Halle. Ges.-Sprachw. XI/12, S. 1695 bis 1702, 1962.
−: Pädagogische Probleme der Lateralität, Berlin 1968
Spirowa, L. F.: Über Methoden zur Untersuchung von Sprach-, Lese- und Rechtschreibstörungen. Die Sonderschule 17/3, S. 166–176, 1972.
Stange, G.: siehe *Biesalski.*
Stein, L.: Zur Behandlung des Rhotazismus. 4. Kongr. Int. Ges. f. Log. u. Phon. 1930.
−: Sprach- und Stimmstörungen und ihre Behandlung in der täglichen Praxis. Wien 1937.
Stein, M.: Ein Reisebericht. Neue Blätter für Taubstummenbildung 12/3–4, S. 84, 1958.
Steinbauer, H.: Warum audiometrieren wir in unseren Schulen? In: Beiträge zur operativen und audiopädischen Behandlung von Hördefekten. (Würzburg 1957). Straubing.
Stern, H.: Beiträge zur Kenntnis des Stimm- und Sprechmechanismus Laryngektomierter. Z. Laryng. usw. Bd. 12, 1923.
−: Der Mechanismus der Sprech- und Stimmbildung bei Laryngektomierten und die bei derartigen Fällen angewandte Übungstherapie. Hdb. d. HNO-Heilkunde von Denker-Kahler. Bd. V. 1929.
Stern, O.: Der Zitterlaut r. Langensalza 1907.
−: Die Entwicklung der Konsonanten in der Artikulationsklasse. Stade 1907.
Stock, E.: siehe *Meinhold.*
Stöhr, A.: zit. bei *F. Kainz.*
Stötzer, U.: Sprechübungen für Kinder. Schallplatte mit Beiheft. Leipzig 1969.
Stolle, H.: Außersprachliche Schallereignisse für die Hörerziehung Sprachkranker. Bericht der Hildesheimer Arbeitstagung 1962. S. 77–78. Hamburg 1963.
Sulzer, H.: Der Sprachheilkindergarten. In: Komplexe Sprachstörungen/Legasthenie. Bern–Stuttgart–Wien 1974, S. 139.
Süß, R., Halle: Mündliche Mitteilungen.
Sykow, S. A.: Sprachunterricht für gehörlose Kinder. Moskau 1959 (russ.).
−: Neue Unterrichtsmethoden für gehörlose Kinder. Moskau 1968 (russ.).

Talma, F. J.: zit. bei *O. Stern.*
Tarneaud, J.: zit. bei *H. Krech.*
Taube, O.: Neue Wege beim Artikulationsunterricht. Blätter für Taubstummenbildung 1926, S. 97.
Theiner, Chr.: Methodische Grundsätze für die Lautbildung im speziellen Muttersprachenunterricht bei Vorschulkindern mit funktionell bedingtem Stammeln. In.-Diss. Berlin 1967.
−: Die Unterscheidung zwischen fehlerhaft und richtig gebildeten Sprachlauten durch stammelnde Vorschulkinder. Die Sonderschule 14/2, 1969, S. 110–112.
−: Untersuchungen zur phonematischen Differenzierungsfähigkeit. Die Sonderschule 13 (1968), 1. Beiheft.
Thomann, O.: zit. bei *O. Lettmayer.*
Thomas, I. B., and *R. C. Snell:* Articulation Training through Visual Speech Patterns. The Volta Review 72/5, 1970.
Thume, S.: Die verbundene visuell-taktile Perzeption im sprachbildenden Unterricht der Gehörlosenschule mit Hilfe des Klassenartikulationsspiegels nach *Brinnhäuser-Thume* und der tastenden Hand. Diss. Berlin 1954.
Tjomkina, I. J., Kusmitschewa, E. P., Leongard, E. I.: Die Entwicklung der Sprachwahrnehmung durch das Gehör. Die Sonderschule 19/1, S. 22–32, 1974.
Treitel, L.: Grundriß der Sprachstörungen. Berlin 1894.

Trenschel, W.: Wege und Schwierigkeiten bei der sprachlichen Rehabilitation von Spaltträgern. Das Deutsche Gesundheitswesen 15/13-14, S. 729-734, 1960.
–: Sprechkundliche Beobachtungen und Erfahrungen bei der postoperativen Sprecherziehung von Gaumenspaltträgern. Fol. phon. Vol. 11, S. 184-207, 1959.
–: Zu einigen allgemeinen Prinzipien der Sprecherziehung bei sprachgestörten Kindern. Die Sprachheilarbeit 11/4, S. 256-263. 1966.
–: Kiefer- und Zahnstellungsanomalien. Enz. Hdb. der Sonderpäd., 3. Aufl., Sp. 1967 bis 1701, Berlin 1969.
Trenschel, W.: Zur Klärung des Problems der Nasalität. In.-Diss. Halle/Saale 1967.
–: Die Gaumenspaltsprache und ihre logopädische Behandlung. Beilage zu: Die Heilberufe 1968, H. 11, S. 12-16.
–: Zum Erzeugermechanismus des S-Lautes bei Kiefer- und Zahnanomalien. Deutsche Stomatologie 22/4, 1972, S. 303-309.
–: Das Phänomen der Nasalität. Berlin 1977.
–: Schriftliche Mitteilungen.
Trojan, F., und *H. Weihs:* Die Polarität der sprach- und stimmheilkundlichen Behandlung. Die Sprachheilarbeit, 9. Jg. 1/2, 1964.
Trubetzkoy, N. S.: Grundzüge der Phonologie. 3. Aufl., Göttingen 1962.

Uden, A. van: Een geluidsmethode voor zwaar en geheel dove kinderen. St. Michielsgestel 1952.
Ulbrich, H.: Zur Aussprache des r im Deutschen. Sprachpflege 15/9, S. 189-190. Leipzig 1966.
–: Instrumentalphonetischauditive r-Untersuchungen im Deutschen. Berlin 1972.
Undeutsch, A. M.: Schriftliche Mitteilung.
Ungeheuer, G.: Das Phonemsystem der deutschen Hochlautung. In: *Siebs, Th.:* Deutsche Aussprache. 19. Aufl., S. 27-42. Berlin 1969.
Urbantschitsch: zit. bei *Gutzmann sen.*

Vahle, H.: Der Sprachunterricht. Im Handbuch des Taubstummenwesens. S. 323. Osterwieck 1929.
Vatter, J.: Methodisch-praktische Bemerkungen zum ersten Sprechunterricht bei Taubstummen. FaM 1882.
–: Die Ausbildung des Taubstummen in der Lautsprache. 1891.
Vlaxos, E.: Phonetische Analyse von Affrikaten. Die Sprachheilarbeit 11/4, S. 264-267. 1966.
Voigt, G., Dresden: Mündliche Mitteilung.

Wagener, S.: siehe *O. Dieckmann.*
Wagner, J.: Vom Sprachunterricht bei ertaubten Schülern. Blätter für Taubstummenbildung 1928, S. 453.
Wagner, P.: Untersuchungen zur Sprachvertastung. Neue Blätter für Taubstummenbildung 15/3-4, S. 82-109, 1961.
Walther, E.: Handbuch für Taubstummenbildung. Berlin 1895.
Wängler, H.-H.: Atlas Deutscher Sprachlaute, 4. Aufl., Berlin 1968.
–: Grundriß einer Phonetik des Deutschen. Marburg 1960.
–: Leitfaden der pädagogischen Stimmbehandlung. 2. Aufl., Berlin-Charlottenburg 1966.
–: Über die Funktion des weichen Gaumens beim Sprechen. Wiss. Z. Univ. Halle. Ges.-Sprachw. XI/12, S. 1747-1752, 1962.
Wardill: zit. bei *M. E. Morley.*
Weigt, R.: Erarbeitung und Erprobung eines Lehrprogramms für den Deutschunterricht in Sonderklassen für lese-rechtschreib-schwache Kinder (2. Klasse), insbesondere für die Disziplinen Lesen und Rechtschreibung. Diss. Berlin 1971.

Weinert, H.: Unterrichtliche Erziehung in einer Hörstummenklasse. Blätter für Taubstummenbildung 1933, S. 272, S. 288.
–: Bericht über den Dresdner Kindergarten für gehör- und sprachgeschädigte Kinder. Kifo 47/5, S. 404–413, 1938.
–: Falsche S-Bildung durch Zahnanomalien. Die Deutsche Sonderschule. 1939, S. 503.
–: Wie erkennt und heilt man kindliche Sprachstörungen? Deutscher Wissenschaftlicher Dienst Nr. 21, S. 6, 1940.
–: Schafft Kindergärten für Sprachgeschädigte! Die Deutsche Sonderschule. 1941, S. 68.
–: Ein Kindergarten für Gehör- und Sprachgeschädigte. Die Kindergärtnerin. 3/7, S. 26, 1950.
–: Was tun wir mit Sprachgeschädigten im Kindergarten? Neue Erziehung in Kindergarten und Heim. 5/6, S. 132, 1952.
–: Bericht über die Arbeit mit einem Klassenartikulationsspiegel. Neue Blätter für Taubstummenbildung. 12/3–4, S. 106, 1958.
Weiß, D.: Erfahrungen bei der Behandlung von Sigmatismen. Practica otorhinolaryngologica. Bd. I. 1938.
Weißweiler, N.: Der Artikulationsunterricht in der Taubstummenschule. Köln 1883.
Weithase, I.: Sprechübungen. Weimar 1950.
Wendler, J., und *W. Seidner:* Lehrbuch der Phoniatrie. Leipzig 1977.
Wethlo, Fr.: Deutsche S-, Sch- und L-Laute mit gehobener oder gesenkter Zungenspitze. Arch. f. vergl. Phonetik 1937.
Weuffen, M.: Sensomotorisches Differenzierungsniveau im Vorschulalter und der Schulerfolg sprachgestörter Kinder. Die Sonderschule 20/2, 1975, S. 89–95.
–: siehe *Breuer.*
Wiedner, O., Berlin: Schriftliche Mitteilungen.
Wild, E., Leipzig: Schriftliche Mitteilungen.
Willemssen, J. H.: Some Dutch Dental Consonants, Investigated by Means of the Artificial Palate. Arch. néerl. phonétique expérimentale. Tome XII. Amsterdam 1936.
Winckel, F.: zit. bei *Luchsinger-Arnold* und *Trenschel.*
Wirsel, C. W.: Anweisung für Elementarlehrer zur Leitung des ersten Unterrichtes taubstummer Kinder. Büren 1850.
Wittsack, R.: zit. bei *Krech* und *Orthmann.*
Wlassowa, N. A.: Entwicklung der Logopädie in der UdSSR. Die Sonderschule. 2/5, S. 193, 1957.
Wlassowa, T. A.: Hörerziehung und Artikulation. Die Sonderschule 24/2, 1979, S. 87–92.
Wolf, W., und *E. Aderhold:* Sprecherzieherisches Übungsbuch. Berlin 1962.
Wolke, H. C.: Anweisung ... mit Hilfsmitteln für Taubstumme, Schwerhörige und Blinde ... Leipzig 1804.
Wolkowa, K. A.: Unterricht gehörloser Schüler der 7. und 8. Klasse in der Lautsprache. Moskau 1971. (russ.).
Wolks, H.: Sprechen ohne Zunge? Z. f. Heilpäd. 10, S. 309, 1955.
Wörterbuch der deutschen Aussprache. 2. Aufl. Leipzig 1969.
Wulff, H.: Logopädische Aspekte vor und nach dem Verschluß der Gaumenspalte. Störungen der Sprachentwicklung. Hamburg 1977, S. 98–105.
Wulff, J.: Die Vibrationsmassage als stimmtherapeutische Hilfe. Neue Blätter für Taubstummenbildung 8/11–12, S. 365, 1954.
–: Erfahrungen bei der Sprecherziehung von Gaumenspaltenpatienten. Fortschr. Kiefer- u. Gesichtschir. Bd. 1, S. 118, Stuttgart 1955.
Wulff, J.: Die sprachliche Versorgung der operierten Gaumenspaltler. Neue Blätter für Taubstummenbildung 10/3–4, 1956.
–: Erfahrungen in der Lispelbehandlung. Die Sprachheilarbeit. 3/4, S. 102–105. 1958.
–: Zur Rehabilitierung der operierten Gaumenspalten. Die Sprachheilarbeit 4/1, S. 25, 1959.

–: Übungsblätter zur Sprachbehandlung. 13 Folgen. Hamburg 1960 ff.

Wulff, J.: Motorische und akustische Fakten in der Sprach- und Stimmbehandlung. Bericht der Hildesheimer Tagung 1962, S. 9–25, Hamburg 1963.

–: Die ganzheitliche Sicht in der Sprach- und Stimmbehandlung und deren sprach- und entwicklungspsychologische Grundlagen. Die Sprachheilarbeit 9/3–4, S. 209–214, S. 243 bis 249. Berlin 1964.

–: Gaumenspaltensprache. Enzykl. Handbuch d. Sonderpädagogik, Bd. 1, 3. Aufl. Berlin 1969.

– siehe *Kriens*.

–, und *H.:* Die Sprachbehandlung der rückverlagerten Gaumenverschlußlaute bei spät- und reoperierten Gaumenspaltenpatienten. Der Sprachheilpädagoge 4/2, S. 13–33, Wien 1972.

–: Sprechfibel. 4. Aufl., München 1972.

Würtemberger, W.: Wesen und Gestalt der ambulanten Behandlung von Sprechgebrechen. Neue Blätter für Taubstummenbildung 18/11, S. 338–340, 1964.

Wuttke, Ch.: siehe *Becker, R.*

Wygodskaja, G. L., und Korsunskaja, B. D. (Herausgeber): Die Anbildung der Sprache bei gehörlosen Vorschulkindern. Moskau 1964 (russ.).

Young, E., und *S. Hawk:* Moto-Kinesthetic Speech Training. Stanford, California 1955.

Zaborsky: siehe *Jaworek*.

Zacharias, Chr.: Sprecherziehung. Berlin 1969.

Zacher, O.: Deutsche Phonetik. Leningrad 1969. (deutsch).

Zaliouk, A., S. Cohen and *D. Zaliouk:* Intelligible Speech Trough a Visual-Tactile System of Phonetical Symvbolization. Volta Rev. 59/10, S. 426–435. Washington 1957.

Zelenka, F.: Zur Gewinnung von S. und Sch. Z. Heilpäd. 1937, H. 3.

Zetzsche, A.: Die Pädagogik J. B. Grasers. Leipzig 1905.

Ziehen, Th.: Sprechen und Denken vom Standpunkt der Sprachheilkunde. In: Das sprachkranke Kind. Halle/Saale 1930.

Zimmermann, C.: Die Vibration des Schädels beim Singen. Die Stimme. 5. Jg., S. 193, 1910–1911.

Zuckrigl, A., und *A. Rechner:* Moderne technische Unterrichts- und Rehabilitationshilfen für Sprachgeschädigte. München 1972.

Zukerman, W. A.: siehe *Laptjew, W. P.*

Zürl, H.: Die Artikulation des Zungen-r. Neue Blätter für Taubstummenbildung, 7/11–12, S. 340, 1953.

Quellenverzeichnis der Abbildungen

Abb. 1 Die oberen Längsschnitte des Rumpfes wurden unter Verwendung von Abbildungen aus L. *Hofbauer:* „Atemregelung als Heilmittel", Verlag Maudrich, Wien 1948, und *J. L. Schmitt:* „Atemheilkunst", 2. Aufl., Verlag H. G. Müller, München–Berlin 1956, gezeichnet. Die Frontalschemata des Brustkorbes in der Mitte der Abbildung 1 stammen aus *J. Parow:* „Funktionelle Atemtherapie", Georg Thieme Verlag, Stuttgart 1953, S. 39, Abb. 17 und 18. Die unteren Schemata der Rippenbögen und Zwerchfellkuppeln sind dem gleichen Werk von *Parow* entnommen (S. 40–43, Abb. 19–22), wenn auch übereinander gezeichnet, wesentlich verkleinert und ohne Röntgenbilder.

Abb. 2 Nach *H. H. Wängler:* „Atlas deutscher Sprachlaute", 4. Aufl., S. 21. Akademie Verlag. Berlin 1968.

Abb. 3 Nach *A. Schilling* und *H. Schäfer:* „Beitrag zur Prüfung der partiellen akustischen Lautagnosie bei stammelnden Kindern mit einem Agnosieprüfverfahren." Arch. Ohr- usw. Heilk. und Z. Hals- usw. Heilk. Bd. 180/2, S. 823–827, 1962.

Abb. 4 Nach *F X. Rötzer:* „Leichtes Ablesen und leichtes Sprechen." Blätter für Taubstummenbildung 1912, S. 282. Verlag E. Staude, Osterwieck-Harz.

Abb. 5, 6, 9, 11, 13, 15, 17, 19, 21, 23, 25, 26, 28, 30, 31, 32, 42, 44, 46, 47, 48, 50 Die Längsschnitte der Lautstellungen wurden aus *J. Forchhammer:* „Die Sprachlaute in Wort und Bild", Carl Winter Universitätsverlag, Heidelberg 1942 übernommen. Bei den Abb. 5, 6, 9, 11, 13, 15, 17 wurde das Velum an die Rachenwand angelegt.

Abb. 7, 10, 12, 14, 16, 18, 20, 22, 24, 27, 29, 33, 39, 43, 45, 49, 51, 52, 53, 54, 55 Die Palatogramme wurden nach eigenen Abdrücken unter Berücksichtigung der in der Fachliteratur vorhandenen Werke (insbesondere *Panconcelli-Calzia Dieth, C. Schwarz*) gezeichnet.

Abb. 8 Nach *F. A.* und *F. F. Rau:* „Methodik des Artikulationsunterrichtes Gehörloser" 4. Aufl., S. 118. Moskau 1959 (russ.).

Abb. 34, 35, 36, 37, 38 Nach *W. Trenschel:* „Kiefer- und Zahnstellungsanomalien → Dysglossien, → Lautbildung, → Zähne". Enzykl. Hdb. der Sonderpäd. 3. Aufl., Sp. 1697–1701. Berlin-Ch. 1969.

Abb. 40 Nach *H. Krech* und *E.-M. Krech:* „Die Behandlung gestörter S-Laute" 2. Aufl., S. 68, Volk u. Ges. Berlin 1969.

Abb. 41 Nach *G. E. Arnold:* „Sigmatismos Nasales". Anales de Audiologia y Fonologia I, 1., Buenos Aires 1955.

Abb. 56, 57, 61 wurden nach Angaben von *E. P. Seidner,* Abb. 58 von mir, Abb. 59 von Süß, Abb. 60 von Hawranke gezeichnet.

Tabelle der Umschriftzeichen

[ɪ]	F*i*sch, B*i*ß	[fɪʃ], [bis]	[b]	**B**ein	[bæn]
[i]	K*ie*l, w*ie*	[ki:l], [′vi:]	[t]	**T**on	[to:n]
[ɛ]	*äh*nlich	[′ɛ:nlɪc]	[d]	**d**u	[du:]
[ɛ]	L*e*ck	[lɛk]	[k]	**K**ind	[kɪnt]
[e]	St*e*g, B*ee*t	[ʃte:k], [be:t]	[g]	**g**ut	[gu:t]
[ə]	Mitt*e*	[′mɪtə]	Hauptakzent [′] *leben* [′lebən]		
[a]	St*a*dt, B*a*ll	[ʃtat], [bal]	Nebenakzent [ˌ] *Mensuralmusik*		
[a]	St*aa*t	[ʃta:t]			[mɛnzu′ra:lmuˌzi:k]
[ɔ]	h*o*ffen	[′hɔfən]	Vokallänge [:] *Staat* [ʃta:t]		
[o]	*o*ben	[′o:bən]	halbe Länge [·] *Motto* [′mɔto·]		
[ʊ]	M*u*tter	[mʊtər]			
[u]	M*u*t	[mu:t]	[r]		Zungenspitzen-r
[œ]	k*ö*nnen	[′kœnən]	[R]		Zäpfchen-r
[ø]	**Ö**l	[ø:l]	[r]		Reibe-r
[ʏ]	H*ü*tte	[′hʏtə]	[w]		bilabiales w
[y]	H*ü*te	[hy:tə]	[Φ]		bilabiales f
[æ]	M*ei*ster	[mæstər]	[ã]		nasaliertes a
[ao]	L*au*be	[′laobə]	[s]		laterales s
[ɔə]	F*eue*r	[fɔəər]	[s̃]		addentales s
[m]	**M**aß	[ma:s]	[Θ̞]		interdentales s
[n]	*n*aß	[nas]	[t̞]		interdental gebildet
[ŋ]	e*ng*	[ɛŋ]	[ç̞]		gerundetes ch₁
[l]	*l*ang	[laŋ]	[ʃ̞]		nicht gerundetes sch
[f]	*f*ein	[fæn]	[ʔ]		fester Einsatz
[v]	**W**ein	[væn]			
[s]	wi*ss*en	[′vɪsan]	[‿zo]		Tiefton
[z]	**W**esen	[′ve:zən]	[‾zo]		Hochton
[ʃ]	*sch*ön	[ʃø:n]	[‗zo]		Mittelton
[ʒ]	Gara*g*e	[ga′ra:ʒə]	[/zo]		Steigton
[ç]	i*ch*	[iç]	[\zo]		Fallton
[j]	*j*a	[ja:]			
[x]	a*ch*	[ax]			
[h]	*h*ell	[hɛl]	Die eckigen Klammern kennzeichnen die		
[p]	**P**ol	[po:l]	phonetische Umschrift im laufenden Text.